IMMER DIESE LEHRER!

SEBASTIAN BÖHM

IMMER DIESE LEHRER!

111 GRÜNDE, WARUM SIE UNS IN DEN WAHNSINN TREIBEN

SCHWARZKOPF & SCHWARZKOPF

INHALT

Sie unterrichten Mathematik (nicht) – Sie demonstrieren gerne ihre
Macht – Sie kennen sich nicht mit Technik aus – Sie haben falsche
Vorstellungen von Struktur – Sie können keine Blätter lochen – Sie
verschwenden deine Zeit – Sie stellen dämliche Pausen-Regeln auf
– Sie machen eine Show aus der Herausgabe von Schularbeiten –
Sie verstehen keinen Spaß – Sie sind Beamte und arbeiten dement-
sprechend auch so

Sie unterrichten Pädagogik/Psychologie – Sie veranstalten Eltern-
sprechtage – Sie geben eine Menge auf Scheinbildung – Fachräume
sind ihre geheiligten Hallen – Sie verursachen Neid bei der Schülerschaft – Sie verschenken gute Noten – Sie geben keine guten Noten
her – Sie verteilen desolate Unterrichtsmaterialien – Sie sehen den
Satan in Mobiltelefonen – Sie unterrichten Religion (nicht)

Sie haben kein Verständnis für die Wetterlage – Sie entwickeln geis-
tige Störungen beim Einsammeln beliebiger Objekte – Sie geben
Materiallisten heraus – Sie veranstalten Schwimmunterricht – Sie
haben eigene Toiletten – Sie drängeln sich beim Pausenverkauf vor
– Sie machen ihren Schülern Angst – Sie erzählen einem von ihrem
Privatleben – Sie haben ein gestörtes Verhältnis zu Hausaufgaben –
Sie wollen ständig Geld von dir haben

dir den letzten Schultag – Sie sabotieren den Abi-Streich – Sie sind
für die Zeugnisse verantwortlich – Sie ruinieren deine Abschlussfeier – Sie verfolgen dich ein Leben lang

Für Detective Sunshine,

die den Sommer im Winter brachte,
mit ihrem Lachen meine Welt erhellte,
jeden Tag zu etwas Goldenem machte
und ihr Licht mir zur Verfügung stellte

Wenn auch alles sich verändern mag
Ihre Zuversicht gibt endlos Mut,
ist wie ein Anker in der Flut
Stets auf Neue, jeden Tag

Gemeinsam daher, so sprach Goethe schon
in jenem altbekannten Dichters Ton
»Stürzen wir uns in das Rauschen der Zeit
Ins Rollen der Begebenheit*.«

In Liebe, Dankbarkeit und Vorfreude,
Waschtl

Besonders hervorzuheben sind zudem Herr Nefzger, Frau Zielke, Herr Baade, Frau Madunic, Herr Riedlberger und alle anderen, deren Wohlwollen mir vor allem in der Oberstufe zuteilwurde. Sie stehen stellvertretend für sämtliche Lehrkräfte, die durch außergewöhnlichen Arbeitseifer, hervorstechende Integrität, brillante Fachkenntnis und unerreichten Idealismus leuchtende Beispiele einer besseren Schullandschaft sind. Für die gemeinsam verbrachte Zeit und das vermittelte Wissen danke ich Ihnen von ganzem Herzen.

* *Johann Wolfgang von Goethe – Faust I, Vers 1754f.*

DIE NOSTALGIE-FALLE

Es gibt Momente im Leben, die einen vor Wut zum Kochen bringen. Okay – als Vollzeitnörgler und professioneller Choleriker wird mir diese Emotion eher bekannt sein als dem geneigten Leser, doch ich bin der festen Überzeugung, dass jenes prickelnde Gefühl anschwellender Adern und verkrampfter Muskeln auch ihm, also dir, bestens bekannt ist.

Wenn diese Augenblicke grollenden Unmuts über uns hereinbrechen, wünscht man sich gelegentlich, bereits die Lizenz zum Töten, eine Bazooka-Tragegenehmigung oder die Abschusscodes für Trumps Nuklearraketen zu besitzen. Aus eigener Erfahrung weiß ich jedoch, dass es zu jenen Zeitpunkten oft noch nicht einmal für den Führerschein gereicht hat.

Ein potenzieller Auslöser für zornerfüllte Augen, rauchende Köpfe und erhöhte Herzfrequenzen sind beispielsweise Familienfeiern. Wenn die ganze Bagage zu einem vorgeblich bedeutsamen Anlass, der dir insgeheim völlig scheißegal ist, zusammenkommt, kann das nichts Gutes bedeuten. Nachdem euch der Vater des Enkels des Bruders deines Cousins vierten Grades den Mund mit seinem neuen Porsche wässrig gemacht hat, gibt es noch die nervigen, meist ebenso unbekannten Personen älteren Baujahrs, welche einem nach ihrer »Du bist aber groß geworden«-Geschichte gerne die immer gleichen Fragen stellen.

Nein, an den Tag anno 1999 kann ich mich nicht mehr erinnern. Ja, ich bin immer noch Single. Ja, die Zukunftspläne warten noch auf Vervollständigung. Und ganz am Schluss kommen die kuchenverschlingenden Nervensägen dann mit ihrem Standardspruch:

»Wenn du später mal arbeitest, wirst du dich zurück in die Schule wünschen!«

Pah, was für eine Farce! Als mittlerweile 20-Jähriger bin ich ein wahrer Veteran des Schulbetriebs und kann dir versichern, dass dieses endlose Palaver vollkommen substanzlos ist. 14 verfluchte Jahre hat es gedauert, bis mich die trostlose Kraterlandschaft des Ausbildungsmondes nach vier verschiedenen Abschlüssen an drei Schularten in das »Leben da draußen« ausgespuckt hat.

In diesem wahrhaftigen Tal der Tränen sind mir faule Hausmeister, Jugendsprech-verseuchte Obermacker und alternative Kiffer über den Weg gelaufen; es gab Unfälle beim Kippeln, gegrillte Gehirne im Mathe-Unterricht, übel riechende Pissoirs und schmerzende Handgelenke im Deutsch-Abitur. Keine zehn Pferde bringen mich zurück in diesen Laden!

Doch es gibt etwas, was noch schlimmer ist als modrige Turnhallen, leere Klassenzimmerwände und müllbeladene Flure: Lehrer. Oder auch: Die Spezies, die jenes Areal des Wahnsinns bevölkert und es sich scheinbar zum Ziel gemacht hat, unschuldige Jahrgänge gänzlich in die Verzweiflung zu stürzen.

Sie rasen mit einem in vielen Fällen unscheinbaren Äußeren durch deine Schule, können kaum fassen, dass ihr so knapp bemessener Jahresurlaub von circa 14 Wochen bereits wieder vorbei ist, und wirken dabei so lange wie Crackjunkies auf Turkey, bis das heiß geliebte und schülerfreie Lehrerzimmer mit dem noch viel wichtigeren Kaffeeautomaten am beschränkten Horizont der illustren Bildungsstätte auftaucht.

Doch hinter der mittelständischen Fassade versteckt sich ein Kuriositätenkabinett gigantischen Ausmaßes: Die Fachschaften der Bundesrepublik kennen so viele Arten von Psychopaten, dass ich mit dem Zählen aufgehört habe. Wenn du glaubst, wilde Kampfhähne, *WoW* spielende Sadisten, Dauerverschwitzte und hauptberufliche Sklaventreiber wären bereits das Ende der Fahnenstange, vermute ich, dass dir noch einige Jahre im örtlichen Betonbunker bevorstehen oder du dich schon im Reich der nostalgischen Erinnerungen befindest.

Klar – es gibt auch gute Lehrer; Personen mit hervorstechendem Idealismus, die sich für ihre Schüler einsetzen und ihnen tatsächlich etwas fürs Leben mitgeben wollen. Dieser Beruf ist oft kein Spaß, und wir müssen uns der Tatsache bewusst sein, dass es kaum wichtigere Professionen als diese gibt.

Unser aller Zukunft hängt von der Art und Weise ab, wie man jungen Menschen Wissen vermittelt und sie zu vollwertigen Mitgliedern der Gesellschaft erzieht. Als umso schmerzlicher empfinde ich daher den triefenden Sarkasmus, der sich aus der eher bitteren Feststellung ergibt, dass die Zahl meiner durchlaufenen Schuljahre die der dabei kennengelernten kompetenten Lehrer knapp übersteigt. Jene Ausnahmeerscheinungen werde ich jedoch für immer in Ehren halten und mich mit großer Dankbarkeit an sie und ihre Arbeit erinnern.

Wie lautet also die Intention des vorliegenden Buches, das kaum plakativer, verallgemeinernder und ungerechter anmuten könnte? Vorrangig dient die Lektüre natürlich der Unterhaltung.

Zudem sollst du wissen, dass sich auch andere wegen der verrückten Auswüchse unseres Bildungssystems entgeistert ans Hirn fassen. Egal ob du (ehemaliger) Schüler, Lehramtsstudent, Elternteil oder gar Lehrer bist, eint uns die gemeinsame Erfahrung des Schulbesuchs, weshalb es dir nicht allzu schwerfallen sollte, dich in die aus Schülerperspektive erzählten Anekdoten hineinzuversetzen.

Missstände und fragwürdige Mentalitäten müssen angeprangert und auf humoristische Weise beleuchtet werden, damit sich unsere Kinder und Kindeskinder einer besseren Ausbildungsrealität erfreuen können. Insofern ist meine Schrift keineswegs als reines Dozenten-Bashing gedacht – vielmehr bin ich der festen Überzeugung, dass gute Lehrer mit der von mir vorgebrachten Kritik d'accord gehen und die beschriebenen schwarzen Schafe für eben diese halten müssten.

Zu guter Letzt hoffe ich sehr auf die Beständigkeit jener Zeilen, auf dass sie mich in einigen Jahrzehnten daran erinnern, wie blöd es doch ankommt, Heranwachsende auf Familienfeiern mit nostalgischem Müll vollzulabern.

In diesem Sinne wünsche ich dir viel Freude beim Lesen der folgenden Seiten. Möge die Macht mit dir sein.

Sebastian Böhm

PS: Sämtliche Kapitel sind nach sogenannten »Wutstufen« geordnet. Die Idee dabei ist folgende: Je häufiger man mit Erzählungen über dilettantische Lehrkräfte konfrontiert wird, desto höher steigt das Aggressionspotenzial. Für zornbedingte Schlaganfälle und sonstige hieraus resultierende Gesundheitsschäden übernehme ich keine Haftung – sei daher auf der Hut.

Ferner möchte ich darauf hinweisen, dass es sich bei meinen Geschichten lediglich um von der Realität inspirierte Anekdoten handelt. Mögliche Überschneidungen mit tatsächlich existierenden Personen sind dementsprechend als rein zufällig anzusehen.

GESCHMEIDIGER SOMMERTAG

Noch ist alles in Ordnung – dein Gehirn befindet sich ebenso wie der vom ewigen Stillsitzen geschundene Körper im wohlverdienten Sommerurlaub. Alles, was die grauen Zellen im vom Sonnenlicht gebrutzelten Oberstübchen momentan leisten, geht nicht über das Grundvermögen des vegetativen Nervensystems hinaus (Atmung, Herzschlag, etc.). Dementsprechend niedrig erscheint auch das gegenwärtige Wut-Level. Doch warte ab! Die nächsten zehn Kapitel werden deinen Blutdruck wieder ein wenig in Schwung bringen.

SIE UNTERRICHTEN MATHEMATIK (NICHT)

Fast alle Errungenschaften unserer Zivilisation beruhen auf den Leistungen großartiger Mathematiker. Wo wären wir nur ohne den Erkenntnisgewinn, welchen uns Pythagoras, Archimedes, Galilei, Newton und all ihre naturwissenschaftlichen Kollegen verschafft haben? Höchstwahrscheinlich würde unsereins noch immer in Lehmhütten hausen und primitive Grunzlaute beim ziellosen Umherirren durch die Prärie von sich geben.

Ein bedeutsamer Aspekt des wissenschaftlichen und insbesondere mathematischen Fortschritts, nämlich die Zurückdrängung unbegründeter Gottgläubigkeit, hat bei mir im Laufe meiner Schullaufbahn eher Gegenteiliges bewirkt. Es gab kein anderes Fach, das zu so vielen Qualen, Misserfolgen und depressiven Phasen geführt hat wie Mathe, sodass ich nach dem Abi der festen Überzeugung bin, dass mich die Götter entweder mit diesem Fach bestrafen wollten oder ganz einfach nur hehre Wesen in der Lage sind, diese Pein schmerzfrei zu bewältigen.

Jene Passionsgeschichte weist generell einen sich stark verändernden Verlauf auf: Während man in der Unter- und Mittelstufe noch versucht, sich durch undurchsichtige Term- und Bruchrechnungswälder zu kämpfen und die größte Herausforderung im tatsächlichen Rechnen besteht, ist in der Oberstufe jeder Zweite (mich absolut mit eingeschlossen) zu blöde zum Kopfrechnen. Stattdessen machen einem wissenschaftliche Fachtermini in den Aufgabenstellungen zu schaffen, wobei Letztere – wären sie nur weniger abgehoben formuliert – eigentlich so einfach sind, dass selbst ein Dreijähriger sie bearbeiten könnte.

Als problematisch erweist sich hierbei oft die Tatsache, dass Parabeln, die zur grafischen Darstellung der Unterrichtsqualität herangezogen werden, eigentlich lineare Gleichungen ohne Steigung mit einem y-Achsenabschnitt von minus Eins sind.

Soll heißen: Der Horst steht zwar häufig an der Tafel und brabbelt irgendwas, doch keiner versteht den Sinn seiner zahlenfetischistischen Predigt, die entsprechend aller Erwartungen auch im zeitlichen Verlauf nicht besser wird, sondern auf einem konstant schlechten und uninteressanten Level bleibt.

Statt tatsächlich hilfreiche Erklärungen anzubieten, warten die meisten Fachschaftskollegen lediglich mit semiprofessionellen Tipps (»Das ist so, weil das andere nicht so ist!«) und halb garen Empfehlungen (»Üben Sie das zu Hause!«) auf, während entscheidende Sachverhalte als trivial erklärt oder nur oberflächlich behandelt werden.

Insofern braucht man sich auch nicht zu wundern, wenn die meisten Bankdrücker nur sehr ungern den Gang zum Mathetrakt antreten und Gedanken an die kommenden Schulaufgaben mit ausdauernder Vehemenz verdrängen – bis diese dann unmittelbar vor der Tür stehen.

Zusätzlich zu den bereits genannten Unterschieden zwischen einzelnen Teilen einer Schullaufbahn sind angekündigte Leistungsnachweise also noch für eine weitere Ambivalenz verantwortlich: Während der Durchschnittsschüler normalerweise hofft, dass die Mathestunde so schnell wie nur irgendwie möglich vorübergeht, geraten die Unterrichtseinheiten unmittelbar vor den Tests meist zu kurz, weil man wie besessen versucht, Versäumnisse der Vergangenheit in letzter Sekunde auszumerzen. Das klappt mal besser, mal schlechter – oder auch mal gar nicht, wenn die Lehrkraft eiskalt beschließt, einen Tag vor der Prüfung mit neuem Stoff anzufangen.

Doch keine Bange! Fünf Minuten *The Simple Maths* oder *Mathe by Daniel Jung* auf YouTube bringen dich ohnehin weiter als die nervigen schulischen Erklärungen, die man sich in der Regel sowieso nur aufgrund der Anwesenheitspflicht antut.

2. GRUND

SIE DEMONSTRIEREN GERNE IHRE MACHT

Es ist ein wunderbarer Morgen – du hast gerade die beste Arbeit der ganzen Klasse rausbekommen und befindest dich nach einem entspannten Gespräch bei frischer Luft mit einem Schokoriegel auf dem Weg zum gegenüberliegenden, Gerüchten zufolge etwas faschistoiden Gymnasium, das aufgrund eklatanter Fehlplanungen Klassenzimmer zur Verfügung stellt, damit die armen wissbegierigen jungen Menschen von nebenan nicht draußen unterrichtet werden müssen und so dem trüben deutschen Klima zum Opfer fallen.

Schon beim Betreten des bunkerähnlichen Komplexes wird deutlich, dass hier ein anderer Wind weht. Wie sollte es auch anders sein? Die akademische Elite muss schließlich mit eiserner Hand auf das bayerische Abitur vorbereitet werden. Wie auch beim Militär dienen die im Folgenden beschriebenen Sonderregelungen natürlich ausschließlich dazu, den Drill aufrechtzuerhalten oder zu zeigen, wer die Hosen anhat. Zweifelsohne muss der Wille der jungen Rekruten bis aufs Äußerste strapaziert werden, damit sie einmal autoritätshörige und wackere Bürosoldaten werden.

Da gibt es zum Beispiel das Rechtsgehgebot, das eingeführt wurde, um Verletzungen nach Pausenende zu vermeiden. Zu diesen Zeitpunkten strömen nämlich stets gigantische Schülermassen zurück zu den Klassenzimmern, weil – und jetzt kommt's – es nicht erlaubt ist, sich während der Unterrichtsunterbrechungen auf den Gängen oder in den Kursräumen aufzuhalten. Bei Betrachtung der Szenerie wird eine kaum in Worte zu fassende Ironie deutlich: Dieselben Leute, die das G8 meistern und zu wissenschaftlichem Nachwuchs an den Universitäten avancieren sollen, werden für zu blöd gehalten, um sich auf einem durchschnittlich breiten Gang unfallfrei zu bewegen.

Auf die besagte Regelung wirst auch du schroff hingewiesen, wobei sich die Mahnung zum Spurwechsel so anhört, als käme sie direkt von einem Drill-Sergeant des Marine Corps. Eine ähnliche Funktion bekleidet der Lulatsch als Fels in der Brandung vorbeiströmender Schüler tatsächlich: Er genießt es, Deppen wie dir zu demonstrieren, wie groß sein Gehänge als schuleigener Verkehrspolizist ist.

Einen Flur weiter bleibt plötzlich der nächste Kapo vor dir stehen und deutet verheißungsvoll auf den Boden. Du möchtest dich schon hinlegen und mit den Liegestützen beginnen, als er genüsslich zu grinsen beginnt. »Heben Sie hier mal die Plastiktüte auf, jeder muss seinen Beitrag leisten!«

Bis du den Recyclingmüll in den richtigen Abfalleimer geworfen hast, bleibt der Führer neben dir stehen und wartet auf die Vollendung der angeschafften Arbeit. Ohne ein »Dankeschön« oder vergleichbare Grußformeln wendet er sich ab und scheucht verschreckte, im Weg stehende Fünftklässler zur Seite.

Nach den unerfreulichen bisherigen Zwischenfällen kommst auch du bei deinem Klassenzimmer an und erinnerst dich an den zuvor gekauften Schokoriegel. Die glänzende Aluminiumverpackung wird sogleich aufgerissen und mit einem verheißungsvollen Knistern in den nächsten – und wohlgemerkt richtigen – Mülleimer katapultiert. Endlich ein Lichtblick in diesem gottverlassenen Gymnasialgebäude! Doch einer der hier unterrichtenden Dämonen hat die aus deinen Poren austretende Freude gerochen und sich schleunigst auf den Weg gemacht, um sie dir zu verderben.

»Was tun Sie da?«, schreit eine Frau mittleren Alters plötzlich; ganz so, als habe sie gerade ein kannibalistisches Opferungsritual beobachtet. Es stellt sich Gott sei Dank heraus, dass du nur zwei Schritte weiter nach links gehen musst, weil Essen auf den mit Teppichen überzogenen Fluren generell verboten ist. Welch ein Glück, dass die totale Verschmutzung durch den super-bröselnden Schokoriegel im letzten Moment verhindert werden konnte. Wohl bekomms!

SIE KENNEN SICH NICHT MIT TECHNIK AUS

Whiteboards und Dokumentenkameras statt Overhead-Projektoren, Computer in den Klassenzimmern und Mikrofone am Pult: Die Zeiten haben sich – wenn auch nur schleppend und dem erbitterten Widerstand zuständiger Sachaufwandsträger zum Trotz – gewandelt. Endlich kann man auf den umweltbelastenden Foliendruck verzichten und mithilfe von innovativen Unterrichtskonzepten auch Videos und das Internet im Allgemeinen einbinden, um mit insgesamt besseren Stunden zu tieferem Verständnis, größerem Interesse und besserer Bildung beizutragen.

Haha, der war gut! Die technischen Neuerungen an deiner Schule haben nämlich so viel gekostet, dass kein Geld mehr übrig war, um das Personal hinsichtlich der neuen Herausforderungen angemessen einzuweisen.

Das beginnt bei Herrn P., der nach den Sommerferien zunächst einmal entgeistert in den Raum starrt und seine Schüler fragt, warum die Tafel verschwunden sei. Genaugenommen befindet sich diese lediglich hinter der vorziehbaren weißen Leinwand, was ihm die kleinen Schelme aber auch dann noch nicht verraten wollen, als der greise Physik-Lehrer einen Folienstift zur Beschriftung derselben hervorholt.

Erst infolge einiger dicker schwarzer Flecken dringt die Erkenntnis über seine peinliche Unaufmerksamkeit in das Bewusstsein des versehentlich agierenden Übeltäters, der nun große Mühe dabei hat, den um sich schreienden Hausmeister unter Kontrolle zu bringen. Letzterer kann sich seinem von der Schulleitung aufoktroyierten Reinigungsjob auch nach der zehnten Beschwörung des Herrgotts nicht entziehen und darf daher für das fehlende Technikverständnis von Herrn P. büßen.

Ganz anders geht Frau K. an die Sache heran, die von Anfang an als Verfechterin des Fortschritts in Erscheinung tritt – kein Wunder, sie unterrichtet schließlich Mathematik und hat als Person jüngeren Baujahres der Uni vor noch nicht allzu langer Zeit den Rücken gekehrt. Voller Begeisterung möchte sie zur Besprechung der aktuellen Hausaufgaben eine der bereits erwähnten, nagelneuen Dokumentenkameras verwenden und schaltet den ebenfalls mit dem Beamer verbundenen Computer im festen Glauben ein, dieser hätte auch nur das Geringste mit der Projektion des Arbeitsblattes zu tun.

Konsequenterweise will das an der Decke hängende Ding anschließend kein Bild auf die Wand werfen, was Frau K. in aufkommendem Ärger dazu veranlasst, sich mit der Fernbedienung immer weiter der leeren Wand zu nähern. Nachdem sie endlich bemerkt hat, dass es zielführender wäre, das Signal Richtung Beamer loszuschicken, ist die Stunde auch schon vorbei, und die Schüler ziehen belustigt ihrer Wege.

Auch sonst zeugen Lehrer trotz jahrelanger Ausbildung bis zum Staatsexamen nicht selten von gewaltiger Inkompetenz in technischen Belangen, was immer wieder deutlich wird. Sie schaffen es nicht, die elektrischen Rollläden zu schließen, platzieren bei Filmen den Cursor so, dass kein Vollbild angezeigt wird, und stellen den Sound entweder zu laut oder zu leise ein. Ihre PowerPoint-Präsentationen sehen häufig aus wie Relikte aus Windows-ME-Zeiten, während sie beim Kritisieren der Schüler wenig sparsam mit Layout-bezogenen Nörgeleien umgehen.

Doch es gibt Hoffnung: Sobald die Schulleitung die Website des kultusministerialen Technik-Coaches gefunden hat, wird es auch für deine Lehrer spezielle Schulungen geben. Warum das so ewig dauert, könnte zwei Gründe haben: Entweder ist die Website der Landesbehörde, welche einer infrastrukturellen Katastrophe gleicht, dafür verantwortlich – oder es liegt daran, dass die Direktorin die URL immer wieder in ein Excel-Sheet eintippt.

SIE HABEN FALSCHE VORSTELLUNGEN VON STRUKTUR

Struktur – was für ein herrliches Wort. Hinsichtlich der Auswirkungen nahe verwandt mit der Effizienz, erinnert es uns an den wunderbaren Grund, warum sich Deutschland an der ökonomischen Weltspitze befindet und die Menschen hierzulande so wohlhabend sind wie fast nirgendwo sonst auf dem Planeten.

Pünktlich fahrende S-Bahnen, hervorragend geplante Großprojekte in Metropolen wie Berlin, verständliche Formulare sowie die richtige Verwendung des Genitivs – und das alles dank unseres grandiosen Bildungssystems. Oh, Moment! Ich vergaß für einen kurzen Moment, dass all diese Dinge ebenso gut funktionieren wie Pinguine jagen am Nordpol. Dass die Schule hierfür verantwortlich ist, kann man allerdings trotzdem als realistische Hypothese stehen lassen, denn Lehrer besitzen einen sechsten Sinn dafür, natürliche und organisch gewachsene Strukturen zu zerstören. Sie sind wie die Axt im Walde der Ordnung, wie der Elefant im Porzellanladen des planmäßigen Vorgehens.

Nach Beispielen muss man an dieser Stelle nicht allzu lange suchen: Schon am Anfang des Schuljahres erklärt Herr Besserwisser, dass die Reihenfolge der abzuhandelnden Thematiken im Schulbuch reiner Unsinn sei. An deren Stelle trete stattdessen sein ausgearbeitetes und überaus erfolgreiches Konzept, das dich und deine Mitgeplagten besser auf die anstehenden Abschlussprüfungen vorbereiten werde, als es der dämliche Schulbuchverlag jemals könnte.

Zunächst einmal ist es löblich, wenn jemand tatsächlich Arbeit in seinen Job steckt und eigene Inhalte entwickelt, doch in vielen Fällen entpuppt sich das Resultat als halb gar und schlecht durchdacht – so leider auch in diesem Fall. Um zu verdeutlichen, wie schäbig das schon existierende Material ist, welches bereits die letzten 50 Jahrgänge auf das Berufsleben vorbereitet hat, gibt dein Lehrer allen Kapiteln andere Überschriften und mixt diese wild durcheinander, sodass am Ende niemand mehr weiß, was überhaupt unterrichtet wird und wo man zum gleichen Sachverhalt noch Informationen abseits der katastrophal gelayouteten Arbeitsblätter findet.

Doch das ist noch nicht alles: Weil man in Naturwissenschaften stets den Eindruck wissenschaftlicher Professionalität erwecken muss, führt der Dozent im Zuge seiner bahnbrechenden Herangehensweise eine Nummerierung ein, die ihresgleichen sucht. Als sich dann beim Punkt 3.2.4.1.5.7. jemand meldet und behauptet, man befände sich erst bei 3.2.4.1.5.6, tickt der Typ vollkommen aus und beschuldigt die Schülerin, ihre Unterrichtsmaterialien nicht beisammen zu haben. Schließlich sei 3.2.4.1.5.6. ein vergangene Woche ausgeteiltes Zusatzblatt gewesen, das man in entgegengesetzt proportionaler Relation zum bisherigen Hefteintrag spiegelverkehrt hätte einkleben sollen. Nur Idioten würden jene herausstechende Logik nicht als umgehend evident betrachten.

Als ein weiterer Schüler dann meint, die Nummerierung würde nicht einmal Stephen Hawking nachvollziehen können, eskaliert die Situation: Wutentbrannt rast der Dozent zum Tisch des Hiobsboten und fährt ihm in die Parade.

»Kein Wunder, dass das bei Ihnen nichts werden kann! Sehen Sie sich doch mal Ihre Hefteinträge an!«, meckert er herum und möchte dabei im Besonderen die Farbgebung kritisieren. Wo kämen wir denn hin, wenn jemand statt roten Stabilos blaue für die vierte Untergliederungsebene verwendet? Eine Schande und Grund genug, dem Übeltäter mit seiner Lotterwirtschaft eine ätzende Ausfrage in der nächsten Stunde angedeihen zu lassen.

Wie wir sehen, ist hierzulande alles nur so kompliziert, weil Lehrer ihrem falschen Verständnis von Struktur frönen und tatsächliche Ordnung bereits im Keim ersticken. Tja, die Wahrheit schmerzt …

SIE KÖNNEN KEINE BLÄTTER LOCHEN

Die Hürden bis zum Berufseinstieg sind vor allem für angehende Lehrer hoch – sie müssen eine Vielzahl von Tests über sich ergehen lassen, kämpfen während des Referendariats mit überhöhten Ansprüchen der Praxis enthobener Prüfer und dürfen an Pädagogik-Seminaren teilnehmen, die so weltfremd sind wie Versprechen im Bundestagswahlkampf.

Nachdem die armen Lehramtsstudenten diese Unzulänglichkeiten endlich überwunden haben, möchte man eigentlich meinen, sie gehörten nun zur akademischen Elite des Landes und wären auf der Basis einer umfassenden und fordernden Ausbildung in der Lage, einfache wie schwierige Aufgaben mit Bravour zu meistern. Manchmal trifft diese Einschätzung zu, doch es existieren im harten Schulalltag Obliegenheiten, die über die Herausforderungen komplexer lyrischer Interpretationen und physikalischer Berechnungen weit hinausgehen. Unter jene Kategorie außerordentlicher Diffizilität fällt beispielsweise das Lochen von Arbeitsblättern, woran diverse Ausbilder aus unterschiedlichsten Fachbereichen regelmäßig scheitern. Doch zurück zum Anfang!

Im überfüllten Kopierzimmer, wo die Lehrerdrucker Tinte verdampfen und somit für eine überaus krebserregende Atmosphäre verantwortlich sind, kommt es regelmäßig zu Eklats. Weil der Hausmeister Besseres – mit anderen Worten gar nichts – zu tun hat, sind zwei der drei verfügbaren Geräte bereits seit Monaten unbenutzbar, was zu Störungen im ohnehin schon schleppenden Schulbetrieb führt. Dazu kommt, dass es nicht in der Natur des Lehrers liegt, seine Unterrichtsmaterialien mit ausreichendem temporären Vorlauf herzustellen, weshalb sich nach dem Pausengong eine beträchtliche Schar verzweifelter Dozenten sammelt, die alle noch auf die Schnelle etwas ausdrucken müssen.

»Lassen Sie mich zuerst hin, ich kann sonst nicht unterrichten!« – »Geht nicht, ich muss noch die gerade fertig erstellte Schulaufgabe kopieren!« …

Bei all dem Stress haben jene armen Seelen, die ganz verschreckt Papier in das entsprechende Einschubfach pressen, kein Auge für die Ästhetik eines frischen, noch warmen Arbeitsblatts.

Gut, das geht mir genauso, was aber noch lange kein Grund dafür sein muss, alle Ausdrucke jeglichen Formats falsch zu lochen. Außenstehende wären durchaus überrascht über die Vielfalt an Möglichkeiten, das im Englischunterricht auch als »Holer« bezeichnete Gerät zum Stanzen praktischer Aussparungen falsch zu verwenden. Da gibt es beispielsweise den Klassiker, dass das Blatt nicht in der Mitte, sondern weiter oben oder unten gelocht wird – mit der Folge, dass es an einer Seite aus dem Ordner herausschaut. Doch wie zur Hölle ist es möglich, Schulmaterialien so zu misshandeln, dass ein Loch weiter in der Blattmitte liegt als das andere?

In extremen Fällen nimmt diese Verschiebung sogar noch deutlich krassere Züge an – sobald ein Loch sich nämlich so weit am Rand befindet, dass es nicht mehr ein Loch, sondern ein Halbkreis ist, kann der Schüler den Zettel nur noch einseitig in seinem Hefter befestigen. Besonders schwierig wird es zudem, wenn es sich um beidseitig bedruckte oder gar gefaltete Dokumente größeren Formats handelt: Links *und* rechts gelochte Blätter, ausgestanzte Schlüsselinformationen oder komplette Aussetzer, die aufgrund ihrer Oberflächenstruktur an die Blindenschrift erinnern, erwecken den Eindruck, als wäre das schulische Alkoholverbot im Kopierzimmer außer Kraft gesetzt.

Aufgrund mannigfaltiger Erfahrungen hinsichtlich jener Fehlleistungen schlage ich hiermit ein zusätzliches Lehramtssemester vor, in dem die Studenten den ganzen Tag nur Blätter lochen müssen. Das zählt dann gleichzeitig auch als Praktikum für andere Sparten des Beamtenwesens.

SIE VERSCHWENDEN DEINE ZEIT

Das morgendliche Aufstehen des durchschnittlichen Schülers ist ein langer, schmerzvoller Prozess, der großes Durchhaltevermögen und noch größere Motivation voraussetzt. Soll ich mich tatsächlich nach draußen bewegen, um dann bei unterdurchschnittlichen Temperaturen den Weg zur lokalen Bildungseinrichtung anzutreten, oder doch einfach liegen bleiben, Kekse futtern und Netflix schauen? Würde es nach persönlichen Präferenzen gehen, fiele die Entscheidung vermutlich nicht sonderlich schwer – so aber sieht man sich dazu gezwungen, einen müden Fuß vor den anderen zu setzen.

Noch schwieriger ist die Schaffung von Bereitschaft, wenn man in aller Herrgottsfrühe das Haus verlassen muss, um in der anstrengenden Klausuren-Phase rechtzeitig zum Kunstunterricht zu erscheinen.

Als Schriftsteller würde es mir natürlich niemals einfallen, kreative Fächer in die Verdammnis zu wünschen und ich plädiere aufgrund des kulturellen Werts ebendieser für die verpflichtende Vermittlung des entsprechenden Grundwissens, doch ab einem gewissen Zeitpunkt sollte man zeichnerischen Legasthenikern und malerischen Anti-Koryphäen die Möglichkeit geben, künstlerische Aktivitäten einfach auszusetzen. Wer sich in der neunten Klasse noch nicht von Strichmännchen-Darstellungen emanzipiert hat, wird vermutlich auch in kommenden Tagen nicht zum da Vinci des 21. Jahrhunderts aufsteigen.

Frustriert über die Ergebnisse deiner eher unterdurchschnittlichen Arbeit erfährst du anschließend, dass der Deutschunterricht, von dem du dir die Herausgabe einer Arbeit erhofft hattest, ausfällt und nun eine Vertretungsstunde und eine vorgezogene Stunde an seine Stelle getreten sind. Weil die einspringende Lehrerin gleichzeitig noch eine andere Meute zu betreuen und daher keine sinnvolle Beschäftigung anzubieten hat, läuft es also darauf hinaus, dass die Klasse unter Berücksichtigung der Pause ganze 110 Minuten verliert, bis man sie nach der vierten Stunde verfrüht entlässt.

Doch Schule wäre nicht Schule, würden die Lehrer einen an solchen Tagen einfach von dannen ziehen lassen. Denn ausgerechnet heute findet noch eine verpflichtende Informationsveranstaltung um 13:25 Uhr sowie späterer Nachmittagsunterricht statt. Bis zum Beginn jener lustbereitenden Aktivitäten gilt es, weitere zwei Zeitstunden zu überbrücken. Wie? Keiner weiß das – und Internet gibt es aufgrund der dicken Betonwände auch keins.

Beim Vortrag über die anstehende Seminarphase werden Informationen vermittelt, die sich selbst ein geistig behinderter Schimpanse ohne äußeres Zutun hätte erschließen können. Gegen Ende teilt der verantwortliche Lehrer zudem noch einen Zettel aus, welcher den langwierigen Monolog in aller Kürze ausreichend zusammenfasst. Mit ziemlicher Sicherheit weiß er, dass nicht alle Schüler auf das kognitive Niveau des eben genannten Zoo-Kollegen kommen und daher eine besondere Gedächtnisstütze benötigen.

Es ist nun 14:00 Uhr, und du bist genauso schlau wie nach dem Aufstehen um 06:00 Uhr morgens. Die verbleibenden Stunden beginnen jedoch erst in 45 Minuten – und erst in 135 Minuten klingelt der Gong zum letzten Mal an diesem Tag.

Als du zu Hause ankommst, bist du trotz der vielen verlorenen Stunden müde und nicht mehr wirklich in der Lage, etwas für die anstehenden Prüfungen zu lernen. Welch eine Ironie, dass man gerade *wegen* der Schule nicht dazu kommt, sein Wissen zu erweitern oder für eine angemessene Vorbereitung der Tests zu sorgen.

SIE STELLEN DÄMLICHE PAUSEN-REGELN AUF

Auf das Thema Struktur sind wir bereits vorher eingegangen, was jedoch nicht zwangsläufig bedeuten muss, dass das Thema bereits erschöpfend behandelt wurde. Vermutlich liegt dem folgenden Beispiel eine ebenso verquere Vorstellung von Recht und Ordnung zugrunde wie dem Rechtsgeh-Gebot im gegenüberliegenden Gymnasialgebäude. Doch nun genug des Schwurbelns – es wird Zeit, endlich konkret zu werden.

Lehrer weisen die unangenehme Eigenschaft auf, dass sie ihre Schreckensherrschaft nicht nur auf die entsprechenden Unterrichtseinheiten beschränken, sondern nur allzu gerne auch auf die eigentlich zur Erholung gedachten zeitlichen Zwischenräume ausdehnen. Jene nennt man im Volksmund auch »Pausen«. Zunächst einmal freut sich der durchschnittliche Schüler natürlich, wenn der Gong seine Anstrengungen vorübergehend beendet, wird aber eher früher als später mit Ernüchterung gestraft.

Bevor Herr Pingelig erlaubt, das Zimmer zu verlassen, muss zunächst jeder einzelne Krümel, der nur im Entferntesten nach Dreck aussieht, vom Boden verschwunden sein. Darunter fallen selbstverständlich nicht nur eigens verursachte Müllhaufen, sondern insbesondere auch Mikropartikel, die erst durch elektronenmikroskopische Aufnahmen sichtbar werden. Wenigstens einer kann sich über die obsessive Pedanterie freuen – der nunmehr arbeitslose Reinigungsdienst.

Dann, die Hälfte der Pause ist bereits vorüber, kann es endlich nach draußen zum Rauchen gehen. Die Zigarette steckt schon hinter dem Ohr, als ein vorbeigehender Lehrer den Missetäter erblickt und in die Offensive geht. Was man sich eigentlich dabei denke, fragt er im Hinblick auf die Kippe des Todes, ehe er sie konfisziert.

Dass man bereits 18 ist und das Feuerzeug logischerweise noch keine Bekanntschaft mit dem Tabak gemacht hat, interessiert natürlich wieder niemanden.

Wenig später beobachtest du den Kameraden dann dabei, wie er sich das Diebesgut genüsslich auf dem Sportplatz anzündet, wo jeder Normalsterbliche sofort einen verschärften Verweis für vergleichbare Missetaten erhalten würde. Erst nachdem er den halben Filter auch noch weggepafft hat, macht er sich auf den Weg, um Schüler zu terrorisieren, die einen halben Meter außerhalb des Raucherbereiches stehen und somit die von der Schulleitung gezogene Demarkationslinie überschritten haben. Insgeheim bedauert dieser verhinderte Gefängniswärter, dass es nicht regnet – dann könnte er nämlich freudig mitansehen, wie die Häftlinge durchnässt die Launen des Wettergottes über sich ergehen lassen müssen.

Jeder, der die zur Verfügung stehende Zeit nicht zum Ruinieren seiner Gesundheit, sondern zur fachlichen Auseinandersetzung mit wichtigem Unterrichtsstoff nutzen möchte, ist aufgrund der dämlichen Pausenregelungen ebenfalls aufgeschmissen: Die Aula bietet nur circa zehn Sitzplätze für 1.300 Schüler. Weil jedoch die theoretische Möglichkeit einer Sachbeschädigung besteht, kann man nicht in den Klassenzimmern verweilen und ist so gezwungen, auf den engen Gängen am Boden auszuharren, sofern man kein überdurchschnittlicher Glückspilz ist, der auch im größten Gedränge noch ein ordentliches Plätzchen ergattert.

Egal ob es also Putzdienste, Einschränkungen beim Rauchen oder sonstige unnütze Regelungen sind – Lehrer können Pausen so unangenehm gestalten, dass man sich wünscht, sie wären schon wieder vorbei. Stecken Kalkül und eiskalte Berechnung dahinter? Niemand weiß es.

SIE MACHEN EINE SHOW AUS DER HERAUSGABE VON SCHULARBEITEN

»Schlechte Nachrichten: Ihr seid alle dumm wie Sch****!« – Dieses Zitat stammt aus der satirischen Kesslers Knigge-Episode »10 Dinge, die Sie nicht tun sollten, wenn Sie Lehrer sind«, ist aber leider weniger weit hergeholt, als du es zunächst vermuten und gegebenenfalls auch hoffen würdest.

Tatsächlich sollte man wissen, dass die Herausgabe von Tests einer weihevollen, mystischen Zeremonie gleicht, die dem südamerikanischen Voodoo in nichts nachsteht. Bevor die Schüler ihre Arbeiten erhalten, werden im Lehrerzimmer unter dem Einfluss stimulierender Kaffeedämpfe erst einmal verrückte Tänze aufgeführt, um böse Geister (auch Fachbetreuer genannt) wohlzustimmen.

Besonders wichtig ist dabei die spirituelle Praxis des Arschkriechens, bei der man zum Klang abstürzender Schul-PCs von jeglicher Selbstachtung befreit und wie ein geölter Kolben in das metaphorische Gesäß des übergeordneten Dozenten eindringt. Von außerordentlicher Bedeutung ist das vor allem dann, wenn man den Stoff aufgrund eigener Unfähigkeit nur unzureichend an die Schüler weitergegeben hat und deshalb Schnitte herausgekommen sind, die jenseits von Gut und Böse liegen.

Glücklicherweise handelt es sich beim Fachbetreuer um eine genauso große Flasche, die zum Unterrichten ebenso gut geeignet ist wie der überdimensionierte, aber leider nur selten betriebsfähige Fernseher zur Darstellung des digitalen Vertretungsplans. Aus diesem Grund werden Prüfungen auch abgesegnet, wenn der Klassendurchschnitt bei 5,0 liegt – schließlich hatte ein Schüler eine 2–, was bedeuten muss, dass die Leistungserhebung absolut machbar gewesen ist.

Nach dem Einholen der Genehmigung beim Herrn und Meister der Fachschaft geht es dann endlich ins Klassenzimmer. An eine Herausgabe der seit Wochen überfälligen Arbeit kann allerdings noch immer nicht gedacht werden, da zunächst noch die Verbesserung derselben ansteht. Begründet wird jene Reihenfolge mit dem Argument, die Konzentration der Schüler verflüchtige sich durch ein vorzeitiges Erfahren der Zensuren umgehend.

Gemäß dieser Logik macht es demnach mehr Sinn, die seit Ewigkeiten wartenden und nun schon hibbeligen Jugendlichen noch länger hinzuhalten und die Lösungen von Aufgaben vorzustellen, an die sich niemand mehr erinnern kann. Was so schwer daran ist, die verdammten Angaben-Blätter samt Korrektur einfach auszuteilen, habe ich während meiner gesamten Schullaufbahn nicht verstanden.

Im Anschluss an jene Bankrotterklärung des gesunden Menschenverstandes geschieht etwas, was keiner mehr für möglich gehalten hätte: Der Lehrer verkündet die Herausgabe der Prüfung, muss allerdings gestehen, dass die Tabelle mit der Notenverteilung noch zu Hause auf dem Schreibtisch liegt. Zu viel Freude durch das hautnahe Miterleben von Kompetenz wäre schließlich schlecht fürs Herz, was es selbstverständlich zu verhindern gilt.

MC Masterbrain mischt die Tests vor dem Verteilen noch einmal ordentlich durch, um – wie er erklärt – »die Fairness zu erhöhen«. Was der Hirnamputierte einem damit sagen möchte, weiß wie immer keiner. Beim Durcheinanderwerfen fallen ihm natürlich einige Arbeiten herunter, sodass die ganze Klasse wieder einmal mit Stefans Blödheit konfrontiert wird, der erneut eine 6 geschrieben hat und sogar noch einen Schnitt von 5,0 unterbieten kann.

Was bei diesem Loser schon die Mitschüler erledigt haben, betreibt der langsam durch die Reihen schreitende Hoffnungshenker nun auch beim Rest der jungen Leute.

»Ich seh' jetzt schon, dass das nichts wird!«, verkündet er einem heulenden, versetzungsgefährdenden Mädchen; einem anderen stellt er die Frage »Abgeschrieben oder ausnahmsweise mal gelernt?«, als endlich der Stundengong erklingt.

Und was ist nun die Moral von der Geschicht'? Die existiert nicht. Es überrascht einen nur immer wieder, dass sich dann ausgerechnet solche Typen über ihre Unbeliebtheit wundern.

9. GRUND

SIE VERSTEHEN KEINEN SPASS

Selbstverständlich müssen wir uns stets der Tatsache bewusst sein, dass sich die primäre Daseinsberechtigung der Schule aus der fortdauernden Vermittlung von Wissen ableitet. Dementsprechend wäre es unlogisch, die hinter Bänken auf ungemütlichen Stühlen verbrachte Zeit als reine Gaudi-Veranstaltung anzusehen und auf ununterbrochene Belustigung zu hoffen. Dennoch führt ein gelegentlicher Witz zur häufig dringend benötigten Auflockerung des angespannten Klimas, welches von der Grundschule bis zum Abschlussjahr durch den Umstand ausgelöst wird, dass es stets Werter und Bewertete gibt.

Leider verfügt das Staatsexamen häufig über eine regelrecht Exorzismus-ähnliche Wirkung im verkehrten Sinne, sodass durch all die Plackerei im Studium auch der letzte Funke Freude aus den erschlaffenden Lehramtsanwärtern herausgequetscht wird. Gequält von Studienräten, die ihre bereits vorangeschrittene »Karriere« zelebrieren und sich schon jeglicher Empathie entledigen konnten, verlieren diese gemarterten Erdenbürger dann spätestens im Referendariat das verbliebene Quäntchen Lebensglück. So ist es wenigstens verständlich, warum auch deine Lehrkräfte – unter Nichtbeachtung einiger Ausnahmen mit gesunder Psyche – ständig so gut gelaunt sind wie der Autor dieses Buches vor einer Mathestunde.

Die Auswüchse der daraus resultierenden Humorlosigkeit lassen sich nochmals in zwei verschiedene Kategorien einordnen: Erstens sind Lehrer wegen der genannten Gründe nicht zur Kreation tatsächlich witziger Aussprüche befähigt. Und zweitens riskiert jeder, der diese wertvolle Gabe mitbringt, seine guten Zensuren, wenn er es wagt, die Mundwinkel auch nur für einen kurzen Moment weiter nach oben zu ziehen als Angela Merkel an einem Regentag. Jene Kombination treibt mitunter seltsame Blüten und führt häufig zu Situationen, die man wohl am besten als Realsatire beschreiben könnte.

Am schlimmsten sind die zu erwartenden Reaktionen jedoch dann, wenn es darum ginge, Selbstironie und damit verbundene Coolness an den Tag zu legen. Wie jeder weiß, sind Lehrkräfte nämlich hehre Wesen, deren Anzweiflung oder gar Verspottung dem in der Schulordnung verankerten Straftatbestand der Gotteslästerung gleichkäme. So sollte man sich keinesfalls über ihren Kleidungsstil, ihre Aussprache von bestimmten Wörtern und wöchentlich wechselnde Ausreden für die Nichtherausgabe von Prüfungen lustig machen, um nicht ins Kreuzfeuer der humoristischen Inquisition zu geraten. Ganz schlecht sind auch immer etwas dunklere Späßchen, die vor allem bei jüngeren, noch nicht so hartgesottenen Ausbildern ein Feuerwerk der Belehrungen über guten Geschmack auslösen können.

Lustig wird es im Lehrerzimmer angeblich nur dann, wenn es um Schüler oder deren Eltern geht. Da wird dann lautstark über die festgestellte Ähnlichkeit zwischen Mutter und Tochter gelacht, die so verblüffend sei, dass man kaum unterscheiden könne, mit welcher pausbäckigen Besserwisserin man es gerade zu tun habe. Gerüchten zufolge sind auch arbiträr verteilte, schlechte mündliche Noten immer wieder ein Grund für erheiternde Schenkelklopfer.

Man muss sich das vermutlich so vorstellen: Alle lauschen gespannt dem Komiker (meistens der Schulpsychologe) vor dem Kaffeeautomaten, der dann den amüsantesten Witz aller Zeiten raushaut: »Und dann hab ich ihm gesagt: Wenn du dich mehr anstrengst, kriegst du nächstes Mal sicher keine 5 mehr!« Gellendes Gelächter ist garantiert – ebenso wie die erneute schlechte Zensur.

SIE SIND BEAMTE UND ARBEITEN DEMENTSPRECHEND AUCH SO

Das Schlimme am Beamtentum ist, dass diese vom Schicksal begünstigte Gruppe in vielen Fällen auch dann bezahlt wird, wenn ihre Leistung so überzeugend ist wie die durchschnittliche Performance deutscher Teilnehmer beim Eurovision Song Contest. Nun steht es selbstverständlich einem jeden frei, solche Laufbahnen einzuschlagen, weshalb es mir eigentlich nicht im Geringsten zusteht, mich über diesen wohl kaum bestreitbaren Umstand zu echauffieren.

Dennoch haben normale Menschen ihre Müh und Not, wenn sie dann und wann zur Erledigung wichtiger Bürgerpflichten ins Paralleluniversum der Behörden eindringen müssen. Egal ob es sich um das Abholen von Dokumenten, obligatorische Meldungen oder das Bearbeiten unnützen Bürokratiekleinkrams handelt, darf man mit gewaltigen Wartezeiten und anderen Unannehmlichkeiten rechnen, die ohne entsprechende mentale Vorbereitung schnell zu weitreichenden Psychosen führen. Wer sich einmal frei genommen hat, um die unmöglichen Öffnungszeiten dieser Läden einhalten zu können, nur um dann festzustellen, dass aufgrund eines elektronischen Defekts Siesta statt Trabajo angesagt ist, wird wissen, was ich meine.

Wie das Personal von verschiedenen Ämtern sind auch die Insassen deutscher Lehrerzimmer in der Regel darauf fokussiert, ja keinen Strich mehr zu tun als unbedingt notwendig. Dementsprechend hat man Glück, wenn sie die überwiegende Anzahl ihrer Stunden überhaupt abhalten und nicht zu den regelmäßig schockierenden Statistiken über ausfallenden Unterricht beitragen.

Aufgeschmissen ist man hingegen, wenn man ab und zu etwas mehr benötigt als reinen Dienst nach Vorschrift. So möchtest du dir beispielsweise ein Arbeitsblatt beschaffen, von dem deine Lehrkraft vor wenigen Wochen zu wenige Kopien angefertigt hat. Weil es ihr aufgrund von fast schon pathologischer Vergesslichkeit nicht möglich erschien, es in den Folgestunden nachzureichen, willst du mit deinem Aufkreuzen im Herzen der Unfähigkeit (Lehrerzimmer) das eindringliche Flehen nach Bildung unterstreichen.

Leider hängt dort seit Neuestem ein Schild mit der Aufschrift »Erste Pause ist Lehrerpause, bitte nicht stören!«, welches gleich auf verschiedenen Ebenen verstörend auf jeden Betrachter wirkt. Wenig überraschend demaskiert sich die Argumentation hinter jener Maßnahme schnell als Ausdruck der üblichen Faulheit, denn dass man nach 90 Minuten Unterricht schon so erschöpft ist, um guten Gewissens auf die Aufarbeitung zurückliegender Arbeitsverweigerungen verzichten zu können, glaubt nun wirklich niemand.

Ein ähnlicher Fall ereignet sich noch einmal gegen Ende des Jahres, als du tatsächlich annimmst, die Schule würde dir Bücher zur Vorbereitung auf die nächste Jahrgangsstufe überlassen, anstatt sie über den Sommer hungrigen Kellerasseln anzuvertrauen. Leider erzählt dir der vermutlich zwangsweise mit dieser Aufgabe betraute Lehrer, dass es aus organisatorischen Gründen nicht möglich sei, Lehrmaterial herauszugeben.

Rein wissenschaftlich betrachtet ist das allerdings nur der Fall, wenn man als inkompetenter Vollpfosten keine Lust verspürt, nach unten zu gehen und den vermaledeiten Schrank aufzusperren. Nicht einmal die ISBN-Nummern will dir der überbezahlte Hanswurst mitteilen und verweist für nähere Informationen auf die Fachlehrer.

Diesen schreibst du – in einem Anflug naiver Hoffnung – natürlich umgehend eine E-Mail, welche in drei von vier Fällen unbeantwortet bleibt. Nur eine engagierte Musterlehrkraft öffnet ihr elektronisches Postfach im Laufe der Zeit und verspricht, sich hinsichtlich der Bücher schlauzumachen. Vielleicht tut sie das auch irgendwo im stillen Kämmerlein – was jedoch nichts daran ändert, dass du nach unzähligen Frustmomenten erst im kommenden Schuljahr erhältst, worum du seit Monaten gebettelt hast. Es lebe der Arbeitseifer!

ERSTER SCHULTAG

Nach den geruhsamen Sommermonaten begibst du dich am ersten Schultag euphorisch zurück in den grauen Betonklotz, nur um anschließend festzustellen, dass die Wiedervereinigung mit mehr oder minder »geliebten« Klassenkameraden nicht den Mief der gammligen Gänge und das organisatorische Geschwätz deines Lehrers aufwiegen kann. Als dann sogar schon Schulaufgabentermine bekannt werden, entwickelt sich erstmalig die Emotion »Zorn«, welche theoretisch auch durch die anfänglichen Kapitel hätte aufkommen müssen. Bereit für mehr Frustration durch Geschichten über stupide Dozenten?

SIE UNTERRICHTEN
PÄDAGOGIK / PSYCHOLOGIE

Das Fach Pädagogik/Psychologie ist – zum Glücke vieler – den beruflichen Oberschulen vorbehalten. Jene Schultypen gibt es aufgrund mannigfaltiger Differenzen innerhalb der bundesdeutschen Bildungssysteme nicht überall, weshalb es nötig erscheint, das Konzept der solchen in aller Kürze zu erläutern.

Grob gesagt dienen diese Institutionen dazu, dass Leute nach ihrer Ausbildung (BOS) oder nach erfolgreichem Abschluss der mittleren Reife (FOS) ihr (Fach-)Abitur nachholen und sich somit auf eine Laufbahn an der FH oder Universität vorbereiten können. Dabei muss aus verschiedenen Angeboten ein Zweig herausgesucht werden, welcher den gesamten Stundenplan und ein bestimmtes Profilfach vorschreibt, in dem es letzten Endes auch eine Abschlussprüfung zu bewältigen gilt.

So – genug der langwierigen Beschreibungen. Wenn man nun wie ich ein Meister für schulische Fehlentscheidungen ist, könnte man nach der zehnten Klasse tatsächlich auf die Idee kommen, sich für den Sozialzweig zu entscheiden, dem aus unverständlichen Gründen der Ruf des geringsten Widerstandes anhaftet. Leider werden die Gerüchte von der angeblichen Leichtigkeit dieser Tests meist von Leuten gestreut, die vom sozialen Profilfach Pädagogik/ Psychologie so viel Ahnung haben wie ein Psychologie-Lehrer von richtiger Wissenschaft.

Während meines ersten Jahres an der FOS gab es, um mit diesem Mythos ein für alle Mal aufzuräumen, innerhalb des Klassenverbandes keine einzige 1. Niemand hat es zwischen September und August geschafft, in einer Ex, einer Schulaufgabe, einer Ausfrage oder gar im Unterrichtsbeitrag etwas Besseres als 12 Punkte zu ergattern. Das frustrierende und teilweise vollkommen lächerliche

Bewertungssystem, bei dem ein Großteil der Schüler selbst nach drei Jahren und geschriebenen Abiturprüfungen noch nicht weiß, worauf es eigentlich ankommt, enthält nebulöse Kriterien wie die »Darstellung«, welche gemäß meiner Vermutungen nur existieren, um möglichst willkürlich bewerten zu können, ohne dabei rechtliche Maßnahmen fürchten zu müssen.

Was konkret die »sprachlich ausgefeilte Verknüpfung von Theorieinhalten« sein soll und warum du darin regelmäßig nur die halbe Punktzahl erreichst, kann dir beispielsweise niemand am konkreten Fall deiner Klausur aufzeigen.

Ganz allgemein bleibt die Fächerkombination für angehende Diplom-Dummschwätzer in der Regel unpräzise und schwammig, was auf gröbste Art und Weise dem ersten Kapitel des betreffenden Lehrplans widerspricht, das eine Abhandlung über die Unterschiede zwischen wissenschaftlichen Theorien und Alltagstheorien beinhaltet. Demnach seien Erstere unter anderem »jederzeit nachvollziehbar und überprüfbar«, was bedeuten muss, dass sämtliche Themen der darauffolgenden drei Jahre in die Kategorie der Alltagstheorien eingeordnet werden müssen.

Dass man über die Monate Hunderte Definitionen (ich übertreibe nicht) auswendig lernen und eins zu eins wiedergeben soll, ändert paradoxerweise nichts an den häufig auftretenden Logikbrüchen und Verständnisproblemen, die im Zuge der wirren Geistesakrobatik verrückter Psycho-Heinis aber kaum eine Überraschung darstellen.

Und obwohl sich die Mehrheit der Schülerschaft einig ist, dass PäPsy eher den Platz einer Sektenlehre abseits tatsächlicher Wissenschaften einnimmt, stolzieren viele dazugehörige Dozenten im Schulhaus herum, als wären sie seit ihrer Kindheit mit Einsicht gefüttert worden.

Was bleibt, ist die schale Erkenntnis, drei Jahre in küchenpsychologische Schwachsinns-Glaubenssätze gesteckt zu haben, die nicht über das allgemeine Weisheitsniveau eines Analphabeten hinausgehen. Um beispielsweise zu wissen, dass positive Konsequenzen, also Belohnungen, zu einer erhöhten Auftretenswahrscheinlichkeit des entsprechenden Verhaltens führen, braucht man weder Unterricht noch eine ellenlange Definition.

12. GRUND

SIE VERANSTALTEN ELTERNSPRECHTAGE

Gäbe es ein antichristliches Weihnachtsfest, würde es wohl nicht im Zuge einer Sonnenfinsternis, sondern am halbjährlichen Elternsprechtag stattfinden. Die Praxis, unschuldige Lehrlinge bis auf die Knochen zu demütigen, ist fast so ausgefeimt und perfide wie das satanistische Auffressen von kleinen Kindern, wie es in verschiedenen Mythen immer wieder Erwähnung findet.

Doch entgegen der landläufigen Meinung beginnt dieser Schrecken nicht erst am tatsächlichen Datum des Aufeinandertreffens von Erzeugern und Dozenten, sondern bereits zu einem deutlich früheren Zeitpunkt. Als bekannt wird, dass es wieder einmal so weit ist und die Konfrontation der eben genannten Parteien bevorsteht, kommt es hinsichtlich der Reaktion auf die individuelle Situation des Schülers und sein Verhältnis zum entsprechenden Lehrer an.

Die Jungs aus der letzten Reihe kapieren erst gegen Ende der Doppelstunde, dass sie eigentlich einen Zettel hätten erhalten müssen, und lachen dann lautstark über den Umstand ihres Unwissens, wobei der erheiterte Gemütszustand lediglich die aufkeimende Verzweiflung kompensiert. Besonders pragmatische Zeitgenossen passen ihr sonst so renitentes und mehr als pubertäres Verhalten an das nahende Unheil an und hoffen, das Ausmaß der Schelte durch die Demonstration schemenhafter Manieren noch beeinflussen zu können. Und neben den normalen Durchschnittsschülern, denen das Entsetzen ins Gesicht geschrieben steht, gibt es da noch Julia, die beim Gedanken an all die Komplimente vonseiten der Lehrerschaft schon ganz feucht wird.

Für dich bleibt zu hoffen, dass die Organisation ähnlich stümperhaft vonstattengeht wie sonst, denn darauf kann man sich in der Schule eigentlich immer verlassen. Weil deine Mutter dir nach all den Jahren nicht mehr trauen kann, nimmt sie sich extra frei, um der schriftlichen Ankündigung zu folgen und sich am entsprechenden Tag auf den Listen der jeweiligen Lehrkräfte einzutragen. Hierbei tut sich – wer hätte das gedacht – umgehend ein gewaltiges Problem auf: Die Zettel können nirgendwo aufgefunden werden, was schlicht und einfach an der Tatsache liegt, dass sie noch nicht einmal erstellt wurden. Den panischen Heli-Mommys geht deshalb der Gaul durch, woraufhin sie mit ihren Business-Kostümen und Stöckelschuhen durchs Schulhaus rasen wie Forrest Gump auf Pilzen.

Zum großen Bedauern der Schüler schafft man es vonseiten der Schulleitung am Ende doch noch, das Chaos zu beseitigen und den Elternsprechtag auszurichten. Gott sei Dank findet dieser Termin nicht während des so kurzen deutschen Sommers statt, denn wäre es so, würde er sich aufgrund der exorbitanten Wartezeiten vor jedem Klassenzimmer schon wieder dem Ende zuneigen, ehe einen die erste Lehrkraft wieder entlassen hat.

Schlimmer als die unangenehmen äußeren Umstände der grassierenden Planlosigkeit, die einem als Glanzobjekt der Ordnung verkauft werden sollen, sind jedoch die Dinge, die man von den entsprechenden Lehrkräften an den Kopf geworfen bekommt. Dabei versteht es sich von selbst, dass dieselben Heuchler, die noch vor einer Woche gesteigerte Leistungen im Unterricht positiv herausgestellt haben, nun im Beisein der Eltern sämtliche Verfehlungen des letzten Jahrhunderts hervorholen.

»Einmal wurde hier ein Mülleimer angezündet …«

»Was hat mein Sohn damit zu tun?«

»Nichts, das war 1983. Aber seine Frisur gleicht der des Übeltäters von damals.«

Nach diversen weiteren Anschuldigungen und lächerlichen Tipps, wie beispielsweise dem unnötigen Klassiker »Er sollte mehr lernen« (wer sollte das nicht?!), geht es anschließend nach Hause, wo man die schwarze Milch des Elternsprechtags dann in Form von tiefgreifenden Gesprächen mit den Erziehungsberechtigten auslöffeln darf. Vielen Dank auch.

13. GRUND

SIE GEBEN EINE MENGE AUF SCHEINBILDUNG

Fremdwörter, auch gerne als *altera-linguale Termini* bezeichnet, eignen sich ganz hervorragend dazu, den Eindruck von allumfassender Bildung zu erwecken.

Vor Kurzem las ich einen sehr aufschlussreichen Artikel über den Studiengang PPE (Philosophy, Politics, Economics) der University of Oxford, welcher seit Jahren den Nachwuchs für die britische Verwaltungselite ausspuckt und damit maßgeblichen Einfluss auf die Zukunft des exzentrischen Inselchens nimmt. Während eine Interviewpartnerin von herausragenden Leistungen der Kursteilnehmer sprach und dabei überaus authentisch wirkte, erklärte ein anderer, dass dieser interdisziplinäre Universitätszweig mit seiner traditionell hohen Stoffdichte nur mithilfe einer ganz besonderen Fähigkeit zu bewältigen sei: *Bullshitting, yet convincing* – Scheiße labern, aber überzeugend.

Um mit dieser Taktik Erfolg einzufahren, muss man kein hypertalentiertes Rich-Kid aus England sein, das später einmal Premierminister oder Chef einer Mediengruppe wird. Schon im alltäglichen

Schulleben gestaltet sich das Fortkommen deutlich einfacher, wenn man auf die leider noch immer weit verbreitete Kiez-Sprache verzichtet und sich um hochgestochene Artikulierungen bemüht.

Während manche Lehrer das pseudointellektuelle Gequatsche voraussetzen und wie Dirigenten ein Orchester von Nachwuchskoryphäen im Klassenzimmer vor sich erblicken, werden andere von schier grenzenloser positiver Überraschung übermannt, wenn man ihnen ein Fremdwort serviert. Schließlich ist die Beschreibung eines Sachverhaltes nur dann ordnungsgemäß, wenn sie mit inadäquaten Wendungen so verkompliziert wurde, dass niemand mehr richtig kapiert, worum es überhaupt geht.

Sobald man dann aber mal nähere Untersuchungen hinsichtlich dieser Thematik anstellt, fällt einem auf, dass hierbei verblüffende Ähnlichkeiten zum allseits bekannten Märchen *Des Kaisers neue Kleider* bestehen. Weil ich bislang noch nicht von einem Elite-Oxford-PPE-Absolventen unterrichtet worden bin, muss man annehmen, dass auch Lehrer bei Weitem nicht alle Fachtermini beherrschen und somit ebenfalls gelegentlich einen Begriff aufschnappen, der sich weder in ihrem aktiven noch in ihrem passiven Wortschatz wiederfindet.

Nun wäre es selbstverständlich eine Schmach sondergleichen, die eigene Unwissenheit durch das Befragen eines Schülers nach außen zu kehren, weshalb man das Ende seiner Ausführungen mit zustimmendem Nicken einfach stoisch abwartet.

Doch auch umgekehrt darf der Einsatz diffiziler Vokabeln als Symbol der geistigen Schwanzlänge nicht fehlen; schließlich will man seinen Lehrlingen durch das ausschweifende Gebrabbel so richtig imprägnieren (Achtung Ironie).

Den Stand der Dinge hat auch Justus Polo von Gelfrisur für sich entdeckt, weshalb er nun nicht mehr auf den Inhalt seiner Referate, sondern nur noch auf die Quantität der verwendeten Fachwörter Wert legt, ohne dabei selbstverständlich ihre richtige Verwendung zu beachten. Durch langwierige Studien ist der junge Mann nicht nur zum Experten für die Themen »Luthers 95 Prothesen« und »Antibiotikaeinsatz zur Gewinnung von Pharmaschinken« geworden, sondern weiß auch, dass mit Hausarbeiten oftmals eine geradezu abartige Syphilis-Arbeit verbunden ist.

Während sich seine Noten in Mathe und Physik dadurch nicht verbessern, ist in Pädagogik/Psychologie, Sozialkunde und Wirtschaft schon nach wenigen Wochen ein deutlicher Anstieg zu erkennen.

Dass diese Taktik – wenn auch oft subtiler angewandt als im vorhergehenden Beispiel – tatsächlich funktioniert, muss gelinde gesagt als Schande bezeichnet werden. Insofern vertrete ich die Meinung, dass verbale Kommunikation in diesem Fall einem duktilen Münzmetall gleichkommt, das dem entsprechenden Element der diametralen Handlung in seiner Wertigkeit unterzuordnen ist. Oder auch: Reden ist Silber, Schweigen ist Gold.

14. GRUND

FACHRÄUME SIND IHRE GEHEILIGTEN HALLEN

Wenn man als Fünftklässler an eine weiterführende Schule kommt und zum ersten Mal mit den Vorzügen ausgestatteter Fachräume konfrontiert wird, ist man hellauf begeistert. In naivem Glauben geht der durchschnittliche Schüler tatsächlich davon aus, diese speziellen Räume – meist für Chemie- und Physikstunden konzipiert – trügen zu größerer Freude in der Schule sowie zu innovativem und praxisnahem Unterricht bei.

Leider lässt man zu jenem Zeitpunkt die entsprechenden Lehrkräfte außer Acht, die wie ein Konglomerat aus Prätorianer-Gardisten und Zombie-Soldaten darüber wachen, dass niemand in den Genuss der gegebenen Möglichkeiten kommt.

Um ihren naturwissenschaftlichen Garten Eden unbefleckt von der Einmischung garstiger Lehrlinge zu halten, greifen diese vom Direktorat berufenen Gralshüter zu stupiden Vorschriften, die eher eine Detonation der Dummheit auslösen, als tatsächlich explosive Vorfälle zielsicher zu verhindern.

So darf sich beispielsweise niemand ohne Aufsicht in den Fachräumen aufhalten, obwohl die Chemikalien stets erst zu Beginn der Stunde auf einem wackligen Rollwagen aus der Sammlung herangepoltert werden und alle Schränke mit vermeintlich wertvollem Inhalt durch Schlösser relativ gut vor Einbruch geschützt sind. Und mal ganz ehrlich – wer möchte bitte Mikroskope klauen, deren Okular aus Altersgründen so ramponiert ist, dass sie auch als »Grauer-Star-Simulator« Verwendung finden könnten? Doch es geht noch weiter.

Als einer deiner Klassenkameraden in den ersten Stunden genüsslich sein Pausenbrot herausholt und herzhaft hineinbeißt, bekommt die Lehrkraft an der Tafel beinahe einen Herzinfarkt.

»Hast du das Schild im Eingangsbereich nicht gesehen? Essen und Trinken ist in den Fachräumen allerstrengstens verboten!«, ruft sie mit bebender Stimme, die aufgrund der offensichtlichen Verzweiflung an die letzte Lagebesprechung im Führerbunker erinnert.

Jene strikt prohibitive Haltung gegenüber Nahrungsmitteln sei auf den Gebrauch giftiger Chemikalien zurückzuführen, die noch überall im Klassenzimmer zu finden sein könnten. Auch trinken darf man nicht – die aggressiven Giftstoffe könnten schließlich durch das Plastik der Flasche diffundieren!

Das alles scheint indes keine Rolle zu spielen, als man die Schüler nach einer Übungseinheit dazu verdonnert, sämtliche Reagenzgläser des Traktes abzuspülen. Handschuhe gibt es für diese Tätigkeit natürlich nicht. Offensichtlich wissen die sonst so pingeligen Lehrer, die sich mit Versicherungs- und Rechtsangelegenheiten oft besser auskennen als mit ihrem eigenen Profilfach, dass staatliche Schulen zu arm sind, um ihr Chemikalien-Repertoire mit mehr als gewöhnlichem Natriumchlorid (Kochsalz) auszustatten.

Das Worst-Case-Szenario wäre also ein versalzenes Pausenbrot oder gar die aufkommende Atmosphäre von Küstenluft, wenn man zu bahnbrechenden Salzkristall-Versuchen benutzte Erlenmeyerkolben unter die verkalkten Wasserströme der »Schulleitung« hält.

Es bleibt dabei: Die meisten Vorschriften für supertolle Fachräume sind vollkommen stupide und dienen lediglich der Schikane. Sebastian Böhm, der im Rahmen einer Wette einmal abgestandene Milch aus einem Reagenzglas geext hat (bitte nicht nachmachen!*), weiß, wovon er spricht.

15. GRUND

SIE VERURSACHEN NEID BEI DER SCHÜLERSCHAFT

Das Unterrichten darf mitnichten als einfaches Business betrachtet werden. Pubertäre Schwachköpfe werfen auf dem winterlichen Pausenhof schon einmal mit massiven Eisklumpen um sich, während unverschämte Wohlstandsgören bei jeder noch so geringen Unstimmigkeit hinsichtlich belangloser Leistungsnachweise mit dem Anwalt drohen. Monointeressierte Freaks quälen die Lehrkräfte mit Fachfragen, die nicht einmal ein Professor der jeweiligen Disziplin beantworten könnte, und verpennte Gleichgültige grölen Saufparolen in der letzten Reihe. Wer nun behauptet, die genannten Individuen existierten nur in Stereotyp-Filmen à la *Fack yu Göhte*, hat wohl bei seiner Rundreise durch die deutsche Schullandschaft ebenso tief geschlafen wie ich nach meinem Deutschabitur.

Dennoch – auch wenn der Tag lang, beschwerlich und hart gewesen ist, fährt der Lehrer am Ende in der Gewissheit nach Hause, für

---

* Siehe »How To Survive Schule«, Kapitel 35: Warum Sie nicht aus Reagenzgläsern trinken sollten.

das ganze Ackern entlohnt zu werden. Er thront auf dem beheizten Sitz seines Mittelklassewagens und tuckert geschmeidig nach Hause, wo er sich dem Nicht-Korrigieren alter Schulaufgaben widmet und beim Gedanken an die nächsten Ferien ins Schwelgen gerät.

Das Schülerdasein bringt hingegen eher abstraktere Freuden mit sich. Man verbringt zwar den ganzen Tag in einem büroähnlichen Komplex und darf Aufgaben bewältigen, die oftmals so viel Spaß machen wie eine saftige Magen-Darm-Grippe, muss sich aber dennoch jede kleine Anschaffung vom Mund absparen.

Auch wenn es der Wahrheit entspricht, schmerzt die häufig getätigte Aussage immens, dass man mit »Bildung« und der »Aussicht auf eine gute Zukunft« bezahlt werde. Jeder kann nur hoffen, dass er nach dem Studium/der Ausbildung einen ordentlichen Job findet und jene Worte nicht noch im tausendsten unbezahlten Praktikum zu hören bekommt.

Während man also auf seinem Mofa vom Benz des neuen Deutschlehrers überholt wird, ist man direkt froh, wenn der eisige und langsam eindringende Winterorkan den Helm von innen beschlagen lässt, sodass man von dieser scheinbar ungerechten Welt nichts mehr mitbekommt.

Der gleiche Herr ist es auch, der wenig später im Unterricht nachfragt, warum die Klasse heute so hibbelig sei. Nachdem ein bevorstehender Mathetest als Ursache ausgemacht wurde, bemitleidet er seine Schüler für einen kurzen Moment und gibt dann zum Besten, dass er heilfroh sei, nicht mehr mit Zahlen hantieren zu müssen. Seit seinem Abitur warte er vergebens auf eine Situation, in der das Heranziehen von Integralen oder Binominalkoeffizienten zur Lösung alltäglicher Sachverhalte beitrage. Er ginge sogar so weit, zu sagen, dass er bereits einen Monat nach Vollendung der Abschlussprüfungen nicht mehr zur erfolgreichen Vollendung der solchen in der Lage gewesen wäre.

Anschließend fährt dein Lehrer mit seiner ebenso wichtigen Lektion über grammatikalische Phänomene fort und hinterlässt bei allen weiteren Anwesenden das unangenehme Gefühl, mit dem Kameraden an der Tafel tauschen zu wollen, anstatt noch viele weitere Monate hinter angemalten Bänken zu sitzen und von kommenden Zeiten zu träumen. Tja, Lehrjahre sind eben keine Herrenjahre!

SIE VERSCHENKEN GUTE NOTEN

Das Ergattern guter Noten, besonders in schriftlichen Leistungsnachweisen, gehört zu den wenigen Höhepunkten eines Schuljahres. Wer eine 1 in der Mathe-Schulaufgabe oder gar im Deutsch-Aufsatz erbeutet, fühlt sich für einen kurzen Augenblick – wohlgemerkt zu Recht – wie die Reinkarnation Jesu Christi.

Ein Grund für das Weichen dieser Freude könnte ein gebrochenes Bein auf dem Nachhauseweg, das Versterben des heiß geliebten Hamsters oder die Aufbürdung des Tafeldienstes sein. Oftmals reicht es allerdings schon, wenn die Lehrkraft den Notenschlüssel an die Tafel schreibt und Kommentare wie »Der Schnitt war dieses Mal so gut, dass ich fast ins Direktorat hätte gehen müssen!« von sich gibt. Solche Aussagen lassen einem die eben noch nach oben gezogenen Mundwinkel erstarren und lösen instinktiv dunkle Vorahnungen aus.

Als dann klar wird, dass der Klassenverband »brilliert« hat und die Lehrerin ihre katastrophale Unterrichtsführung mit einem Gesamtschnitt von 1,6 wiedergutzumachen versucht, schwindet auch das restliche Quäntchen Zufriedenheit. Was ist eine 1 schon wert, wenn jeder zweite Hanswurst das bestmögliche Ergebnis erreichen konnte?

Doch der besagte Test bleibt keine Ausnahme und wird durch viele weitere Erfahrungen auf unangenehmste Art und Weise garniert. So bereitest du dich beispielsweise auf eine Musik-Stegreifaufgabe akribisch vor, obwohl sie nicht einmal zum Schnitt der Abiturnote beiträgt. Dennoch soll die geplante Top-Zensur das optische Erscheinungsbild des Zeugnisses aufbessern und potenzielle Arbeitgeber von durchaus vorhandenem Fleiß überzeugen.

Du wiegst dich in Sicherheit und zelebrierst bereits vor Prüfungsbeginn das überdurchschnittliche Endergebnis, das dir augenscheinlich niemand mehr nehmen kann. Andere begutachten den Stoff gerade zum ersten Mal und stellen fest, dass alles doch gar nicht so einfach ist wie ursprünglich angenommen.

Leider gereicht ihnen diese abnorme Faulheit nicht zum Nachteil, denn selbst die betagte Lehrerin betrachtet ihr Fach als unwichtig. Sie, vermutlich noch ein Woodstock-Relikt aus Hippie-Zeiten, möchte lediglich, dass die Musik in ihre Schüler »eindringt« und sie zu »aktiveren Menschen« macht. Während des Schuljahres bedeutet das, sich zu den Klängen bescheuerter Peinlichkeits-Rhythmen zum Affen zu machen oder wie vergast auf Bongo-Trommeln zu prügeln, die Gerüchten zufolge schon mehrfach vom roten Saft blutender Hände gereinigt werden mussten.

Das Gerechtigkeitsempfinden der Dame wird im Folgenden offenbar: Es geht in ihrem Musikunterricht nämlich nicht einmal im Rahmen der Prüfungen um das Zeigen von Leistung, sondern vielmehr um die Einbindung besonders schwacher Schüler, die auch einmal eine Aufmunterung benötigen.

So unternimmt sie ernsthaft nichts dagegen, als deine Klassenkameraden ihre jeweiligen Wissensfetzen beinahe lautstark zu einem großen Ganzen kombinieren. Die in die Vorbereitung gesteckten Stunden hättest du damit genauso gut in exzessives Powernapping investieren können.

Zeit für ein Fazit: Lehrer, die Bestnoten einfach verschenken, meinen zwar, etwas Positives zu tun, erreichen aber lediglich eine Entwertung der Zensuren. Sie strafen mit ihrem Vorgehen Schüler ab, die hart für gute Leistungen arbeiten, und unterstützen jene, die Erfolg aufgrund mangelnden Einsatzes nicht verdient haben.

SIE GEBEN KEINE GUTEN NOTEN HER

Neben den gerade beschriebenen Subjekten, die ordentliche Noten ebenso freigebig austeilen wie Salafisten Korane in der Innenstadt, gibt es dann noch deren vergleichbar negatives Gegenstück – die geizigen Dagobert Ducks unter den Lehrkräften, bei denen gute Zensuren nur im Zehnjahrestakt oder zu außergewöhnlichen Anlässen vergeben werden.

Diese Personen sind erfahrungsgemäß vor allem im Bereich der Naturwissenschaften beheimatet, wo sie mit ihren fachspezifischen und teils absonderlichen Eigenheiten unter sich bleiben und mit kaum zu beschreibender Arroganz auf die »Untermenschen« herabblicken, die für Mathematik-lastige Fächer zu »dämlich« waren und daher einen »weichen« Studiengang präferierten. Über die Tatsache, dass sie genauso viel verdienen wie ihr unliebsamer Kollege aus der Fachschaft Kunst, sehen sie mit einer gewissen Bitterkeit großzügig hinweg.

Berauscht vom Dünkel und im festen Glauben an ihr Auserwählten-Selbstverständnis, meinen die liebenswerten Physiker, Chemiker und Biologen beweisen zu müssen, dass sich die Spreu nur in ihren Fächern vom Weizen trennt. Damit einhergehend konzipieren sie extra schwierige Leistungsnachweise, die von der Fachleitung erst genehmigt werden, wenn mindestens eine Person im Gremium bei mehreren Aufgaben in Tränen ausbricht und die Qualität der besuchten Universität infrage stellt.

Anschließend geht es freudenstrahlend ins Klassenzimmer, wo man mit der noch druckfrischen Arbeit seine Schüler überrascht, die an diesem Tag eher mit einer Alien-Invasion gerechnet hätten als mit jener knüppelharten, aus abgedrehten Transferfragen bestehenden Stegreifaufgabe. Auf den hieraus resultierenden Schnitt von ganzen drei Punkten (5+) ist die entsprechende Lehrkraft unglaublich stolz – wieder einmal wurde bewiesen, dass der Großteil der Menschheit vom Verständnis naturwissenschaftlicher Sachverhalte ausgeschlossen ist, während man sich selbst an seinem mit Müh und Not bestandenen Staatsexamen aufgeilen kann.

Doch auch Dozenten anderer Fächer zeichnen sich häufig durch unnachgiebige Härte aus. Wenn dir die eine oder andere Begründung zu Ohren kommt, was denn nun eigentlich zur besseren Note gefehlt habe, kommt gelegentlich die Frage nach der Verhältnismäßigkeit auf. Fließt beispielsweise die »Form« so stark in die Gewichtung mit ein, dass kalligrafische Ornamente notwendig sind, um in einer lächerlichen Erdkunde-Ex volle Punktzahl zu erhalten, sollte meines Erachtens die geistige Gesundheit des Prüfers in den Mittelpunkt gerückt werden.

Zuletzt muss an dieser Stelle noch einmal auf Pädagogik/Psychologie eingegangen werden: Hier dienen die chronisch schlechten Noten nämlich zur Etablierung einer Illusion von Sinnhaftigkeit. Weil es, bezogen auf den Gewinn an Bildung, keinen großen Unterschied macht, ob man sich drei Jahre lang dieses Geschwurbel reinzieht oder unterbrechungsfrei den Song der Cantina-Band aus *Star Wars* anhört, sind katastrophale Zensuren für die entsprechenden Lehrer von essenzieller Bedeutung.

Außenstehende gewinnen dadurch den Eindruck, der Schüler hätte im Gewirr stupider Definitionen wichtige Informationen vergessen und müsse zukünftig noch tiefer in die undurchdringlichen Weiten des psychologischen Universums eintauchen, um seine Leistung zu verbessern. So kommt niemand auf die Idee, dass hinter dem ganzen Konzept nichts als heiße Luft steckt und oft auch der Dozent vor der Ungenauigkeit mancher Theorien einknickt.

Zuletzt ein Appell an alle Prüfer: Die Notenskala reicht von 6 bis 1, nicht nur von 6 bis 2. Spitzenzensuren sollten einer kleinen Elite vorbehalten sein, aber doch bitte nicht unmöglich sein.

SIE VERTEILEN DESOLATE UNTERRICHTSMATERIALIEN

Über Ausbildungslücken im Lehramtsstudium haben wir in Zusammenhang mit scheinbar von Kugeln durchsiebten Arbeitsblättern unlängst gesprochen. Leider Gottes ist die Misshandlung unglücklicher Unterrichtsmaterialien nicht auf die unvorteilhafte Handhabung eines Lochers zu beschränken, weshalb ich erneut darauf zurückkommen muss, was beim Erstellen, Kopieren und Verbreiten der solchen alles schieflaufen kann.

Die chronische Farce beginnt bereits in der ersten Schulwoche, welche fast ausschließlich zur Erledigung stupider Organisationsaufgaben verplempert wird. Darunter fällt unter anderem das offenbar erforderliche Einsammeln des Kopiergelds, das sich je nach Schulart und Jahrgangsstufe auch mal auf 20 Euro oder mehr belaufen kann.

Selbstverständlich weiß man im Zuge einer fortgeschrittenen Laufbahn bereits, dass das Geld verantwortungsvoller angelegt wäre, würde man es einer Meth-süchtigen Vorstadtprostituierten überlassen oder zur feierlichen Entzündung einer Zigarre gebrauchen. Dennoch mimt die Klassenleitung Jahr für Jahr den garstigen Steuereintreiber und besteht mit beachtlicher Vehemenz auf die Begleichung dieser doch eher unfreiwilligen Rechnung.

Es verhält sich hierbei ähnlich wie mit den gerne kritisierten GEZ-Gebühren, dank derer fantastische Produktionen wie billige *Sex and the City*-Klone oder der wöchentliche *Tatort* über bundesdeutsche Fernseher spuken können: Die rein hypothetische Möglichkeit zur Nutzung dieses Angebots reicht bereits aus, um von staatlich legitimierten Verbrechern bis auf die Knochen ausgenommen zu werden. Unterschiede zur Schule existieren somit kaum.

Was das konkret bedeutet und wofür ihr armen Idioten so viel Asche ausgegeben habt, erfährst du wenige Tage später, als deine Englischlehrerin Übungen zur Beschreibung von gesellschaftsbezogenen Statistiken austeilt und begeistert auf deren Wichtigkeit hinweist.

Zu sehen sind zwei Kreisdiagramme, welche eigentlich die gegenwärtige ethnische Zusammensetzung der USA einer Prognose für das Jahr 2050 gegenüberstellen sollen. Leider lassen sich die einzelnen Segmente aufgrund der desaströsen Kopierqualität nicht einmal ansatzweise voneinander unterscheiden. Auch wenn man kein großer Freund von pseudoerotischen Schwachsinnsfilmen ist, wünscht man sich in diesem Moment zumindest »Five Shades of Grey« und keinen fetten schwarzen Fleck auf dem traditionell sehr dünnen und wohl schon achtfach recycelten Toiletten-Kopierpapier.

Als du glaubst, die Bio-Materialien in der folgenden Stunde wären aufgrund der naturwissenschaftlich-strukturierten Herangehensweise deines Lehrers von höherer Wertigkeit, kündigt sich bereits die nächste Enttäuschung an.

Eine ausgeteilte Übersicht zur DNA-Replikation führt eher zu malignem Augenkrebs als zu besserem Verständnis der Thematik, und völlig deplatzierte Beschriftungspfeile erwecken den Eindruck, die Person an der Tafel hätte vor der Benutzung von Microsoft Word ein bisschen zu oft an tropischen Fröschen geleckt.

Leider hilft auch der daruntergesetzte Lückentext nicht wirklich weiter. Dieser ist nämlich drei Mal so lang wie die Erklärung im Schulbuch und enthält auch doppelt so viele Fremdwörter, die wiederum mit weiteren Fremdwörtern erläutert werden. Man kann also nur hoffen, dass das Kopiergeld in einen geheimen Bildungsfonds geflossen ist, der einem am Ende der Schullaufbahn zugutekommt.

SIE SEHEN DEN SATAN IN MOBILTELEFONEN

Jeder kennt die guten alten Vampirstreifen, in denen verschiedene Methoden aus der Trickkiste hervorgekramt werden, um sich gegen lästige blutsaugenden Kreaturen abzusichern. Neben der klassischen und auch bei aufdringlichen Dates sehr effektiven Knoblauchkette gibt es da beispielsweise noch Weihwasser, doch nichts schockiert Dracula und seine Nachwuchsbeißer so sehr wie der Anblick eines Kreuzes aus reinem Silber.

Ähnliche Szenen geschehen auch auf den Schulhöfen dieser Nation; und zwar immer dann, wenn ein strenger Lehrer erkennt, dass es sich bei diesem viereckigen Aluminiumkasten, den der Schüler gerade aus der Hosentasche zieht, nicht um einen Taschenrechner handelt.

Sogleich beginnen die Rädchen in seinem Gehirn mit flatternden Drehbewegungen und erwirken binnen weniger Millisekunden die Erkenntnis, dass hier etwas Ungeheuerliches vonstattengeht. Eine Verletzung der Schulordnung ist ja das eine, doch die öffentliche Benutzung portabler Elektrogeräte geht dann doch über die Toleranzschwelle einer ordentlichen Pausenaufsicht hinaus.

Welche entsetzlichen Dinge könnten mit jener Höllenmaschine angestellt werden? Horrorszenarien geistern durch die Gedanken des Lehrers, dem bereits der Angstschweiß vom kahlen Haupte rinnt. Bestimmt verschickt das Mädchen dort drüben Nacktaufnahmen ihrer ehemaligen besten Freundin, teilt anschließend IS-Propaganda auf Facebook und bestellt letztendlich Waffen für einen Amoklauf im Darknet. Noch schlimmer wäre jedoch der Download bildungsfeindlicher Spiele oder die Weiterleitung von Material, das die untragbaren Hygienezustände im Innern der Schultoiletten dokumentiert.

Dass es sich bei der Handynutzerin am anderen Ende des Schulhofs um eine ganz normale Person handelt, die ihren digitalen Stundenplan überprüft, mit den Eltern bezüglich potenzieller Mittagsgerichte debattiert oder im Verlauf der Pause einfach nur in Ruhe gelassen werden möchte, steht offenbar gar nicht zur Debatte.

So ist es nur logisch, dass Herr Halbglatze wie ein Wahnsinniger auf sein Opfer zustürmt, um das Instrument des Todes zu konfiszieren und auf diese Art Schlimmeres zu verhindern. Wüsste man es nicht besser, könnte man auch den Eindruck gewinnen, er fliehe vor der Konrektorin, die völlig in Rage wieder einmal eine Schneise der Verwüstung sowie weinende Fünftklässler hinterlassen hat.

Anstatt die junge Dame höflich und bestimmt auf das Verbot von Handys hinzuweisen, nähert sich der taktlose Betonklotz von hinten und fängt zu grunzen an wie ein Besoffener beim monatlichen Hooligan-Treffen.

»Das ist Schulgelände, verflucht noch mal! Ich glaube, Sie haben nicht mehr alle Tassen im Schrank! Handy her, sofort!«

Erschrocken dreht sich das Opfer der wüsten Schimpftirade um und spricht genervt in den Hörer: »Bitte warten Sie einen Moment, Herr Doktor.«

Obwohl durchaus ein gewisser Ärger mitschwingt, versucht die Frau so gelassen wie möglich zu erklären, dass sie eine Referendarin von der Schule gegenüber ist und gerade mit ihrem Hausarzt telefoniert. Doch das glaubt ihr Gegenüber niemals – so eine schamlos dreiste Ausrede hat dieser weibliche Nachwuchs-Münchhausen gewiss mit dem Smartphone im Internet gefunden. Und damit muss jetzt Schluss sein. Ist es das, was Christian Lindner mit »Digitalisierung der Bildung« meint?

SIE UNTERRICHTEN RELIGION (NICHT)

Die Religion als gesellschaftliche Triebfeder war jahrzehntelang ein Atlantis der Kultur, untergegangen in den tosenden Weiten des Konsum-Ozeans. Menschen beteten, wenn auch nur im übertragenen Sinne, zu Waren und Marken und wurden durch die sich anhaltend verbessernde Lebensqualität nur noch selten an die Endlichkeit ihres Daseins erinnert.

Infolge jener Entwicklung und bestärkt von regelmäßigen Kirchen-Skandalen hat die Kritik am Religionsunterricht in den vergangenen Jahren einen Höhepunkt erreicht, obwohl der Glaube aufgrund religiös motivierten Terrors und durch die Initiativen vermeintlicher Kulturbewahrer wieder intensiv in den öffentlichen Fokus gerät. Gerade weil religiöse Bildung in Zeiten großen religiösen Konfliktpotenzials ein massiv unterschätztes Gut ist, teile ich die Auffassung derer nicht, die meinen, eine solche Form des Unterrichts habe in einem säkularen Staat nichts verloren und müsse wenn dann als reines Privatvergnügen zu Hause abgehalten werden.

Leider *Gottes* ändert die generelle Befürwortung jener Stunden nichts daran, dass einem das Gedöns bereits nach äußert kurzer Zeit tierisch auf die Nerven geht. Vier Jahre Grundschule und vielleicht noch zusätzlicher Kommunionsunterricht zehren stark an der Geduld und bringen die Kinder schon früh vom Weg ihres »Heilands« ab. Anstatt potenzielle Nachwuchskirchgänger schon früh mit ethischen Fragen der Gegenwart zu konfrontieren und somit die Ausbildung eines Bewusstseins für solche Belange zu fördern, erzählt man dem kleinen Maxi – der doch eigentlich nur mit seinen Freunden Fußball spielen will – zum 100. Mal die Geschichte des heiligen Einfaltspinsels, der vor Tausenden von Jahren irgendwo in der Nähe von Jerusalem irgendetwas Mega-Cooles getan hat.

Ganz unabhängig vom metaphorischen Wert biblischer Erzählungen weiß der durchschnittliche, vom Reli-Unterricht geplagte Schüler in der sechsten Klasse, dass Ober-Poser Jesus übers Wasser laufen konnte. Und an unbefleckte Empfängnis glaubt er höchstens noch im Falle der 16-jährigen Teenie-Mutter Jaqueline, die stets überzeugend darlegt, sich nicht an den Vater ihres Frischlings erinnern zu können – was aber wohl eher an alkoholischem denn göttlichem Einfluss liegen dürfte.

Doch auch nach Abschluss der immer gleichen Legenden wird es nicht besser, was du spätestens in Anbetracht der typischen Mittelstufen-Religionslehrerin bemerkst.

Frau Zeigefinger ist weniger für die Vermittlung von Fachwissen oder die Unterstützung eigenständigen Denkens verantwortlich, sondern verdient ihr Geld als hauptberufliche moralische Instanz. Jeder, der sich nicht mindestens einmal pro Woche durch den öffentlichen Verzehr von Fair-Trade-Produkten als gottesfürchtiger Gerechtigkeitshüter hervorgetan hat, muss Schelten hinnehmen, die einer Exkommunikation näher sind als man es zunächst annehmen würde. Ferner gibt es Strafarbeiten für den entsetzlich kaltherzigen und diskriminierenden Gebrauch des Begriffes »Dritte Welt« sowie schlechte mündliche Noten für alle, die sich in irgendeiner Form gegen ausschließlich pazifistische Unternehmungen der Weltpolitik aussprechen.

Das bringt uns auch schon zu einer Zusammenfassung meiner bescheidenen Kritik am Religionsunterricht: Erst meint man, das Kultusministerium wolle einen durch den repetitiven Einsatz biblischer Schilderungen ins Koma versetzen, nur um dann nervige Belehrungen folgen zu lassen. Dann doch lieber Ethik …

WUT-STUFE III

ERSTER MENSA-BESUCH

Nachdem man den Gaumen während der Ferien mit allerlei Köstlichkeiten verwöhnt hat, schmeckt das Mensaessen im Kontrast beinahe so, als könnten die Bauern der Region damit auch ihre Äcker düngen. Jene überraschend schlechte Verpflegung, die übrigens ein mehrmals wiederkehrendes Motiv dieses Buches darstellt, macht dich mindestens genauso grantig wie die nervige Doppelstunde Physik kurz vorher oder 20 Kapitel der vor dir liegenden Lektüre. Herzlichen Glückwunsch, hiermit erreichst du Wut-Level III!

SIE HABEN KEIN VERSTÄNDNIS FÜR DIE WETTERLAGE

Ich werde nicht müde zu betonen, dass das deutsche Klima eigenen Regeln folgt. Wärme ist im Normalfall eine glückliche Anomalie, die nur dann auftritt, wenn Ostern, Weihnachten und der Sankt Nimmerleinstag aufgrund astronomischer Irregularitäten zusammenfallen. Die allgegenwärtige Kälte, selbstverständlich vornehmlich während der freien Tage omnipräsent, scheint hingegen die Theorie der Erderwärmung gänzlich ad absurdum zu führen.

Doch ganz egal, ob es jetzt ausnahmsweise einmal gefühlte 50 Grad im Schatten hat oder sämtliche Schüler auf ihrem Weg zum Unterricht von brausenden Schneegestöbern aufgehalten werden, interessiert es Lehrer einen Dreck, was außerhalb der unbeheizten Schulwände so vor sich geht.

Nicht ganz ohne Frustration darf das auch ein Kumpel von dir feststellen, der Anfang Februar mit blauen Fingern und vereisten Haaren das Klassenzimmer betritt und dabei einem heimkehrenden Polarforscher ähnelt. Erst nachdem der arme Tropf mit einem bedenklichen Hustenanfall Platz genommen und die ersten Schichten seiner Zwiebelbekleidung abgenommen hat, bemerkt er den stechenden Blick seiner Lehrerin, die mit verschränkten Armen an der Tafel steht und ihn ansieht, als sei er ein zurückkommender Kriegsverbrecher aus Stalingrad.

Mit erboster Stimme fragt die Schreckschraube, was dem jungen Mann eigentlich einfalle, unentschuldigt ganze 50 Minuten zu spät zu kommen. Dass dieser noch nicht einmal die Gelegenheit erhalten hat, sich für sein Fortbleiben zu rechtfertigen, wird kurzerhand übergangen. Das bleibt auch so, als dein Kollege meint, er sei nach dem Steckenbleiben der S-Bahn mehr als 40 Minuten gegen ein tosendes Unwetter angelaufen, um im Gegensatz zu weiteren Kandidaten doch noch die Schule zu erreichen. Andere hätten einfach ein Taxi gerufen und seien – scheinbar aus gutem Grund – wieder nach Hause gedüst, um sich dort angenehmeren Tätigkeiten zu widmen. Um genau zu sein ist aber so ziemlich alles angenehmer, als nach einer solchen Odyssee vor versammelter Mannschaft zur Sau gemacht zu werden.

Mit dem Spruch »Aha, solche Ausreden will ich nächstes Mal aber nicht mehr hören« quittiert die vorne stehende Dame den Bericht des Schülers und trägt seine lange Abwesenheit ins Klassentagebuch ein. Selbst schuld, wenn der Volltrottel bei diesem Wetter nicht drei Stunden früher aufsteht, um sich pünktlich zum Stundengong ihr stupides Gebrabbel anzuhören.

Einige Monate später zieht sich dieselbe Tyrannin erneut das Missfallen ihrer Lehrlinge zu. Alle sitzen – nach einem langen Schultag und wegen der tatsächlichen Temperatur – wie auf Kohlen und wollen dem quälenden Nachmittagsunterricht so schnell wie möglich entfliehen. Einzig die Vorstellung vom kühlen Nass eines klaren Schwimmbeckens scheint die rauchenden Köpfe noch vor der endgültigen Austrocknung zu bewahren, was leider auch deiner Lehrerin nicht verborgen bleibt.

Diese beschließt in ihrer Bösartigkeit, selbstverständlich nicht auf geplante Stegreifaufgaben zu verzichten, und kündigt implizit den eigentlich unangekündigten Leistungsnachweis an. Ferner soll bis zum kommenden Tag das nächste Buchkapitel auswendig gelernt sowie ein Kurzreferat vorbereitet werden. Die Hauptsache ist doch, dass niemand den Sommer genießen kann!

SIE ENTWICKELN GEISTIGE STÖRUNGEN BEIM EINSAMMELN BELIEBIGER OBJEKTE

Ich weiß nicht warum, doch irgendetwas passiert in den Köpfen der Lehrerschaft, wenn es darum geht, ein beliebiges Objekt einzusammeln. Bisherige Maßstäbe an sich selbst und die Umwelt werden auf markante Weise verschoben, worauf dann die Verabschiedung von der ohnehin geringen Lehrer-Effizienz sowie das Ausleben massiver Geistesstörungen folgen.

Irgendwann wirst auch du Zeuge einer solchen Einsammel-Psychose. Wir bewegen uns auf das wohlverdiente Ende der Jahrgangsstufe zu, weshalb die wichtigsten Prüfungen bereits in der Vergangenheit liegen. Jetzt gilt es, sich für ein besonderes Projekt im kommenden Schuljahr zu bewerben und ein Anschreiben zu formulieren, um den entsprechenden Lehrer davon zu überzeugen, dass man genau der Richtige für seine Sklavendienste ist. Möglichst schmeichelhaft soll jenes Schriftstück aufzeigen, warum der von ihm angebotene Kurs viel besser, interessanter und vielseitiger ist als alle anderen zusammen, wobei kein schlechterer Anlass für den sparsamen Umgang mit Superlativen existiert.

Natürlich hast du dir das Thema »Kritische Auseinandersetzung mit der Literaturepoche ›Sturm und Drang‹« nur herausgesucht, weil alle anderen Angebote einen noch krebserregenderen Eindruck gemacht haben, und musstest dir jeden einzelnen Satz deines überladenen Lobgesangs mühsam aus den Fingern saugen. Selbst auf Anraten deiner Eltern wurde die Passage »Wenn ich mich zwischen der Fähigkeit zu fliegen, einem Lottogewinn und Ihrem Lehrgang entscheiden müsste, würde ich selbstverständlich Letzteres bevorzugen« nicht aus der knapp einseitigen Hyperbel-Ejakulation gestrichen.

Von großem Stolz erfüllt (schließlich kann nicht jeder solche Lügenaufsätze verfassen, ohne sich mehrfach zu übergeben) geht es zur offiziellen Einsammelstelle für die Bewerbungen – einem speziell dafür ausgewählten Betreuer, der mit seiner grimmigen Visage eher weniger den Eindruck erweckt, als würde er sich über die eintrudelnden Schriftstücke freuen.

Enthusiastisch hältst du ihm dein herrlich gelayoutetes Meisterstück vor die Nase und ergänzt – sicherheitshalber – den Grund für das heutige Erscheinen. Doch dann geschieht das komplett Unerwartete: Der Mann verzieht das Gesicht und sagt einfach nur »Nein«.

Für einen kurzen Moment entgleist deine Mimik dermaßen, dass du aussiehst wie ein weißer Wanderer aus *Game of Thrones*, nur um anschließend nach dem Grund der überraschend drastischen Absage zu forschen.

»Das sammeln wir erst von morgen bis Freitag ein. Alle zusammen dann, Sie verstehen schon«, lautet die nähere Erläuterung der vorangegangenen Abfuhr. Eigentlich verstehst du kein bisschen, warum es nicht möglich ist, ein Dokument mit dem Gewicht von vielleicht fünf Gramm sofort entgegenzunehmen, bleibst aber höflich, um zu verhindern, dass dir der Vollarsch noch weitere Steine in den Weg legt.

Offensichtlich bleibt dieser Vorfall keine Ausnahmeerscheinung – auch deine Klassenleitung möchte das Wandertagsgeld auf einmal nur noch in einem bestimmten Zeitfenster haben und wundert sich dann, warum es infolge dieser grenzdebilen Reform zu ständigen Abgabeverspätungen und Terminüberschreitungen kommt.

Tja, gute Frau, das kommt daher, dass niemand mehr durchblickt, wenn jeder superwichtige Lehrer seine eigenen Planungen anstellt und abzugebende Objekte ablehnt, wenn sie zeitlich nicht mit dem jeweiligen kaiserlichen Erlass übereinstimmen. Mein Mitleid hält sich in Grenzen.

SIE GEBEN MATERIALLISTEN HERAUS

Besonders in unteren Jahrgangsstufen bilden sich Lehrer ein, ihre erträumte Allmacht vollends ausleben zu müssen. Um zu zeigen, dass sie nicht nur über ihr eigenes Geld, sondern auch über das der Eltern verfügen können, teilen sie Materiallisten aus, die länger sind als die Inventar-Zusammenfassung eines Schreibwarengroßhändlers. Dazu kommt, dass jene Kataloge dermaßen spezielle Artikel enthalten, dass man sie teilweise nur in der Innenstadt bei einem Fachgeschäft für abartige Sondervorlieben erwerben kann.

Am bescheidensten ist da noch deine Klassenleitung, die Deutsch unterrichtet und lediglich eine Vielzahl verschiedener Hefte bestellt. Neben der strikten Trennung zwischen Hausaufgaben- und Schulheft sei es darüber hinaus von großartiger Bedeutung, einen extra Hefter für Übungsaufsätze sowie spezielle Unterlagen zur Festhaltung zukünftiger Notizen anzuschaffen.

Alle Umschläge sollen hellrot sein, sodass sie im kontemplativen Fluss des Überprüfens eine bezaubernde Symbiose mit dem Korrekturstift eingehen, den die Fetischistin für schlechte Noten schon beinahe grazil über das chlorgebleichte Papier der Doppelhefte führt.

In der Absicht, ihre abfälligen und – Deo gratis – nur schwer leserlichen Kommentare noch besser hervorstechen zu lassen, sind sämtliche Materialien mit einem beidseitigen Rand von genau 4,442 cm zu besorgen. Jeder, der sich dieser stupiden Engstirnigkeit verweigert und nicht in freudige Erregung ausbricht, wenn er an DIN-Normen denkt, wird selbstverständlich offen für minderbemittelt erklärt und dürfte auch im Besitz eines Literatur-Nobelpreises nur noch mit 4ern im weiteren »Saisonverlauf« rechnen.

Andere Fachschaften eskalieren noch mehr, wenn es um Besorgungen am Schuljahresanfang geht. So möchte deine Kunstlehrerin nicht nur Marken-Wachsmalstifte und 5000 verschiedene Borsten- und Haarpinsel der richtigen Stärke haben, sondern ordert bei einem Versandhaus auch noch Linolschnitt-Werkzeuge für 20 Euro pro Schüler. Anschließend beklagt sie sich darüber, dass in ihrem Klassenzimmer zu viel Schrott herumstehe und niemand bei einem derart eklatanten Chaos arbeiten könne. Am lustigsten ist jedoch, dass man zum Schluss große Teile des Krempels nahezu oder gänzlich unbenutzt wieder mit nach Hause nimmt, im kommenden Jahr aber erneut Unsummen in Künstlerbedarf investieren soll – auch dann, wenn man so viel Talent mitbringt wie ein halb leerer Tuschebehälter.

In der Oberstufe lösen sich diese Spinnereien glücklicherweise in Luft auf – was aber nicht daran liegt, dass schulische Nachschuboffiziere und verrückte Listenschreiber gerne auf ihre Befehlsgewalt verzichten. Vielmehr lässt es sich auf die Tatsache zurückführen, dass Schüler ab einem gewissen Zeitpunkt darauf pfeifen, ob ihre Ringbucheinlagen lila-blassblau kariert sind oder gar die Form eines Mittelfingers annehmen, wenn man dreimal an ihnen reibt.

24. GRUND

SIE VERANSTALTEN SCHWIMMUNTERRICHT

Es gab wenige Momente im Verlauf meiner Schullaufbahn, die so glückserfüllt und ekstatisch waren wie das Ende der letzten Schwimmstunde. Mit großer Überzeugung kann ich sagen, dass aufgrund einer absolut grauenvollen Organisation dieser Unterrichtseinheiten mehrfach die Versuchung bestand, den Hecht auf der falschen Seite des Sprungblocks zu vollführen, um dem Seepferdchen-Irrsinn irgendwie zu entkommen. Doch beginnen wir chronologisch mit einer selbstverständlich völlig erfundenen Schilderung des Sachverhaltes.

Du bist Fünftklässler und es ist Montag, was aufgrund der sowohl kurz- als auch langfristig noch als ewig einzustufenden Schulzeit eine verdammt unvorteilhafte Situation darstellt. Anstatt den Tag angenehm mit einem Schwurbelfach enden zu lassen, in dem man nichts leisten, sondern nur herumvegetieren muss, geht es nach der sechsten Stunde sofort los, um nicht zu spät zum Sport- beziehungsweise Schwimmunterricht zu gelangen. Weil deine Eltern nicht zum Kreis der Großkonzern-CEOs gehören und du daher eine normale staatliche Schule besuchst, befindet sich neben der Aula natürlich kein beheiztes Becken voll schöner Frauen/Männer (je nach Präferenz), die einen nach jeder geschafften Bahn mit Wein und Trauben füttern.

Wie utopisch diese Vorstellung ist, fällt erst dann auf, als du bemerkst, dass die Schule nicht einmal genug Geld für einen Shuttlebus zum örtlichen Schwimmbad besitzt – mit der Konsequenz, dass ihr eine knappe halbe Stunde durch den im späten März auftretenden Schneematsch halbgeräumter Dorfgassen stapfen dürft. Der Lehrer mit dem Schlüssel kommt natürlich als Letzter und versteht kein bisschen, warum es die nervigen Halbwüchsigen beim Betreten des Innenbereiches so eilig haben.

Trotz allen Ungestüms sind bereits 15 Minuten der Doppelstunde vergangen, als ihr endlich die Kabinen betretet. Schwanzvergleiche und verlorene Fidget-Spinner kosten weitere zehn Minuten, ehe die versammelte Mannschaft dann endlich vor dem Wasser steht. Wie jede Woche folgen nun ein ellenlanger Vortrag zum Thema »Sicherheitsvorschriften« sowie der dezente Hinweis, dass man bei entsprechenden Bedürfnissen die Toilette aufsuchen soll.

Wegen der ausgedehnten Brabbelei von Herrn Laberbacke läuft Karl rot an, weil er so fett ist wie ein Walross und aufgrund des eingezogenen Bauches keine Luft mehr bekommt*. Stefan hingegen

---

* *Ich bitte den hyperkorrekten Leser darum, auf Belehrungen zum Thema »Body-shaming« zu verzichten.*

ist so gelangweilt, dass er beginnt, Melanie von hinten mit Wasser anzuspucken, während sich deren Freundin Meike noch immer in der Dusche versteckt und seltsamerweise auch der Anwesenheitskontrolle entkommt.

Dann geht es endlich los: Nach dem ebenfalls allwöchentlichen Chaos, das entsteht, wenn man die Benutzung zusammensteckbarer Schwimmnudeln untersagt, treten zwei Gruppen an, um einen Vorwärtssalto zu präsentieren und anschließend eine gewisse Strecke im Becken zurückzulegen. Gleichzeitig steht der Lehrer draußen und nimmt seelenruhig einen Anruf entgegen, was dich zu dem Gedanken veranlasst, dass wohl selbst Querschnittsgelähmte zuverlässigere Rettungsschwimmer wären als dieser Flachkopf.

Nach knapp 20 Minuten kehrt er dann endlich zurück und schimpft, die Gruppe habe wieder einmal die Zeit übersehen; alle mögen sich doch bitte unverzüglich duschen und umziehen, obwohl der lächerliche Plansche-Unsinn quasi gerade erst begonnen hat.

Das ist deshalb notwendig, weil man den Unterricht aus *versicherungstechnischen Gründen* nicht am Schwimmbad enden lassen kann und die Kinder daher – dieses Mal mit noch halbnassen Haaren – zur Schule zurückstiefeln müssen. Infolge dieser irrsinnigen Hetzerei eine tödlich verlaufende Influenza zu bekommen, ist selbstverständlich deutlich wahrscheinlicher als ein konventioneller Unfall auf dem Weg – doch daran hat natürlich wieder niemand gedacht.

25. GRUND

SIE HABEN EIGENE TOILETTEN

Man kann von Glück für alle Teilnehmer sprechen, dass die RTL-Sendung *Das Dschungelcamp* im inszenierten Reality-Urwald stattfindet und nicht in einem durchschnittlichen Schul-Klo, dessen Ekelfaktor weit über Kakerlaken und Gewürm jeglicher Art hinausgeht.

Erstaunlicherweise gilt das für so ziemlich alle Bildungseinrichtungen, was eindrucksvoll zur Schau stellt, dass nicht nur in den Reihen der Lehrer, sondern auch bei Architekten ein schier unbeschreibliches Unvermögen grassiert.

Wie dem auch sei – schon beim Betreten der stinkenden Kloake kommt in dir das Bedürfnis hoch, unverzüglich den Rückwärtsgang einzulegen und das Weite zu suchen. Dem verwirrten Zeitgeist folgend, wurden aus Gründen des »Umweltschutzes« nämlich »Non-Water-Urinale« eingebaut, die nach all den Jahren so abscheulich riechen, dass man eigentlich keinen Reinigungsdienst mehr benötigt, sondern einen Sprengmeister, der durch vollständige Termination mit Phosphorbomben einen hygienischen Neuanfang ermöglicht.

Für mehr Frische will wohl auch ein geistiger Schüler-Zyklop sorgen, der regelmäßig grüne Pfefferminzkaugummis im Pissoir versenkt und dann höchstwahrscheinlich massiv verwundert ist, wenn es im Anschluss zu Verstopfungen und Schlimmerem kommt.

Auch die Ausstattung der Klos kann ohne schlechtes Gewissen als einzige Katastrophe bezeichnet werden – man sollte schon beinahe froh sein, wenn keine Ratten zwischen den Kabinen hin- und herspringen. Um spätestens 11:00 Uhr vormittags wird dann das letzte Papiertuch aus der Verankerung gerissen, sodass man im Folgenden gezwungen ist, sich die Hände nach dem Waschen an der Hose abzutrocknen, nachdem man – wie Dutzende Schüler vor einem – die pitschnasse Türklinke nach unten gedrückt hat.

Ferner soll jedem geraten sein, auch bei schwachem Bauchgrummeln auf den Schulbesuch zu verzichten: Wer tatsächlich einmal Klopapier benötigt, wird mit hoher Wahrscheinlichkeit keines finden. Und in diesem verfluchten Betonklotz gibt es nicht einmal Empfang, um jemanden zu beauftragen, welches zu holen.

Die Lehrer hingegen haben, obwohl wir Schüler ihnen zahlenmäßig circa 20-fach überlegen sind, eigene Toiletten auf jedem Stockwerk und wirken sowohl beim Betreten als auch Verlassen der solchen überaus entspannt. Wie kann das sein? Wurden die Klobrillen dort mit Gold oder Brillanten überzogen? Oder tönen angenehme Melodien aus High-End-Lautsprechern, die vom Steuerzahler finanziert wurden? Man weiß es nicht – ein Grund für gewaltigen Neid sind die eigenen WCs aber auf jeden Fall.

Eigentlich fehlt nur noch, dass diese aus unverständlichen Gründen überprivilegierten Lehrer-Snobs in ihren Toilettenbereichen rauchen dürfen. Eine schreiende Ungerechtigkeit – auch wenn sie vielleicht nur durch die Faulheit des Hausmeisters entstanden ist, der das Austauschen des Rauchmelders schon seit 2003 vor sich herschiebt.

26. GRUND

SIE DRÄNGELN SICH BEIM PAUSENVERKAUF VOR

Sozialkunde gehört in meinen Augen zu den wichtigsten Fächern, weil quasi nur hier dringend benötigtes politisches Basiswissen vermittelt wird und Schüler (bestenfalls) lernen, was es heißt, ein verantwortungsbewusster Citoyen zu sein.

Heute soll es um die Grundpfeiler der Demokratie gehen, deren Wiederholung besonders in gegenwärtigen Zeiten von herausragender Bedeutung ist. Unter anderem gehört zu diesem Sachverhalt die Tatsache, dass alle Staatsbürger der Bundesrepublik Deutschland von Gesetz wegen gleichberechtigt sind[*]. Daraus resultieren gewisse Grundsätze, wie beispielsweise die gleiche Ge-

_____

[*] Vgl. Grundgesetz; Artikel 3, Absatz 1.

wichtung sämtlicher Stimmen bei Wahlen oder das Verbot grundloser Benachteiligung gewisser Personen im Berufsleben.

Gestärkt von gewichtigen Worten und beseelt vom Glauben an den Rechtsstaat verlässt du alsdann das Klassenzimmer und begibst dich zum Kiosk, denn moralische Anstrengungen sind erfahrungsgemäß genauso kräftezehrend wie physische. Wie in jeder Pause hat sich bereits eine beachtliche Schlange gebildet, die schon bald auf den kalten Pausenhof hinausführen wird, wo Leute für eine überteuerte und nicht gerade wohlschmeckende Wurstsemmel auch Frostbeulen in Kauf zu nehmen bereit sind.

Weil du nun weißt, dass alle freien Menschen das Recht auf schlechte Ernährung besitzen, akzeptierst du die Wartezeit und stellst dich zivilisiert hinten an, ohne wie sonst auf wüste Schimpfwörter und misanthropische Wendungen zurückzugreifen. Mehrmals sind Vorgänge zu beobachten, die einen Wartenden zur Verzweiflung treiben. Während ein Mädchen versehentlich alle Münzen aus ihrem Geldbeutel in den Thekenbereich schüttet und massive Verzögerungen verursacht, rückt dir der Hintermann derart auf die Pelle, dass man meinen könnte, er habe das Bedürfnis nach intensivster körperlicher Nähe.

Und dann passiert es plötzlich: Dein Sozialkundelehrer, welcher sich wochenlang als Kreuzritter der Gleichberechtigung ausgegeben hat, kommt seelenruhig aus dem Lehrerzimmer gestapft, ignoriert die ewig lange Schlange und stellt sich unmittelbar vor den Pausenverkauf.

Dir bluten vor Verwunderung schon beinahe die Augen, doch es geht noch weiter: Einem Fünftklässler, der gerade stotternd bestellen möchte, fällt er patzig ins Wort und möchte noch dazu irgendeine Sonderkombination aus Wurst und Salami haben, die normalerweise gar nicht zu erwerben ist. Seinem Wunsch wird ohne zu murren entsprochen, und nach wenigen Minuten sitzt der angeblich gerechtigkeitsliebende falsche Prophet wieder an seinem »Arbeits«platz, um eure geschriebenen Aufsätze über die

Bedeutung der Volksherrschaft zu korrigieren. Du hingegen darfst noch einige Zeit warten, bis deinem grummelnden Bauch Erlösung widerfährt.

Der Lehrer selbst sieht das Vorgefallene weniger als ein Problem oder gar als Heuchelei an, denn gemäß seiner Auffassung täte man ihm mit der Behauptung Unrecht, er setze sich über alle anderen Teile der Schulgemeinschaft hinweg. Vielmehr soll man den alten Hypokriten als *primus inter pares*, als einen Ersten unter Gleichen, betrachten, der – ganz selbstverständlich – sehr wohl über die Berechtigung zum Vordrängeln verfügt. Tja, Demokratie ist eben das, was man aus ihr macht.

27. GRUND

SIE MACHEN IHREN SCHÜLERN ANGST

Sicher kennst auch du diese stupiden Horror-Kettenbriefe, die besonders aktuell waren, als Facebook und WhatsApp aufgrund einer zunehmenden Zahl an Smartphone-Nutzern zu Massenmedien wurden. Wenn mich der Geist des toten Mädchens oder ähnlich schaurige Gestalten wirklich heimgesucht hätten, weil ich auf die Weiterleitung ihrer grammatikalisch fragwürdigen Botschaften fortwährend verzichtete, müsste schon mindestens sechsmal ein Mord an mir verübt worden sein. Seltsamerweise kann ich mich an derartige Unglücke aber nicht erinnern, was Anlass genug ist, um nach all der Ungewissheit endlich Entwarnung zu geben: Kettenbriefe scheinen – wer konnte damit schon rechnen – nicht tödlich zu sein.

Mindestens genauso lange dauert es aber, bis man erkannt hat, dass es sich auch bei den Schaudergeschichten aus Lehrerhand um reines Seemannsgarn handelt. Vermeintlich nicht zu schaffende Anforderungen und besondere Schwierigkeiten auf dem Weg zum

Abschluss kommen bei entsprechendem Einsatz schlicht nicht vor, weshalb die Erzählungen von großen Schultragödien und gescheiterten Bildungskarrieren lediglich zu aufkommenden Motivationsschüben führen sollen.

Weil heutzutage darüber nachgedacht wird, das Kind in die Wüste zu schicken, wenn es den lebenswichtigen Übertritt aufs Gymnasium nicht schafft, beginnt die unnötige Stress-Macherei schon während der Grundschule.

»Ab jetzt musst du jeden Tag ununterbrochen lernen, sonst wird das nichts mit dem Abitur!«, kommunizieren da kreisende Helikoptereltern und fanatische Lehrkräfte, die meinen, sie müssten zehnjährige Manager erziehen, welche ab der fünften Klasse eine verantwortungsvolle 80-Stunden-Woche ableisten werden.

Doch auch später hört das Geschwätz nicht auf – anstatt jemanden für bereits überwundene Hindernisse zu loben, palavert die Lehrerschaft stets von künftigen Hürden, die angeblich noch viel größer seien. Während es in der zehnten Klasse heißt, nur Spitzen-Realschüler könnten auf die Fachoberschule wechseln (deswegen auch der extrem elitäre Mindestschnitt von 3,5), propagieren die ewigen Schwarzmaler in der elften Klasse, erfolgreiche Absolventen der Probezeit gehörten zu einer Art gottgleichem Zirkel.

Am Anfang der zwölften Klasse wird dann – ich zitiere wörtlich – von einem bevorstehenden »Tal der Tränen« gesprochen, nur um schließlich vor der finalen Jahrgangsstufe nochmals den Teufel an die Wand zu malen.

Und selbstverständlich lässt man zu Beginn der Seminar-Phase, welche eigentlich ein ideales Angebot zur Erarbeitung interessanter Themen in Kleingruppen darstellt, keine Gelegenheit aus, um über schlechte Schnitte und beinahe schon perverse Ansprüche zu referieren. Im Endeffekt geht dann aber doch alles gut, und du erwischst sogar kompetente Betreuungslehrkräfte, was zwar selten, aber nicht ausgeschlossen ist.

Ich kann den geschätzten Leser daher beruhigen: Die prophezeiten Herausforderungen schulischer Natur gleichen nicht gerade dem, was Kollege Herkules in der griechischen Mythologie so alles vollbringen musste – was nicht heißen soll, dass einem an verschiedenen Bildungseinrichtungen keine Hydren oder erymanthischen Eber begegnen.

Klar muss man manchmal ranklotzen und seinen Hintern hochbekommen, doch wäre alles wirklich so schwierig wie stets behauptet, säßen weniger Grützköpfe in den Lehrerzimmern der Nation. Das hört sich hart an, entspricht aber der Wahrheit.

28. GRUND

SIE ERZÄHLEN EINEM VON IHREM PRIVATLEBEN

Die qualitativen Unterschiede zwischen verschiedenen Printmedien sind derart gravierend, dass in fast allen Sprachen ein Begriff für »seriöse Tageszeitung« und »Boulevardmagazin« existiert. Erstere dienen der öffentlichen Meinungsbildung und sollen über diverse wichtige Thematiken informieren, während man als Leser der Letzteren erfährt, wer sich in Hollywood von wem hat durchnudeln lassen. Ferner präsentieren irgendwelche Botox-Gestalten ihr »Beauty«-Geheimnis und überbezahlte »Journalist(inn) en« deuten das Prostituierten-Outfit der nächstbesten Mittelklasse-Schauspielerin als bahnbrechendes Statement für den Feminismus. Wie dem auch sei.

Nun gehöre ich zu der Sorte von Menschen, die sich nur bedingt für das Leben irgendwelcher Sternchen interessiert, welche oftmals so viel Talent und Anstand besitzen wie das Kreuzungsergebnis zweier Mülltonnen. Und wenn man nun schon nichts auf die Existenz vermeintlich wichtiger Personen gibt, erscheint es selbstverständlich, dass einem auch das Privatleben unbekannter Individuen am Allerwertesten vorbeigeht.

Besonders anfällig für solch ausschweifende Erzählungen ist Herr B., der zu Beginn jeder Stunde einen Schwall unnötiger Informationen auf seine Schüler herabprasseln lässt und durch fürchterlich ausgedehnte Eröffnungspredigten über diverse Freizeitaktivitäten Unmengen an Zeit verschwendet. Als nach gefühlt 20 Minuten auch der letzte Fortschrittsverweigerer von der unfassbaren Qualität des neulich erstandenen Teleobjektivs überzeugt wurde, fällt dem geschwätzigen Kameraden ein, dass er eigentlich auch in der Pflicht wäre, sein in Fotoausstattung investiertes Gehalt durch Unterricht zu rechtfertigen.

Doch weit kommt er damit nicht, denn schon bald betritt die Klassenleitung den Raum und teilt mit freundlicher Genehmigung der Laberbacke Anmeldeformulare für freiwillige, von der Schule angebotene Selbstverteidigungs-Workshops aus. Einen solchen hat die Tochter von Herrn B. auch schon einmal besucht, was vor Ende der Stunde genauso erwähnt werden muss wie ein Vorfall in den 80er-Jahren, durch den er letzten Endes auf die Person traf, die ihn für Chemie begeisterte.

Insgeheim hofft die Schülerschaft natürlich, dass der gute Mann irgendwann eine Autobiografie verfasst, um sein außergewöhnlich spannendes Leben für alle Zeit zu konservieren. Weil seit seinem Eintritt in den Lehrerberuf abgesehen von ausgiebigem Geschwafel nichts mehr vorgefallen ist, würde das Werk aller Wahrscheinlichkeit nach aber nur sehr wenige Seiten umfassen.

Es dauert noch ein bisschen, bis Herr B. sämtliche Erläuterungen über den Gesundheitszustand des Nachbarhundes abgeschlossen hat und endlich die schrille Klingel ertönt. Ist es nicht eine Freude, um 05:20 Uhr aufzustehen, um dann mit unwichtigem Firlefanz malträtiert zu werden?

Man kann nur froh sein, dass der Typ nicht auch das Amt des Schulpsychologen innehat, denn wäre es so, erhielte man bei jeder vorgebrachten Sorge eine Aufzählung vergleichbarer Probleme, die auch ihm oder zumindest seinem Cousin vierten Grades in Ruanda schon einmal zu schaffen gemacht haben.

SIE HABEN EIN GESTÖRTES VERHÄLTNIS ZU HAUSAUFGABEN

Hausaufgaben, was für ein Thema! Der Sinn beziehungsweise Unsinn jener nachmittäglichen Beschäftigungstherapie dürfte einer der am längsten diskutierten Gegenstände des Schuluniversums sein. Befürworter meinen, Schüler hätten zusätzliche Übung daheim durchaus nötig, um den Stoff zu vertiefen und herauszufinden, ob sie dem verlangten Niveau auch im Alleingang gerecht werden können. Kritiker befürchten hingegen eine Überforderung der Kinder und Jugendlichen, die im Rahmen des regulären Unterrichts bereits genug geplagt wären und endlich einmal über freie Zeit verfügen sollten. Darüber hinaus zeigten die nordischen Länder, in denen es bereits Versuche ohne Hausaufgaben gegeben habe, dass von den solchen nicht zwangsläufig eine positive Wirkung ausgehe.

Eigentlich – das zeigt die jahrelange Erfahrung – liegt das Problem aber nicht bei den Übungsaufgaben an sich, sondern an der Art und Weise, wie sie als taktisches Mittel der Lehrerschaft Verwendung finden. Nicht selten gibt es Zusatzlektionen als Strafe für ganze Klassenverbände, was den Missetätern völlig schnuppe ist, weil sie sowieso auf deren Erledigung verzichten. Gute Schüler hingegen sind die wahren Leidtragenden solcher Kollektiv-Denkzettel und werden so früh an den Eindruck gewöhnt, dass Hausaufgaben generell nur die Züchtigung ungehorsamer Zeitgenossen zum Ziel haben.

Gestützt wird jene Auffassung von besonders intelligenten Lehrkräften, die meinen, ihr Fach sei so wichtig, dass es völlig überflüssig sei, eine anderweitige Arbeitsbelastung der Schüler auch nur anzunehmen. Im konkreten Fall kann das zwei verpflichtende Deutschaufsätze unmittelbar vor dem weihnachtlichen Schulaufgabenblock bedeuten, die am selben Tag abgegeben werden müssen wie ein hyperaufwendiges und termintechnisch völlig deplatziertes Reli-Referat.

Doch selbst das wäre noch zu verkraften, wenn nicht auch hier Böhms universelles (Schul-)Gesetz (»Inkompetenz ist allgegenwärtig und unvermeidbar«) zum Tragen käme. Selbstverständlich wurden nämlich sämtliche Anweisungen für die Formulierung der Übungs-Erörterung so erteilt, dass die Hälfte der Schüler meint, sie müsste die Dummheit der Lehrerin in Kubikmetern berechnen. Mit Ausnahme von Tom, welcher durch das Lesen des verqueren Auftrags eine Hirnblutung erlitten hat, investieren alle Übrigen Stunde um Stunde in das bescheuerte Schriftstück, um den germanistischen Ansprüchen ihrer Dozentin zu entsprechen. Doch wie es eben immer so ist, entpuppen sich die Fleißigen als Opfer des Systems.

Am Tag der Abgabe wird auf dem Vertretungsplan schließlich kundgetan, dass die Deutschlehrerin kurzfristig erkrankt ist, sodass mit einer Korrektur von Aufsätzen frühestens im Januar gerechnet werden kann. Natürlich fällt die ganze Geschichte irgendwann unter den Tisch, und jeder fühlt sich aufgrund seiner hineingesteckten Arbeit aufs Gröbste verarscht. Sogar Stefanie, die mit ihrem Ergebnis von 34,5 Kubikmetern erstaunlich geringe Zahlen ermittelt hat.

Ähnliche Gefühle kommen auch durch das Vorgehen des Wirtschaftslehrers hoch, dessen Aufträge in der Regel absolut nichts mit dem Unterrichtsstoff zu tun haben und prinzipiell nur erteilt werden, damit man niemals zur Ruhe kommt.

Generell mag ich daher ein Befürworter der Hausaufgaben sein, kann deren Ablehnung hinsichtlich solcher Witzfiguren aber voll und ganz nachvollziehen.

SIE WOLLEN STÄNDIG GELD VON DIR HABEN

Kennst du eigentlich Warren Buffett, den legendären Großinvestor aus Amerika? Laut dem Wirtschaftsmagazin *Forbes* gehört er seit ewigen Zeiten zu den Top-5 der reichsten Erdenbürger; die Aktie seiner Firma ist die teuerste überhaupt. Doch eigentlich – und das kann man nirgendwo nachlesen – hat dieses Musterbeispiel für die Funktionsweise des Kapitalismus den Großteil der Kohle gar nicht an Finanzmärkten, sondern über diverse Nebeneinkünfte als Lehrer erhalten. Über Jahre hinweg riss er die finanzielle Kontrolle unzähliger Fachschaften an sich und verfügte schließlich über das größte je von Menschenhand geschaffene Papier- und Exkursionsgeld-Imperium.

Seit er aus Altersgründen nicht mehr so oft selbst in verschiedenste Schulen ausrücken kann und somit Schwierigkeiten bei der Verteidigung des eroberten Reviers auftreten, versuchen andere Lehrkräfte ebenfalls, ihr Gehalt durch fragwürdige Ausbeutertechniken aufzubessern. Darunter fällt nicht zuletzt Herr K., ein wahrer Plünderungsvirtuose, der in seinem früheren Leben wahlweise Pirat, Raubritter oder Mafiaboss gewesen sein muss.

Neben den bereits in einem früheren Kapitel beschriebenen Erhebungen für entsetzliche Kopien möchte der verhinderte Steuerbeamte noch in derselben Woche Geld für die Benutzung von Spinden im Klassenzimmer haben, obwohl es offenkundig kein Verlust wäre, wenn jemand seinen Schlüssel für eins der verschimmelten Fächer verlieren würde, die im Übrigen so riechen, als wären darin mehr toxische Sonderabfälle aufbewahrt worden als Schulbücher.

Mit schmerzendem Magen nimmt man auch diese Rechnung zur Kenntnis, hofft aber inständig, dass die Aufnahme einer Hypothek zu Bildungszwecken fürs Erste noch warten kann. Derartige

Wünsche haben natürlich relativ wenig mit der Realität zu tun, was Herr K. bereits einige Tage später unter Beweis stellt.

Beschwingt betritt er pfeifend den Raum und klatscht jedem Schüler einen bereits ausgefüllten Überweisungszettel hin – der an den Elternbeirat gerichtet ist. »Eine Spende« – so meint er – soll diese heroischen Damen und Herren bei ihrem unermüdlichen Einsatz für das aktive Schulleben unterstützen, was selbstverständlich die Frage aufwirft, welche konkreten Bereiche jenes Engagement überhaupt umfasst.

Persönlich kannst du dich nur an zwei Aktionen der Elternfraktion erinnern: Bei ersterer hat man dich angeschnauzt, der Ketchup für den verkauften Hotdog koste extra, während man bei der zweiten gebrauchte Schrottbücher mit zerrissenem Einband zu Fachliteratur-Preisen erstehen konnte. Die Synthese hieraus ist, dass du deine Kohle lieber an Kim Jong-un abdrücken würdest als an diese Halsabschneider.

Leider gibt sich Herr K. noch lange nicht zufrieden: Im Verlauf des Schuljahres bringt er dich durch Exkursionsabgaben, kostenpflichtige Vorträge und überteuerte Klassenfotos an den Rand der Privatinsolvenz. Besonders perfide ist jedoch ein Spendenlauf, bei dem man sich zuerst noch komplett verausgaben muss, ehe die faul herumsitzenden Lehrkräfte einen zur Kasse bitten. Peter Zwegat kann kommen!

Hinweis für Ironie-resistente Personen: Die Geschichte über Warren Buffett wurde logischerweise frei erfunden.

MATHE-KATASTROPHE

Nach mittlerweile 30 Geschichten über die Ausrutscher dämlicher Lehrkräfte erreichst du Wut-Level IV, was sich in etwa mit einer katastrophal versemmelten Mathe-Arbeit vergleichen lässt. Der andauernd auftretende und noch dazu ziemlich nervige Zahlensalat hängt dir nach 90 Minuten Hirn-Vergewaltigung dermaßen zum Hals raus, dass die Idee, den Taschenrechner mit gewaltiger Kraft aus dem Fenster zu schleudern, zu einer verlockenden und überaus befriedigenden Vorstellung erblüht. Leider muss ich dich enttäuschen: Algebraisches Gedöns wird durch unkontrolliertes Herumspinnen leider auch nicht angenehmer. Bist du bereit für die nächsten 10 Kapitel, die nächste Dimension der Wut, den nächsten Abschnitt der schulischen Pfuscherei?

Los geht's!

SIE SIND ZU SPARSAM MIT LOB

Mathe ist, wie eingangs schon erwähnt, ein mit unzähligen Übungsstunden verbundenes Horrorfach. Obwohl es in den bereits vergangenen Schuljahren etliche Situationen gab, in denen der lang ersehnte Lottogewinn wahrscheinlicher erschien als eine gute Schulaufgabennote, hast du den Glauben an deine Fähigkeiten noch nicht gänzlich verloren.

Um mit dieser Negativserie ein für alle Mal zu brechen, büffelst du nun schon seit acht Tagen an allen Nachmittagen und bist fest davon überzeugt, endlich zur besseren Hälfte des Klassenverbandes zu gehören. Nervenzusammenbrüche sind auf dem Weg zu mathematischen Kenntnissen natürlich kaum zu vermeiden, weshalb du am Ende der Vorbereitungsphase nicht nur alles über Infinitesimalrechnung weißt, sondern auch die Top-50 der schmerzfreiesten Selbstmordmethoden herunterbeten kannst.

Spaß beiseite – tatsächlich gelingt es dir, in der Prüfung eine 2 zu ergattern. Mit geweiteten Augen, die noch drei Wochen nach dem Test exzessiven Drogenkonsum implizieren, betrachtest du das Blatt vor dir und meinst, im Hintergrund die Melodie von Beethovens 9. Sinfonie (*Freude, schöner Götterfunken*) wahrzunehmen. Eigentlich hört dein Banknachbar bloß Haftbefehl und zelebriert mit peinsamen Rapper-Handbewegungen, dass er nicht erneut unterpunktet hat, doch im Zustand des Entzückens sind wohl abweichende Hirnprozesse für Wahrnehmung und Denken verantwortlich.

Als sich der Mund deiner Lehrkraft wie in Zeitlupe öffnet und ihre Stimmbänder zu vibrieren beginnen, um einen Laut hervorzubringen, bist du in Erwartung der bevorstehenden Lobeshymne bereits außer dir vor Glück – doch zu früh gefreut!

»Nicht übel dieses Mal …«, meint die Frau nüchtern und geht zur nächsten Klassenkameradin weiter. Nicht übel? Ernsthaft? An statt dich in einem goldenen Streitwagen über den Schulhof zu kutschieren, dabei die Hymne von 20th Century Fox zu spielen und schließlich ein gigantisches Plakat deines Antlitzes zu entrollen, bleibt die alte Schachtel bei »nicht übel«? Unweigerlich kommt da die Frage auf, was man an dieser Mistschule noch alles tun muss, um auch nur ein einziges Mal gelobt zu werden.

Du könntest Aufsätze auf dem Niveau eines Kafka-Manuskriptes abliefern, sie besser layouten als jeder Profi-Designer und dabei feuerspuckend über glühende Kohlen laufen, während dir ein anderer aufeinandergestapelte Äpfel mit einem 7,62-mm-Kaliber von der Birne pustet – für anerkennende Worte würde es wohl aber trotzdem nicht reichen.

Man kann sich nur wundern, warum Lehrer diese unglaublich zeitsparende, kostenlose und simple Art der Motivationsschaffung verkennen und generell auf ihre Anwendung verzichten. Stattdessen bemängeln sie ständig Dinge, die noch nicht 100-prozentig passen und meinen, ihre Schüler mit anmaßenden Sprüchen zu Hochleistungen anzuspornen.

Wer auch nur ein Mindestmaß an Menschenkenntnis mitbringt und noch dazu 1000 pädagogische Uni-Seminare besucht hat, müsste eigentlich wissen, dass der Ausdruck von gelegentlicher, wenn auch nicht übertriebener Wertschätzung unbeschreiblich kostbar ist und mehr zu großem Eifer ermutigt, als es Standpauken jemals könnten. Ein »gut gemacht« kann nicht nur den Tag eines Schülers zum Besseren verändern – sondern sein ganzes Leben.

SIE WENDEN FRAGWÜRDIGE PRAKTIKEN IM SPORTUNTERRICHT AN

Sportunterricht ist wie iOS und Android, Playstation und Xbox, Pepsi und Coca-Cola oder AfD und Grüne. Es existiert keine goldene Mitte; die Anhänger beider Lager stehen sich unversöhnlich gegenüber und warten auf die finale Auslöschung ihres jeweiligen Gegners.

So kann auch die im schulischen Rahmen stattfindende physische Ertüchtigung nur extrem cool oder absolut entsetzlich, beziehungsweise übertrieben hart oder komplett lächerlich sein. Weil Ersteres seltener vorkommt als die Sichtung eines bayerischen Wolpertingers, der auf einem Einhorn Kunststücke vollführt, überspringen wir die dazugehörige Abhandlung und begeben uns ohne Umschweife zu den negativen Facetten.

Herr P., dessen Anfangsbuchstabe mit der ehemals ausgeübten Profession übereinstimmt, war jahrzehntelang im Polizeidienst aktiv und hat die Zeiten noch live miterlebt, als Demonstranten bei einem Besuch des persischen Schahs in den 60er-Jahren einfach niedergeknüppelt wurden. Er selbst bedauert sein Aufwachsen in pazifistischen Zeiten sehr und vertritt mit Überzeugung den preußischen Grundsatz »Wer nicht hören will, muss fühlen«. Aus den Tugenden von Härte, Flinkheit und Zähigkeit leiten sich auch die Übungen für den Sportunterricht ab, welcher die »Verweichlichung« einer »Schlappschwanzgeneration« aufhalten oder zumindest verzögern soll.

Besonders gefürchtet ist nicht zuletzt der aus sechs Schülern bestehende »Franzosenlauf«, bei dem jeder Teilnehmer für eine dabei herauskommende Zensur steht. Die in gleichen Abständen postierten Läufer müssen ab dem gegebenen Startschuss um ein mit Hütchen markiertes Rechteck sprinten und versuchen, ihren

Vordermann einzuholen. Derjenige, der zuerst abgeklatscht wird, erhält die Note 6, bis schließlich nur noch ein Sportler übrig bleibt. Ohne Rücksicht auf Verluste dauert das »Spiel« bis zum Sieg oder der vollständigen Erschöpfung an, wobei Letzteres besonders häufig eintritt, wenn nur noch zwei Absolventen umherhecheln. Benannt hat Herr P. jene gruslige Ertüchtigungsmaßnahme nach der gelungenen deutschen Westoffensive 1940, bei der die Franzosen ebenso schnell gerannt seien wie die Schüler zum gegenwärtigen Zeitpunkt. Jener Kommentar ist in vielerlei Hinsicht aufschlussreich über die mentale Verfassung dieses Spinners.

Mehr noch als die unfreiwilligen Kadetten hasst er aber seinen Kollegen R., der alles und jeden mit Samthandschuhen anfasst und somit als Agonist des »stählernen Mannes« in Erscheinung tritt. Kontaktsportarten hält der glatzköpfige Herr für ein barbarisches Relikt aus tiefster Vergangenheit, das in der Erinnerung der Menschen irgendwann ebenso viel Ekel auslösen wird wie Gladiatorenkämpfe im alten Rom.

Aus diesem Grund stehen statt Hand- und Fußball ständiges Bodenturnen und Herumfuchteln mit irgendwelchen Bändern auf dem Stundenplan, bis sich eine Teilnehmerin der Mädchengruppe schließlich bereit erklärt, mit den Jungs Aerobic zu betreiben. Herr R. ist natürlich sofort Feuer und Flamme und schwingt seine Hüften zu Shakira-Beats, die so laut sind, dass selbst Herr P. ein Stockwerk darüber noch von den Schallwellen heimgesucht wird.

In düsterer Erwartung rast er im Stechschritt nach unten und bekommt beim Anblick des Konkurrenzlehrers einen regelrechten Schreikrampf. Die Situation eskaliert endgültig, als P. völlig außer sich brüllt, dass sogar der Christopher Street Day weniger schwul sei als dieses entwürdigende Tänzeln – was R. wiederum zum Anlass nimmt, um auf die Gefahren der Homophobie hinzuweisen.

Den Schülern bleibt nichts anderes übrig, als verdutzt danebenzustehen und das Aufeinanderprallen zweier Welten zu beobachten. Immerhin bereitet das mehr Spaß als normaler Sportunterricht.

SIE UNTERNEHMEN NICHTS GEGEN MOBBING

Wenn es ein echtes Problem an Schulen gibt, dann ist es wohl Mobbing. Schlechte Noten lassen sich korrigieren, und versemmelte Abschlüsse kann man wiederholen, doch das systematische Drangsalieren von Klassenkameraden hinterlässt oft gravierende seelische Spuren.

Mitschüler sind in der Regel schwachen Willens und schreiten dementsprechend nur selten ein, wenn ihre Mithilfe dringend benötigt würde. Umso wichtiger wären daher verlässliche Lehrer, die nicht nur als Ansprechpartner fungieren, sondern tatsächlich mit eiserner Härte gegen Peiniger vorgehen und am besten auch noch jene bestrafen, die andauernde Bösartigkeiten neben sich geschehen lassen. Leider muss man diesen Typus Mensch besonders im Bildungswesen mit der Lupe suchen.

Zugegeben – es ist schwierig, tatsächliches Mobbing in Zeiten wie diesen treffsicher zu erkennen. Ich habe »Was geht, du Hurensohn?« auch am Gymnasium als häufig angewandte Begrüßungsformel unter guten Freunden kennengelernt, was ebenso verstörend ist wie die Tatsache, dass »Halt's Maul!« je nach Betonung für eine Vielzahl verschiedener Wendungen stehen kann. Neben der tatsächlichen Aufforderung, endlich mal den Schnabel zu halten, lässt sich durch jene vielseitig einsetzbare Phrase beispielsweise auch große Verwunderung ausdrücken, wenn der Vokal des ersten Wortes unnatürlich in die Länge gezogen wird[*].

Doch Spaß beiseite: Alles, was Lehrkräfte bei Mobbing-Vorfällen in der Regel tun, ist, ein »schlichtendes Gespräch« zu suchen, das darauf hinausläuft, dass der Missetäter sich »entschuldigt« und

---

[*] *»Haaaaalt's Maul ...«*

20 Minuten später genauso weitermacht wie bisher. Weil das ohne Konsequenzen bleibende Hilfegesuch des Opfers auf diese Weise erst an die Öffentlichkeit gerät, darf sich der Geschädigte zudem noch darauf einstellen, künftig als »Petze« oder »Weichei« bezeichnet zu werden. Manchmal zieht das Kollegium zur Beruhigung der Situation auch sogenannte »Streitschlichter-Teams« heran, die aber in der Regel aus Idioten mit einer Vorliebe für Zusatzbemerkungen im Zeugnis bestehen.

Ansonsten geht man von den Gesetzen der Wirtschaft aus und hofft einfach, dass sich der Markt von selbst reguliert. Irgendwann wird der Mobber sein destruktives Potenzial schon erkennen und eine Wallfahrt zur Sühnung begangener Sünden durchführen, anstatt weiterhin auf seinem Klassenkameraden herumzuhacken. Ein Exempel zu statuieren und solche unbrauchbaren Zeitgenossen ohne großes Palaver vor die Tür zu setzen ist hingegen nicht möglich – das wäre nämlich »unmenschlich«.

Und wenn dann mal tatsächlich jemand ausrastet und morgens um halb zehn in Deutschland statt eines Knoppers halbautomatische Handfeuerwaffen aus dem Rucksack holt, wird die Schuld schnell auf böse Killerspiele geschoben. Die Unfähigkeit des Schulpersonals hat selbstverständlich nichts damit zu tun, dass ein junger Mensch auf den völlig kranken Gedanken kommt, das Ermorden anderer Personen würde seine Situation in irgendeiner Form verbessern. Nicht falsch verstehen – ich will die entsetzlichen Taten von Amokläufern keineswegs kleinreden oder rechtfertigen, meine aber, dass nahezu alle Vorfälle dieser Art (wie auch Mobbing-bedingte Suizide) durch eine auch nur minimal kompetente Intervention hätten verhindert werden können.

SIE VERANSTALTEN WANDERTAGE

Im Zuge aufreibender Überlegungen hinsichtlich der Anordnung verschiedener Buchkapitel habe ich lange gegrübelt, ob es überhaupt Sinn macht, diesen Abschnitt *hinter* die Mobbing-Abhandlung zu platzieren. Warum? Ganz einfach: Wandertage sind ein farbenfroher und umfassender Beweis dafür, dass Lehrkräfte derartige Quälereien nicht nur tolerieren, sondern auch tatkräftig selbst veranstalten.

Das beginnt schon während der Planungsphase der alljährlichen Ausflüge, die meist so viel Spaß bereiten wie Matheunterricht oder offene Eiterbeulen. So bittet Frau B. die frisch gewählten Klassensprecher der 7b nach vorne, um Vorschläge der Schülerschaft entgegenzunehmen und an die Tafel zu schreiben.

Sofort wird ein etwa 90 Minuten entfernter Freizeitpark genannt, doch auch Bowling, Schwimmen im örtlichen Hallenbad oder der Besuch des städtischen Kinos finden schnell Erwähnung. Bei der anschließenden Abstimmung zeichnet sich rasch ein gewaltiger Erdrutschsieg des Freizeitparks ab, was nicht zuletzt an den euphorischen Schilderungen Alexanders liegt, der beim Schwärmen von neuen Attraktionen und Achterbahnen beinahe zu sabbern beginnt. Durch die letzten Stimmabgaben scheint das Ziel des Ausflugs bereits im ersten Wahlgang durch eine absolute Mehrheit besiegelt zu sein, und der gesamte Klassenverband bricht in aufgeregtes Tuscheln aus.

Die Ernüchterung kommt jedoch schnell: Frau B., die sich bislang noch mit einem etwas verwunderten Grinsen zurückgehalten hat, klappert nun nach vorne und meint, dass sie sich das schon »ein wenig anders vorgestellt« habe. Aus kostentechnischen Gründen sei es absolut unmöglich, einen Freizeitpark zu besuchen, zumal bei solchen Unternehmungen nicht zuletzt auch Personen mit Höhenangst ausgeschlossen würden. Weil Bowling ein zu großes Verletzungspotenzial mit sich brächte und im Kino keine Möglichkeit zur Stärkung der Klassengemeinschaft bestünde, bleibt also nur noch das Schwimmbad übrig.

»Für solche Aktivitäten müssten wir leider einen Vertreter des Sportkollegiums mitnehmen ...«, verkündet Frau B. letzten Endes und zeigt damit exemplarisch das Gewicht von Schülerabstimmungen auf. Stattdessen wisse sie ein paar herrliche Alternativen, die besonders im beginnenden Herbst gewaltige Heiterkeit erregten. An ihrem eleusinischen Geheimort, den sie mit allerlei Superlativen beschreibt, gäbe es mindestens so coole Gerätschaften wie im zuvor erwähnten Freizeitpark – und kostenlos sei es auch.

Zwei Wochen später steht die versammelte Mannschaft im strömenden Regen vor dem Schulgebäude und wartet auf Instruktionen der Klassenleitung. Über Feldwege, die so schlammig sind, dass man bis zu den Knöcheln im Matsch versinkt, marschiert ihr ins nächste Kuhdorf, wo du und deine Klassenkameraden schon hoffen, es ginge zum nächsten warmen Wirtshaus und dann wieder nach Hause.

Stattdessen führt euch Frau B. auf den erstbesten Spielplatz und präsentiert eine übergroße Wippe als das versprochene »Fahrgeschäft«. Nun dürft ihr die »freie Zeit *genießen*«, während sie und die Begleitlehrkraft nebenan geschmeidig Kaffee trinken gehen. Die Veranstaltung witterungsbedingt etwas früher abzubrechen fällt den Tussis im behaglichen Innenbereich natürlich nicht ein, sodass der Schülerhaufen erst pünktlich um 15:00 Uhr durchnässt entlassen wird. Vielen Dank für die erste Grippe der Saison, Sie Flachpfeife!

SIE ZWINGEN DICH ZU DÄMLICHEN TEAM-ARBEITEN

Es gibt bestimmte Punkte, die eine Bewerbung auf gar keinen Fall enthalten sollte. Du stehst wie verrückt auf Gras und bist in deiner Freizeit am liebsten bekifft bis zum Gehtnichtmehr? Behalte es lieber für dich. Oder gehörst du zu der Fraktion von Leuten, die jeden zweiten Tag zu Hause bleiben und behaupten, sie hätten Migräne oder Bauchschmerzen? Auch das erhöht im Falle einer Erwähnung nicht zwangsläufig die Chancen bei der Personalabteilung.

Stets gefragt ist jedoch die mittlerweile fast schon verpflichtend anzugebende Floskel, dass man zum unglaublich effektiven Kreis der Teamplayer gehört.

»Aufgaben in Gruppen machen mir große Freude, und ich liebe es, produktiv mit anderen zusammenzuarbeiten« gehört zu den Sätzen, die jeder HR-Chef gerne hört. Solche Salbadereien müssen selbstverständlich unabhängig davon abgesondert werden, ob man nun tatsächlich sozial eingestellt ist oder beim Reden generell bloß auf die Füße starrt. Böse Zungen behaupten, sogar neurotische Bibliothekare und einsame Leuchtturmwärter würden heutzutage nur eingestellt werden, sofern sie ein überschwängliches Loblied auf Kommunikations- und Kooperationsfähigkeit gesungen haben.

Um junge Menschen auf diesen Affenzirkus vorzubereiten, gehören gemeinsame Projekte bereits während der Schulzeit zum alltäglichen Programm, was das aus guten Absichten entspringende Ansinnen aber nicht weniger lächerlich macht. Schule ist und bleibt nun mal eine Zweckgemeinschaft, in der die Chance auf fähige Gleichgesinnte leider als verschwindend gering eingeschätzt werden muss.

So kannst selbstverständlich auch du dem obligatorischen Gruppenreferat mit zugelosten Partnern nicht entkommen, das zu allem

Überfluss sogar noch eine Gemeinschaftsnote ohne Berücksichtigung der individuellen Leistung hervorbringen wird.

Offenbar hat Fortuna dich auf dem Kicker, weshalb gleich zu Beginn Franz zu dir stößt, der über die Arbeitsmoral einer adipösen Katze verfügt und eigentlich nur ans Essen und Schlafen denkt. Sein einziger Beitrag zum gemeinsamen Vorhaben ist das Ignorieren wiederholter Anfragen auf WhatsApp, was letztendlich dazu führt, dass andere ihm sein Skript zusammenschreiben müssen.

Mehr kann man sich da schon von Sarah erhoffen, die stets einen ordentlichen Eindruck macht und daher bestimmt auch bei Referaten strukturierte Arbeitsmethoden an den Tag legt. Leider entpuppt sich diese Annahme schnell als Irrglaube, denn anstatt nach Literatur und guten Quellen zu suchen, muss die Schnepfe jede Kleinigkeit der anderen Kursteilnehmer unnachgiebig bemängeln. Die Schriftart des Handouts ist um 0,5 Punkte zu groß, die Grafik würde sie eher rechts statt links anordnen, und der zweite, sechste und achte Übergang der PowerPoint-Präsentation sollte auch noch einmal überarbeitet werden. Es versteht sich von selbst, dass sie als selbst ernannte Managerin keinen Handgriff tut und alle »Unzulänglichkeiten« an das lästige Fußvolk (also dich) delegiert.

Zuletzt wird dein Karnevalsverein noch von Nina bereichert, die zwar hoch motiviert an das Projekt rangeht, über Vorträge aber genauso viel weiß wie Uli Hoeneß vom Steuerrecht. Sie möchte allen Ernstes, dass du beim Zusammenführen der PP-Folien sechs A4-Seiten Fließtext einfügst, und behauptet anschließend, es wäre ein Leichtes, diesen romanähnlichen Batzen frei vorzutragen, ohne dabei den zeitlichen Rahmen der gesamten Gruppe zu sprengen.

Mit solchen Tröten zusammenarbeiten zu müssen grenzt schon beinahe an Körperverletzung – seelische Misshandlung ist es sowieso.

SIE WITTERN TALENT BEI VOLLIDIOTEN

Das 21. Jahrhundert wird als Zeitalter der Individualisten in die Geschichte eingehen. Vor Kurzem sah ich ein mit *Insane Workout Routine* betiteltes Video auf Facebook, das eine junge Frau zeigte, die im Fitnesscenter an der Hinterseite eines Laufbands anhielt. Anstatt das verfluchte Kardiogerät wie jeder normale Mensch einfach zu betreten und über gegebene Knöpfe Geschwindigkeit und Steigung einzustellen, blieb sie dort stehen, hob das ganze Teil an und machte anschließend Squats.

Die ungewöhnliche Wahl der Trainingsmethode ist allerdings nicht auf einen globalen Mangel an Hanteln und extra entwickelten Gesäß-Optimierungs-Apparaturen zurückzuführen. Vielmehr muss heutzutage jede Dorfhupe beweisen, dass sie etwas ganz unvorstellbar Einzigartiges ist. Es wirkt fast so, als seien Blödheit und entsprechend inszeniertes Herumspinnen wichtige Faktoren für bahnbrechenden Erfolg in der gegenwärtigen Gesellschaft.

Lehrer, die solche Kandidaten eigentlich treffsicher erkennen und anschließend aussortieren sollten, gehen mitunter ebenfalls davon aus, dass sich hinter jeglicher Form der Eigenartigkeit etwas außergewöhnlich Tolles versteckt.

So sitzt beispielsweise ein eher introvertierter Grufti-Schüler in der Parallelklasse, der selbst bei 30 Grad im Schatten noch mit weißer Schminke und schwarzem Mantel antanzt. Die Pausen verbringt Graf Dracula meist alleine, und so mancher witzelt bei gelegentlichen Krankheitstagen, der Grund für das Fernbleiben seien die rostigen Scharniere seines Schlaf-Sarges.

Justus Polo von Gelfrisur, den wir bereits im Kapitel über Scheinbildung kennengelernt haben, sieht zwar ganz anders aus als der lebendig gewordene Sensenmann aus der 9b, ist aber hinsichtlich des Erscheinungsbildes nicht weniger auffällig. Genaugenommen wirkt der Achtklässler wie die geschrumpfte Version eines stereotypischen BWL-Studenten und kommt seit dem Übertritt aufs Gymnasium nur noch mit zurechtgeschleckten Haaren und Lacoste-Hemden zur Schule. Das Wort »Rationalisierung« auszusprechen macht einfach am meisten Spaß, wenn man dabei auf die goldene Armbanduhr glotzt.

Doch was haben die beiden Armleuchter mit dem aggressiven Schlägerheini aus der Mittelstufe und dessen Freundin zu tun, die durch lautes Herumkreischen und auffällig geschnittene Mikro-Röcke nach Aufmerksamkeit bettelt? Lehrer glauben, hinter dem tatsächlichen Verhalten, welches angeblich nur eine Art Fassade repräsentiert, unentdeckte charakterliche Schätze finden zu können.

Vielleicht ist der Satansanbeter ja ein kinderlieber Superpädagoge, der Möchtegern-Aufsichtsrat die Inkarnation von Mahatma Gandhi und die exhibitionistische Lady eine zukünftige Ordensschwester mit großem Herz für Kranke und Schwache.

Klar ist es wichtig, Menschen nicht umgehend nach ihrem Äußeren zu beurteilen. Dennoch stellen Stil und Verhalten stets ein Statement dar – was das Schulpersonal oft zu einem gravierenden Denkfehler verleitet: Je abstruser eine Person tatsächlich auftritt, desto höher ist die Wahrscheinlichkeit, dass Lehrer so lange nach versteckten Talenten und Eigenschaften suchen, bis sie sich einbilden, solche gefunden zu haben. Selbst dann, wenn die entsprechenden Schüler vollständig der geistigen Umnachtung anheimgefallen sind.

37. GRUND

SIE BEWERTEN WILLKÜRLICH

Deutschland gehört – zumindest was Schule betrifft – zu den bizarrsten Ländern dieses Planeten. Überall sprießen Gleichstellungsbeauftragte wie Pilze aus dem Boden, die sich schon bei generischer

Verwendung des maskulinen Sammelbegriffs »die Lehrer« oder »die Schüler« vor Aufregung in die Hose machen und aufgrund angeblich bestehender Diskriminierungen gegen eine weitere Austragung der Bundesjugendspiele Sturm laufen.

Seltsamerweise kommen diese Emanzipationsheinis nie auf die Idee, tatsächlich wichtige Sachen wie beispielsweise Gerechtigkeit bei der Notengebung anzupacken, was die Frage aufwirft, wofür sie überhaupt Geld und öffentliche Aufmerksamkeit erhalten.

Jedenfalls ist es hierzulande noch immer üblich, bei schulischen Leistungserhebungen seinen Namen anstatt einer neutralen Prüfziffer auf den Test zu schreiben. Dadurch wissen die Korrektoren umgehend, mit welcher Arbeit sie es zu tun haben, und können je nach persönlichen Vorlieben kleinere (oder auch größere) Willkür-Punkte verteilen, um unliebsamen Schülern eins reinzuwürgen und ihre Lieblinge mit guten Noten zu versorgen. So was nennt sich dann »pädagogischer Spielraum«.

Bei gewissen Lehrern gerät man leichter unter die Räder, als man es zunächst annehmen würde. Deine Banknachbarin Isabel trägt beispielsweise Dreadlocks und bevorzugt weite Goa-Hosen, was sich nur unzureichend mit dem Disziplin-Begriff von Herrn C. vereinbaren lässt. Weil die asoziale Gurke sowieso nur eine heranwachsende Sockelarbeitslose ist und daher keinerlei Gnade verdient, spielt es überhaupt keine Rolle, dass sie eigentlich zur absoluten Spitzengruppe in Biologie gehört. Mehr als eine mündliche 3 wird die »Rastafari-Priesterin« somit nie erhalten, und auch schriftlich gibt sich der bösartige Prüfer allergrößte Mühe, dass sie bloß selten über den Durchschnitt hinauskommt. Wenn nötig kreidet er unsauber durchgestrichene Halbsätze an, krakelt »Lineal verwenden!« daneben und zieht letztendlich drei Punkte für Form und Leserlichkeit ab.

Martina hingegen kann sich bei Herrn C. alles erlauben. Weil selbst das in der Ecke vermodernde DNA-Modell mehr Antworten weiß als dieses eher unterdurchschnittlich engagierte Mädchen, sollte man eigentlich meinen, sie würde zumindest genauso schlechte Noten kassieren wie Isabel. Doch weit gefehlt!

Aus nebulösen Gründen lässt man ihr sogar die Aussage durchgehen, Holz habe eine höhere Leitfähigkeit als Metall. Als das lautstarke Gelächter der ganzen Klasse seinem Ende zugeht und die Lymphknoten der Naturwissenschafts-Asse wieder abgeschwollen sind, meint Herr C., dass man »auch in der zwölften Klasse nicht alles wissen« könne.

Die Spezialbehandlung von Martina bleibt über den gesamten Jahresverlauf erhalten und lässt vermuten, dass sie entweder die Geliebte des runzligen Dozenten oder dessen verschollene uneheliche Tochter ist. Besonders Ersteres wäre bezüglich Ekelfaktor und Perversion kaum noch zu überbieten.

Als ebenso verstörend wird jedoch der krankhafte Versuch empfunden, dem Mädchen bei einer Abfrage vor der Klasse unter die Arme zu greifen: Nachdem die Gute auch nach wiederholtem Nachhaken keinen Ton ausgespuckt hat, nimmt Herr C. einfach den ganzen Sachverhalt vorweg und meint im Anschluss, er könne wegen kleineren Hilfestellungen nur noch eine 1– geben.

Tja, so läuft das – und wenn man Pech hat, genügt eine einzige schlechte, auf solchen Wegen zustande gekommene Zensur, um am gewünschten NC-Fach vorbeizusegeln. Es lebe die Gleichberechtigung!

38. GRUND

SIE VERANSTALTEN »GESUNDE PAUSEN«

Es vergeht seit Neuestem kein Tag mehr ohne Hiobsbotschaft, wenn man sich zum Kreis normaler Nahrungsmittelkonsumenten zählt. Würde Otto Normalverbraucher tatsächlich auf sämtliches Futter verzichten, das im gefühlten Zweiminutentakt von übermotivierten

Wissenschaftlern als krebserregend eingestuft wird, müsste er sich bald von Luft und Liebe ernähren.

Der Konsum von Kuhmilch sei dementsprechend widernatürlich und den Kälbern vorbehalten, Fleisch zerlegt auf Dauer den Darm, und Meeresfrüchte weisen häufig Spuren von Arsen auf. Fehlt eigentlich nur noch, dass sich auch das Rauchen als gesundheitsschädlich herausstellt!

Bei all den Studien war das schulische Vorrücken militanter Wohlbefindens-Apostel natürlich nur eine Frage der Zeit. Eine Lehrkraft, die ich aufgrund ihrer Vorliebe für recycelte Tragetaschen einfach mal »Frau Jute« nenne, hat es sich offenbar zum Ziel gemacht, die ganze Bildungseinrichtung zu veganisieren.

Anstatt pünktlich zum Unterricht zu erscheinen, rast sie wie auf Bio-Koks die Gänge auf und ab, um sämtliche freien Flächen mit selbst gemalten Tierschutzplakaten und Gesundheitshinweisen vollzupflastern. In speziellen Gremien wird anschließend der Mensapächter ununterbrochen vollgesülzt, dass seine italienische Küche viel zu fettlastig sei und daher noch eher zu plötzlichen Herztoden führe als zur Etablierung einer ausgewogenen Pausenkost.

Um jenen gottlosen Anschlag auf die Gesundheit der Kinder zu kompensieren, beantragt Kalifin al-Jute der Salat-Mudschaheddin einen Termin im Rektorat, wo sie den spießigen, aus *How To Survive Schule* bekannten und oberwichtigen Einrichtungsleiter Generalleutnantoberstmajorhauptmann-Studienrat L. anfleht, eine sogenannte »gesunde Pause« zu genehmigen.

Zum großen Bedauern eher bodenständiger Menschen wie mir, die sich nach zwei Stunden Mathe einfach nur ein verdammtes Schnitzel reinziehen wollen, geht der Antrag im Schulforum tatsächlich durch. Überraschenderweise rekrutiert Frau Jute dann im Eiltempo ganze Armeen an Fair-Trade-Weltverbesserern, die sich mit ihr in der Schulküche an die Vorbereitung des Verkaufsstandes machen. Was dabei herauskommt, ist so ekelerregend, dass der Körper es schon ausscheiden will, bevor man es überhaupt zu sich genommen hat.

Neben irgendwelchem Tofu-Fleischersatz und mit Karotten gefüllten Hotdogs werden an der Grünzeug-Theke auch labbrige Gemüse-Muffins angeboten, die aufgrund von Farbe, Konsistenz und Geschmack ebenso appetitanregend wirken wie eine öffentliche Bahnhofstoilette. Fast könnte man meinen, der scheußliche Fraß diene nur zur Anlockung verwirrter Naturfreaks, denen Frau Jute einen sündhaft teuren Öko-Strom-Vertrag aufschwatzen möchte. Immerhin befinden sich gleich daneben ausreichend viele biologisch abbaubare Stoffbeutel, in die man sich nach erfolgreicher Verkostung übergeben kann.

Mit vollem Recht fragst du die nächstbeste verkaufende Schülerin, welche in einer Mischung aus antikapitalistischem Protest und der Ablehnung des Gerbereihandwerks ohne Schuhe herumgast, ob es hier nicht auch etwas Richtiges zu essen gäbe. Fauchend verweist sie auf das ach so tolle Angebot und meint, du würdest dir im Zuge eines metastasierenden Darmkrebs irgendwann noch wünschen, ihre köstlichen Gurkenhäppchen gekauft zu haben.

Doch ich kann dich beruhigen: Die schlechte Laune kommt zweifelsohne vom exorbitanten Eisenmangel. Ein saftiges Steak würde das Mädel und ihre von Geschmacksknospen befreiten Kameraden wieder auf den Pfad der geistigen Normalität zurückführen. Bis dahin kann man nur hoffen, dass das Gesundheitsamt diesem veganen Albtraum ein schnelles Ende bereitet.

Erneute Anmerkung: Dieser Text bedient sich der Ironie als Stilmittel. Er ist somit nicht als bierernste Denkschrift, sondern als unterhaltsame Anekdote konzipiert. Take it easy ;)

SIE UNTERRICHTEN ENGLISCH (NICHT)

Englisch ist – ob man es nun wahrhaben möchte oder nicht – die wichtigste Sprache der Welt. Aufgrund der territorialen Ausbreitung des einstigen British Empire und der Wichtigkeit Nordamerikas auf dem Parkett internationaler Politik wird es von circa 1,5 Milliarden Menschen gesprochen und in zahlreichen Gremien, darunter auch die Vereinten Nationen, als offizielle Verhandlungssprache anerkannt.

Aus diesem Grund sollte die Gesellschaft eigentlich darauf vertrauen können, dass ihre Jünglinge im Rahmen Hunderter Schulstunden passable Englischkenntnisse erwerben – was aber leider genauso utopisch ist wie die medizinische Bekämpfung menschlicher Dummheit.

Hört man sich in deutschen Klassenzimmern nämlich mal genauer um, kann es nicht nur zu heftigen Lachanfällen, sondern auch zu schweren Verletzungen der Füße kommen. Das liegt daran, dass sich sonst entspannte Fußnägel beim Vernehmen grauenhafter Sprechweisen quietschend aufrollen, um das Gehirn vom entsetzlichen Schmerz in den Ohren abzulenken.

Selbst in der Oberstufe schleichen Gestalten durch das Schulgebäude, die zu einer fremdsprachlichen Unterhaltung ebenso befähigt sind wie ein Ameisenbär aus dem Amazonas-Gebiet. Wer mit 18 Jahren noch immer davon ausgeht, »become« würde »bekommen« im Sinne von »erhalten« bedeuten, verfügt entweder über die Auffassungsgabe eines retardierten Neandertalers oder wurde von hoch motivierten Englischlehrern unterrichtet, die teilweise selbst kaum in der Lage sind, über den Schulwortschatz hinausgehende Vokabeln zu verwenden.

Doch woher kommt jene unbeschreibliche Inkompetenz der Schüler auf dem Gebiet des Englischen? Ganz einfach: Das Unterrichtskonzept lässt massiv zu wünschen übrig. Anstatt wichtige Inhalte wie den Aufbau von Geschäftskorrespondenz zu vermitteln, hält man die Kids gefühlte Ewigkeiten mit stupiden Banalitäten auf, welche dafür aber öfter durchgekaut werden als Gras von einer Milchkuh.

Überspitzt gesagt heißt das, dass du in der Absicht, deine neue Austauschpartnerin aus Edinburgh über den Verlauf des Flugs in Kenntnis zu setzen, krampfhaft versuchst, die Wörter »playground« (Spielplatz) und »pencil case« (Federmäppchen) zu verwenden, weil es gefühlt die einzigen Begriffe sind, die man dir jemals beigebracht hat.

In höheren Jahrgangsstufen wird es auch nicht besser, denn ab circa der neunten Klasse kommt es einem so vor, als würde man ununterbrochen die Themenfelder »Social Media«, »Environment« und »Juvenile delinquency« bearbeiten, wobei auch Indien aus vollkommen unverständlichen Gründen immer mal wieder auf der Bildfläche erscheint.

Zur Auflockerung gibt es dann gelegentlich noch Listening-Übungen fürs Hörverstehen – vorausgesetzt die Lehrkraft bewerkstelligt es, den CD-Player von 1995 zum Laufen zu bringen. Besonders beliebt bei Leistungsnachweisen sind dabei Audiodateien, die nach einem ultimativ peinlichen Eröffnungssound Interviews mit arabischen Logopädie-Patienten oder indischen Dialektforschern enthalten. Aufgenommen werden jene Ausschnitte natürlich nicht in einem Tonstudio, sondern auf dem Gelände des internationalen Laubbläser-Weltcups, damit auch das größte Sprachen-Ass seine tägliche Dosis Verzweiflung abkriegt.

Zeit für ein kurzes, präzises und zusammenfassendes Fazit im Stile Donald Trumps: Horrible! Tremendous disappointment!

SIE SIND SELBSTVERLIEBT

Was ich zuvor vergessen habe, ist die Gegebenheit, dass wir nicht nur im Zeitalter des extremen Individualismus leben, sondern auch eine andauernde Selbstbeweihräucherung zunehmend gesellschaftliche Akzeptanz findet. Gewiss lassen sich diese beiden Phänomene kaum isoliert voneinander betrachten und bedingen, beziehungsweise verstärken einander gegenseitig, denn jeder will nicht nur die außergewöhnlichste und unabhängigste Person von allen sein, sondern muss natürlich auch dem ganzen Rest der Menschheit zeigen, welch fantastisches Leben er führt.

Eine solche Entwicklung geht selbstverständlich auch nicht an der Berufsgruppe der Lehrer vorbei, die sich seit Neuestem immer häufiger einbildet, zur absoluten Krone der Schöpfung zu gehören.

Als bestes Beispiel hierfür fungiert Herr M., bei dem man nicht genau feststellen kann, ob nun sein Lehrerberuf oder die Kursleitung im Fitnessstudio den Nebenjob darstellt. Jedenfalls kennt er allerlei Finessen, um Anerkennung für die auf Hantelbänken verbrachten Stunden zu erhalten. Regelmäßig hievt sich das Muskelpaket die Treppen hoch, obwohl der entsprechende Unterricht eigentlich im Erdgeschoss stattfinden würde, um Spender von Mitleid anzulocken.

»Der Leg-Day gestern war einfach wieder viel zu krass …«, meint er dann in übertrieben jugendlichem Stil und fügt an, sich beim Stemmen von 5000 Kilogramm mit nur einem Zeh einen ordentlichen Muskelkater zugezogen zu haben.

Nachdem die Gänge infolge des Stundengongs leer geworden sind und somit keine potenziellen Zeugen mehr herumlaufen, gibt Herr M. die angespannte Haltung auf und hüpft wie ein junges Reh die Stufen hinunter – jetzt aber unmittelbar zum richtigen Klassenzimmer. Schon bei der Begrüßung werden selbstverständlich auffallende Streckbewegungen vollführt.

Bei einer anschließenden Übungsrunde geht es dann an den Tisch zweier Oberstufenschülerinnen, wo der »tolle Hengst« meint, beim Erklären des Sachverhaltes wiederholt über die Vene seines Bizeps streicheln zu müssen.

Frau G. hingegen erfüllt eher das Klischee einer schwülstigen Matrone und verbringt ihre Freizeit lieber mit Sahnerollen als in der Gesellschaft durchgeschwitzter Pumper-Machos. Dennoch erfüllt auch sie das Klischee des eingebildeten Lehrers problemlos.

Anders als so mancher Kollege – die Dame wird nicht müde, das zu betonen – sei ihre Hoheit nämlich auf eine supertolle englische Spitzenuni gegangen, wo ihr sogar irgendwelche royalen Bälger und Nachwuchs-Industriebarone begegnet wären. Sie selbst besitzt zwar keinen Doktortitel, vertritt aber mit Überzeugung die Auffassung, allein der im dritten Anlauf bestandene Master of Education hätte mehr Gewicht als jede in Deutschland verfasste Dissertation. So gibt eins das andere: Wenn Frau G. sogar ihre Fachschaftsleitung auf eine Stufe mit übel riechenden Hundeexkrementen stellt, will man gar nicht so genau wissen, was sie von den Schülern denkt. Die Versager haben ja noch nicht mal Abitur!

Wo jene Spinnereien herkommen, weiß niemand so genau. Gerüchten zufolge liegt es daran, dass die arme Frau als kleines Kind einmal in einen Kessel voll Standesdünkel gefallen ist und nun bis zum Lebensende von diesem Vorrat zehren kann.

WUT-STUFE V

»FIFA«-AUSRASTER

Jeder, der schon einmal *FIFA* auf der Konsole ge-
spielt hat, weiß, wie es sich anfühlt, in der scheinbar
100. Minute der Nachspielzeit den entscheidenden
Treffer zu kassieren. Für Bruchteile einer Sekunde
verhärtet sich die Handmuskulatur, und man kann
froh sein, dass Controller heutzutage über eine
hohe Stabilität verfügen. Wenn der Gegner dann
noch provokante Jubel-Aktionen mit seinem digitalen Spieler vollführt, kommt letztlich das Verlangen
auf, den Fernseher einzutreten und die Playstation
aus dem Fenster zu werfen. Jene befremdliche
Wirkung hat aber nicht nur *FIFA*, sondern auch die
40. Anekdote über stümperhafte Lehrkräfte. Deswegen heißt es für dich: Level-Up, du erreichst
Wut-Stufe V!

Tipp zum Thema: Sieh dir auf YouTube das Video *FIFA 17 Fail aus-*
raster (sic) an, das vom User »Kri Schan« seltsamerweise schon
im Jahr 2013 hochgeladen wurde. Ich habe selten so gelacht.

SIE BEGEGNEN DIR IN DEINER FREIZEIT

Endlich 18! Nach Jahren des Wartens darfst du endlich die Vorzüge der vollständigen Selbstständigkeit und Freiheit genießen. Niemand außer der leere Geldbeutel kann dich mehr am Autofahren hindern, in Clubs versagt man dir zumindest nicht aufgrund des Alters den Zutritt, und wenn du zum cleveren Teil junger Leute gehörst, gehen mit den gewonnenen Rechten auch neue Pflichten wie das Wählen einher.

Um die Volljährigkeit nicht nur im Rahmen eines grausamen Vollsuffs zu begehen, sondern auch Glückwünsche verschiedener Verwandter entgegenzunehmen, ist für das Wochenende ein großer Tisch beim örtlichen Griechen reserviert, wo du gedenkst, dir das größte Gyros aller Zeiten zu genehmigen. Anfangs läuft auch alles ganz ordentlich: Der Kellner bringt ein Gericht nach dem anderen und erweckt so den Eindruck, allein dein Tisch wäre für den Hunger in Afrika verantwortlich.

Doch plötzlich spürst du einen Blick in deinem Rücken, der sich so anfühlt wie blanker Stahl. Beim langsamen Umdrehen wird schnell deutlich, woher das aufziehende Unheil kommt – wenige Meter weiter nimmt nämlich gerade deine verhasste Lateinlehrerin Platz, die dich mit ihren eiskalten Augen so anstarrt, als würde sie heute keine Calamari, sondern frische Schülerseelen vertilgen wollen.

Obwohl die Sonne strahlt wie selten im verregneten Deutschland, ziehen Gewitterwolken über der Lage auf, und du befürchtest – zu Recht, muss man leider sagen – bereits das Schlimmste. Verschiedene Szenarien abwägend, beschließt du, deine verfressene Verwandtschaft nicht mit dem lauernden Drachen bekannt zu machen, um möglicherweise aufkommende Gespräche oder gar Fraternisierungen zu verhindern.

Mit einem gefühlten Puls von 250 gilt es nun, das Ende der unvorteilhaften Situation abzuwarten, welche gerade erst ihren Anfang genommen hat. Leider ist ein 18. Geburtstag nicht nur Anlass für allerlei Segenswünsche und immense Mengen an Geschenken, sondern lädt auch dazu ein, alte Geschichten aus Kindheit und Jugend wieder auszugraben. Traditionell haben Großmütter das Vorrecht, mit der ersten peinlichen Schilderung zu beginnen.

»Schau an, was aus ihm/ihr geworden ist …«, fängt sie an, lässt aber anschließend keinen Lobgesang, sondern eine Story folgen, an die du dich gar nicht mehr erinnerst. Nach der Erzählung über einen Ausraster im Supermarkt vor 15 Jahren, bei dem du dich vor Wut über ein Gummibärchen-Verbot schreiend splitterfasernackt ausgezogen hast, ist das Schützenfest eröffnet.

Selbst die bösartige Lateinlehrerin bricht in brüllendes Gelächter aus, als man allen Anwesenden eröffnet, du hättest mit vier Jahren einen Löffel Eiscreme in den Ausschnitt einer Café-Besucherin katapultiert und anschließend versucht, sie wieder herauszuholen.

Da ohnehin bereits das ganze Restaurant den »netten« Geschichten lauscht, nehmen deine Verwandten jene unverschämte Verletzung der Privatsphäre ganz gelassen hin und binden die ihnen unbekannte Lehrkraft ins Gespräch ein.

»Da macht man schon was mit, bis sie groß sind … Haben Sie auch Kinder?«, meint deine Großtante und versetzt dir somit den Todesstoß.

Der schreckliche Nachmittag wird noch weitreichende Folgen haben – was spätestens klar wird, als die Latein-Dozentin grinsend anmerkt, sie müsse ihrer Klasse am morgigen Tag unbedingt von diesem lustigen Aufeinandertreffen erzählen. Game over!

SIE VERWECHSELN DAS GYMNASIUM MIT DEN ELYSISCHEN FELDERN

Das Gymnasium ist ein Ort, an dem Träume wahr werden. Nur wer hier seinen Abschluss gemacht, an Debattierclubs teilgenommen, in der Theater-AG gearbeitet, die präuniversitäre Stimmung aufgesaugt sowie als Teil der SMV für unnennbar wichtige Belange gestritten hat, verdient es, überhaupt als Mensch wahrgenommen zu werden. Von den ausschließlich rosigen Zukunftsaussichten aller Absolventen will ich gar nicht sprechen, denn es ist hinlänglich bekannt, dass jeder Gymnasiast aufgrund seiner Einmaligkeit Mediziner, Manager, Jurist, Präsident oder zumindest UN-Kommissar wird.

Weil normale Verbotsschilder den Intellekt der jungen Nachwuchselite beleidigen und deren Gehirn womöglich zum Schrumpfen bringen würden, weist man nur in hochgestochenen Ausdrücken auf mögliche Verfehlungen hin. Ein Beispiel: Um Verletzungen zu vermeiden und vor allem jegliche Ablenkung vom universell bedeutsamen Lernprozess abzuwenden, unterliegen ballistische Experimente mit kristallinem H_2O auf dem gesamten Areal der pädagogischen Institution striktester Prohibition.

Ach, und dann gibt es noch diese fantastischen Schul-Produkte, die nicht nur alle Schüler und deren Eltern kaufen wollen, sondern auch in der breiten Öffentlichkeit heiß begehrt sind. Wer würde nicht gern einen Pullover mit der Aufschrift »Gymnasium XY« tragen? Wäre kein Gymarier-Nachweis notwendig, um den großartigen Artikel zu erstehen, müsste die aus selbstverständlich schlechtbezahlten Hauptschülern bestehende Textilfirma Tag und Nacht zur Deckung der schier unendlichen Nachfrage schuften.

Hoppla! Mit einem Stöhnen erwacht der Direktor des örtlichen Gymnasiums aus seinem heutigen feuchten Traum und schwelgt noch minutenlang in wundervoller Selbstzufriedenheit. Denkt er an die Allmacht seiner Schüler oder die beispiellos bedeutende Rolle, welche er im Bildungsbetrieb einnimmt, braucht es nicht einmal mehr Viagra, um einen Ständer zu bekommen, der einem Studienrat seines Kompetenzgrades würdig ist.

Mit dieser Einstellung ist der gute Mann nicht allein, denn auch viele Eltern meinen heutzutage, ihre Kinder mit aller Gewalt aufs Gymnasium pressen zu müssen. Wenn es der akademisch nur mäßig begabte Kevin dann nach der Investition Tausender Euros und Hunderter Stunden tatsächlich geschafft hat, mit einem Schnitt von 2,33 auf die vermeintliche Superschule zu schlittern, nehmen seine Erzeuger das zum Anlass, um mit übelster Geringschätzung auf ehemalige Grundschulbekanntschaften herabzusehen, die ihre Abkömmlinge nicht auf das »kleine Harvard« schicken.

»Du, Schatz, geh mal bitte weg von den Arbeiterkindern …«, ist als Metapher längst zum Ausdruck eines absonderlichen und ekelerregenden Mentalitätsproblems der deutschen Gesellschaft geworden.

Eine Pauschalverurteilung des Gymnasiums, das ohne Zweifel eine wichtige Funktion übernimmt, wäre an dieser Stelle ebenso deplatziert wie die beschriebene Arroganz des Rektors. Dennoch ließ sich in den letzten Jahren eine massive Überhöhung jener Schulform beobachten, welche nicht nur unangebracht, sondern wegen der damit oft einhergehenden ganzheitlichen Abwertung anderer Schüler auch auffällig menschenverachtend ist.

43. GRUND

SIE INVESTIEREN EIGENNÜTZIG

Als Schülersprecher sitzt du wieder einmal im Büro der neuen Rektorin, die nach der Abberufung von Generalleutnantoberstmajorhauptmann-Studienrat L. (ins Kultusministerium) dem weihevollen Auftrag nachgeht, die Bildungseinrichtung auf besonders kompetente Weise zu leiten. Mit den üblichen Teilnehmern des Schulforums werden heute verschiedene Entwicklungskonzepte diskutiert, wobei sich deren Ausführung in der Regel auf das Protokollieren dämlicher Utopien beschränkt.

Im Auftrag der Klassensprecherkonferenz bringst auch du eine Bitte vor, denn die Schüler wünschen sich wegen der verkalkten Rohrleitungen einen Wasserspender im Pausenbereich. Angehörige höherer Jahrgangsstufen wurden bereits während der glorreichen Zeiten unterrichtet, als noch keine milchige Grütze aus den Hähnen floss – vereinzelte Personen aus der Mittelstufe berichten hingegen schon von Versteinerungen an verschiedenen Körperstellen, die eindeutig auf das harte Wasser zurückzuführen seien.

Nach kurzer Debatte (circa zwei Minuten) wird dein Anliegen abgesägt, schließlich verfüge man noch nicht einmal über genug Geld, um anständiges Lehrpersonal einzustellen. Geknickt verlässt du den Raum im Bewusstsein, einen ganzen Nachmittag in stupides Geschwurbel gesteckt zu haben. Für Wasser mögen vielleicht keine Mittel da sein, sehr wohl aber für ein anderes Getränk, das man mangels ordentlicher Ausstattung nur als Dozent erhält: Kaffee.

Gleich am nächsten Morgen wirst du auf dem Weg zum Lehrerzimmer Zeuge eines absonderlichen Schauspiels: Zwei DHL-Boten steigen unter Begeisterungsschreien des Kollegiums aus ihrem Lieferwagen und begeben sich nach oben, um dort ein überdimensionales Paket abzuliefern, welches man ihnen bereits auf halbem Wege beinahe aus den Händen reißt. Alle anderen Aktivitäten werden eingestellt, damit die frische Lieferung Arabica-Edelkaffee verzögerungsfrei in das Vorratsregal neben der entsprechenden Maschine eingeräumt werden kann.

Doch dann geschieht beim traditionellen Einschenken der ersten Tasse, die selbstverständlich der Rektorin gebührt, ein wahres Unglück. Angewidert zieht die Frau das Gesicht zusammen, würgt mehrmals und spuckt das offensichtlich ungenießbare Getränk anschließend aus. Ihrer Miene nach zu urteilen befand sich kein wohlschmeckendes Labsal, sondern gequirlte Affenscheiße in der übergroßen Tasse. Alle Kollegen zeigen sich schockiert über den Anblick und befürchten bereits, dass auch sie am heutigen Tag Einschränkungen im Koffeinkonsum hinnehmen müssen.

Als wenig später der Techniker kommt, wird klar, dass die Kaffeemaschine dem kalkhaltigen Wasser zum Opfer gefallen ist und selbst durch den Austausch mehrerer Teile nicht mehr zu retten wäre. Einen Augenblick lang meinst du, es würde aus diesem Grund endlich etwas gegen die marode Wasserversorgung unternommen werden, was natürlich ein gewaltiger Irrtum ist.

Nachdem ihr die Launen von Lehrern auf Kaffee-Entzug zwei Tage lang aushalten musstet, steht der Kurier erneut vor den Eingangspforten. Sein Paket – dieses Mal gleich doppelt so groß wie zuletzt – enthält einen nagelneuen Kaffeeautomaten, der sich mit speziellen Reinigungskapseln besser vor Verschleiß schützen lassen soll als eine zuverlässige Kalaschnikow. Ab jetzt kann wieder alles seinen gewohnten Gang gehen. Vorausgesetzt natürlich, man ist noch nicht vollständig verkalkt.

44. GRUND

SIE SPRECHEN GROTESKE STUDIENEMPFEHLUNGEN AUS

Fast jede Schule beschäftigt einen sogenannten »Berufsberater«. Dieser gehört meistens zum ganz normalen Kollegium und wurde nach einer 30-minütigen Zusatzausbildung mit mehreren Schachteln Informationsmaterial ausgestattet, um von nun an verzweifelte Schüler in Orientierungskrisen aller Art bei der Auswahl ihres zukünftigen Studienfachs zu unterstützen.

Leider ergeben sich aus dieser Aufgabe zwei ganz wesentliche Probleme: Erstens berät der Typ vor allem Leute, die seine Hilfe überhaupt nicht in Anspruch nehmen wollen. Und zweitens haben die ausgesprochenen Empfehlungen ganz ungeachtet ihres Adressaten eine Qualität, die selbst erfahrene Mitarbeiter von Stiftung Warentest vor Schauder ins Grab bringen würde.

Justus Polo von Gelfrisur, der sich aufgrund seiner stereotypischen Darstellung stets als gutes Beispiel eignet, macht bereits in der zehnten Klasse unangenehme Erfahrungen mit Beratungslehrer E. Munter stapft er nach der vollendeten Wirtschaftsklausur aus dem Klassenzimmer und möchte sich gerade das Markenshirt umhängen, welches vermutlich teurer war als die gesamte Ausstattung des soeben verlassenen Raumes.

»Können wir kurz reden?«, meint Herr E. ganz euphorisch und wedelt dabei wild mit einem Informationsprospekt herum. Etwas genervt folgt ihm der Schüler in sein Büro, wo der Coach sogleich in sprudelnde Begeisterung ausbricht.

»Auf der letzten Konferenz haben wir gesehen, dass du dich in Biologie um gleich zwei Noten verbessert hast! Weil ich insgeheim schon immer ahnte, dass du brennendes Interesse für Lebewesen hegst, konnte ich mit dem örtlichen Tierheim ein Praktikum in den Ferien vereinbaren. Ist das nicht fantastisch? Du musst nur noch zusagen!«, überschlägt sich Herr E.

Justus, sonst mit dem Pokerface eines Investmentbankers ausgestattet, starrt seinen Beratungslehrer an wie ein dreihöckriges Mondkalb. Das Einzige, was ihn an der (un)belebten Natur wirklich fesselt, sind Liquide – denn wer nicht flüssig ist, ist bekanntlich überflüssig. Nach einer eindeutigen Absage und dem Vermerk, es wäre doch die bessere Entscheidung gewesen, auf eine Privatschule zu gehen, verlässt der Nachwuchsschnösel seinen unfreiwilligen Mentor.

Jene Aktion bleibt nicht der einzige Fauxpas des mittlerweile über die Grenzen der Schule hinaus bekannten »Menschenkenners«. Weil du vor Jahren Latein anstatt Französisch gewählt hast, labert er auch dich irgendwann an und möchte dir ein Studium der Geschichtswissenschaften aufschwatzen. Deine pazifistische Rastafari-Freundin hingegen pflastert Herr E. mit Bundeswehr-Flyern zu, weil er meint, nur dort könne sie ihre Naturverbundenheit ungehindert ausleben. Dabei interessiert es ihn nicht im Geringsten, dass das Mädchen antiautoritärer eingestellt ist als eine Horde hanfkultivierender Althippies.

Eigentlich fehlt nur noch, dass er eine Schülerin mit Albinismus aufgrund ihrer angeborenen Blässe und der rötlichen Augen für ein Informatikstudium anwerben will. Man kann nur hoffen, dass die Leute in der *echten* Studienberatung über mehr Sachverstand verfügen als dieser Kasper.

45. GRUND

SIE SCHLEPPEN DICH ZU DÄMLICHEN BERUFSMESSEN

Berufsmessen haben eine ähnliche Aufgabe wie Herr E.: Sie sollen die Job- und Studienfachsuche erleichtern und Schülern neue Möglichkeiten aufzeigen. Gleichzeitig versuchen Unternehmen, die raren klugen Köpfe frühzeitig an sich zu binden und eher inkompetente Absolventen für irgendwelche schlecht bezahlten Hiwi-Tätigkeiten anzuwerben, während ihnen verkauft wird, sie hätten »großartige Karriereperspektiven«. Haha, Witz des Jahrhunderts!

Weil sich die Messehalle in einer benachbarten Großstadt befindet, fällt am besagten Termin der gesamte Unterricht aus, was selbstverständlich als glasklarer Anlass zur Freude gewertet werden muss. Doch bevor es so weit ist, gibt es noch allerhand zu tun: Eure Klassenlehrerin erteilt die Anweisung, jeder solle unbedingt drei Exemplare eines Lebenslaufes samt aktuellem Passbild dabeihaben, um bei den potenziellen Arbeitgebern auftrumpfen zu können.

Naiv wie immer vertraust du auf die Kompetenz deiner Mitmenschen und begibst dich nach dem Mittagessen zum örtlichen Fotografen, der im Ruf steht, nicht nur klischeehaft schwul zu sein, sondern auch großartige Bilder zu machen.

»Aa, ah, ah, was haben wir denn da ...«, fragt der kuriose Zeitgenosse in einer beinahe anzüglichen Stimmlage und streicht sich über die Augenbrauen, ehe er wie auf dem Catwalk zur »Ablichtungskabine« tänzelt. Trotz diverser Video-Tutorials ist es dir nicht gelungen, deine Krawatte so zu binden, dass sie auch den Ansprüchen des kapriziösen Fotografen genügt.

Nach allerlei Strapazen und peinsamen Posen, welche selbst einem an Schulverhältnisse gewöhnten Menschen die Schamesröte ins Gesicht treiben, sind die Bilder endlich fertig.

»Toi, toi, toi!«, meint der Künstler noch mit einem Winken – und du bist froh, den Laden fürs Erste nicht mehr aufsuchen zu müssen.

Nach einigen Tagen ist es endlich so weit: Mit einem Spitzen-Lebenslauf betrittst du das »Berufsparadies« und blickst diensteifrig auf all die motivierten Personen, die hinter den Tresen ihre Unternehmen und Behörden vertreten. Letzteres war natürlich eine unverfrorene Lüge, was auch dir beim Näherkommen schmerzvoll bewusst wird. Einige Angestellte scheinen sich in Anbetracht ihrer Aufgabe fast ein wenig zu schämen, dass sie hier sein müssen und noch nicht zum Abteilungsleiter befördert wurden.

Damit auch niemand auf die Idee kommt, irgendeinem spontanen Gedanken nachzugehen, haben schulische Blockwarte auf der ungefähren Basis zuvor evaluierter Interessen feste Termine ausgemacht. Du darfst beispielsweise zunächst bei einer Behörde antanzen, wobei anzumerken ist, dass man vom Verhalten des Beamten keineswegs auf den gravierenden Personalmangel seines Dienstherrn schließen kann. Nach einer eher unmotivierten, maximal 30 Sekunden langen Einführung drückt dir der Typ schließlich fünf nichtssagende Flyer in die Hand und verweist dich auf die Website, welche sich wunderbar zur Einholung relevanter Informationen eigne.

Etwas vor den Kopf gestoßen, marschierst du zum nächsten Stand, wo man dem geehrten Messebesucher zunächst von den Vorzügen sowie dem angeblich kaum zu erreichenden NC eines Studiums der Wirtschaftspädagogik erzählt, nur um anschließend einen Vertrag für eine Privat-FH hervorzukramen.

Zuletzt geht es noch zur nächstbesten Supermarktkette, die du lediglich aufsuchen musst, weil sich sonst kein Opfer dafür gefunden hat. Hier ist die Atmosphäre familiärer, und ein etwa gleichaltriges Mädchen erzählt von ihrem stinklangweiligen Aufgabengebiet. Als du wenigstens ihr den Lebenslauf reindrücken willst, flüstert sie dir zu, dass du den Zettel besser schnell wieder einstecken solltest. Auch sie sei über einen solchen nach Ende der Schulzeit angeworben worden und würde sich lieber erhängen, als den Arbeitsvertrag erneut zu unterschreiben.

Tja – wer gut inszenierte Lügen sehen will, sollte eben doch vermeintlich heilsbringende Berufsmessen meiden und ins Theater gehen. Man munkelt, selbst dort wäre es wahrscheinlicher, einen guten Job zu finden, als auf solchen Witzveranstaltungen.

46. GRUND

SIE UNTERRICHTEN GESCHICHTE (NICHT)

Es gibt an deutschen Schulen kaum ein so interessantes und facettenreiches Fach wie Geschichte. Den Vorwurf, im historischen Unterricht werde fast ausschließlich die Nazizeit behandelt, muss ich dementsprechend vehement zurückweisen: Selbstverständlich erfährt man auch eine ganze Menge über das Dritte Reich, das Hitlerregime, den Führerstaat, das großgermanische Imperium sowie Deutschland zwischen den Jahren 1933 bis 1945.

Dabei wird der durchschnittliche Schüler so verblödet, dass er bei sämtlichen geschichtlichen Thematiken stets zuallererst an den

Nationalsozialismus denkt. Warum sind die Mammuts ausgestorben? Wegen Hitler. Wer war der größte Kaiser des antiken Roms? Hitler. Wann eroberten die Kreuzfahrer Jerusalem? 1939. Welcher Konflikt wurde von 1618 bis 1648 in Europa ausgetragen? Der Zweite Weltkrieg. Wie kam es zum Berliner Mauerfall? Durch Hitler. Und zu guter Letzt: Was kommt jedem Absolventen gegen Ende seiner Schulzeit in pürierter Form zu den Ohren heraus? a) Hitler, b) Hitler, c) Hitler, d) Hitler. Na, Antwort gefunden?

Darüber hinaus sei erwähnt, dass man es problemlos in die Oberstufe schaffen kann, ohne zu wissen, dass auch in Nordafrika deutsche Truppenbewegungen stattfanden. Fast schon makaber erscheint hingegen die ständige thematische Wiederholung des Holocausts, dessen intensive Behandlung zweifelsohne von kolossaler Bedeutung für zukünftige Generationen ist.

Dennoch: Als langjähriger Schüler kann ich versichern, dass einen zwei Stunden in Yad Vashem, der zentralen Shoa-Gedenkstätte in Jerusalem, mehr für den entsetzlichen Massenmord sensibilisieren, als es Hunderte Geschichtsstunden je könnten. Diese führen mit der Zeit – so hart das auch klingen mag – eher zu einer Veralltäglichung des Schreckens und sollten daher grundlegend umstrukturiert werden.

Auch sonst ist das Bildungsangebot jener Stunden eher beschränkt. In den anfänglichen Jahrgangsstufen, die meist antike Hochkulturen und das Mittelalter zum Thema haben, lernt man allerhöchstens ein paar lausige Götternamen, wobei gestörte Gedächtnis-Fetischisten verlangen, dass man sie für alle Ewigkeit auswendig kennt. Weißt du noch, wer die griechische Göttin der Wahrheit ist? Nein, nein, nicht Hitler! Ihr Name lautet Aletheia.

Herzlich wenig dreht sich um die bedeutenden Staatsdenker der vergangenen Jahrhunderte, denen wir nicht nur unsere Regierungsform verdanken, sondern auch das typisch abendländische Rechtsverständnis. Und fast kein Schüler kann mit dem Begriff der »Vorsokratiker« etwas anfangen, zu denen nicht zuletzt ein noch heute berühmter Philosoph namens Hit..., äh, Aristoteles gehört! Von späteren Theoretikern wie Hobbes lernt man höchstens so viel, dass man danach pseudointellektuelle Sprüche wie »homo homini lupus« (auf Plautus zurückgehend) von sich geben kann, ohne auch nur über geringstes Sachverständnis zu verfügen.

Zu den öden Unterrichtsmethoden will ich mich gar nicht erst äußern, tue es aufgrund meiner vertraglichen Pflicht, dieses Buch zu vervollständigen, aber trotzdem: »Lückentext«* ist wohl das einzige Wort, das man im Geschichtsunterricht noch öfter zu hören bekommt als »Hitler«. Sehr gern greifen Lehrer auch auf 1000-seitige Buchabschnitte zurück, deren Inhalt sich auf zwei Zeilen reduzieren ließe. Ein Jammer, dass dieses eigentlich so spannende Fach derart verhunzt wird!

47. GRUND

SIE SCHRÄNKEN DICH EIN, WO IMMER ES MÖGLICH IST

Ach, die Universität! Jeder Schüler, der sich zumindest mit ein bisschen Ernsthaftigkeit auf sein Abitur vorbereitet, wird gelegentlich an jenen Tempel des Wissens denken. Viele solcher Stätten blicken auf eine jahrhundertelange Tradition zurück und gelten mit Recht als wahre Institutionen der Bildung. Leider wissen das nicht alle immatrikulierten Personen zu schätzen: Während einige ihr Studium tatsächlich ausnutzen und zu einer für das gesamte Leben gewinnbringenden Zeit machen, freuen sich andere über ihr vergleichsweise aufwandsbefreites Fach und beseitigen durch ständiges Saufen die von den Post-Abi-Monaten noch übrig gebliebenen Ge-

---

* *Aufgabentyp, bei dem man einen Fließtext durch das Einsetzen fehlender Wörter vervollständigen muss.*

hirnzellen mit auffallender Begeisterung. Doch eigentlich will ich auf etwas ganz anderes hinaus: Trotz Bologna-Reform und einer angeblichen Verschulung des Hochschulwesens (über das ich erst in Kürze persönliche Eindrücke gewinnen kann) fällt dem eigenständigen Arbeiten vor allem an den Unis noch immer großer Stellenwert zu. Bücher wollen gelesen, Recherchen betrieben und wissenschaftliche Texte verfasst werden. Und wie bereitet man seine Schüler wohl am besten auf diese Herausforderung vor? Richtig – man schränkt sie ein, wo immer es einem möglich erscheint.

Dein Kollege Maxi freut sich ebenso wie manch anderer auf eine benotete Projektarbeit, die Oberstufenabsolventen an Besonderheiten und Kniffe des methodischen Arbeitens heranführen soll. Sein Entzücken rührt natürlich nicht daher, dass er sich gerne den Allerwertesten abrackert und bescheuerte Pflichtveranstaltungen besucht, die ebenso viel Gehalt haben wie ein fauliges Salatblatt. Vielmehr geht es ihm um die verkündete Zusicherung, jeder könne im Rahmen des Überthemas »Umwelt« eigene Ideen zu Papier bringen und so Problemstellungen bearbeiten, die ihn tatsächlich brennend interessieren.

Maxi möchte unbedingt etwas über verschiedene Möglichkeiten der Realisierung ökologischer Mobilitätskonzepte schreiben und gibt den bereits recht durchdachten Gliederungsentwurf fristgerecht ab. Leider ist die Betreuungslehrkraft mit dem ganzen Vorgehen nicht zufrieden: Trotz vielversprechender Ansätze habe sie gewichtige Zweifel bezüglich der Schwierigkeit eines noch derart unerforschten Themas – das sollten dann doch lieber »richtige Akademiker« anpacken.

Ferner könne trotz mehrfacher Beteuerungen vonseiten Maxis nicht mit der Einhaltung des gegebenen Rahmens gerechnet werden – und viel zu allgemein sei das Ganze sowieso. Stattdessen gewähre sie ihm die Gnade, noch einmal von vorn zu beginnen, um sich nun mit dem thematisch verwandten Sojaanbau in Südvietnam zu beschäftigen. Auf die Frage, was das nun eigentlich mit Mobilitätskonzepten zu tun habe, antwortet die Lehrkraft, das Grünzeug müsse schließlich auch irgendwie transportiert werden.

Ähnliches ist euch schon einmal einige Jahre früher im Kunstunterricht passiert, denn auch dort gibt es keinerlei schöpferische Grenzen. Na ja, abgesehen von der wandelnden Demarkationslinie an der Tafel, die das Land des Lehrplans wie eine Festung gegen das Eindringen fremder Fantasie beschützt.

Eure Tuschebilder, die aus irgendwelchen Gründen »schwarze Magie« veranschaulichen sollen, erhalten hinsichtlich ihrer Umsetzung ein solch enges Korsett, dass der Auftrag im Endeffekt dem Abpausen ausgeteilter Lehrmaterialien gleichkommt. Anschließend darf die Beschwerde über zu ähnliche Ergebnisse und mangelnden Einsatz natürlich nicht fehlen, welche bei Schulveteranen aber nur müdes Gähnen hervorruft.

So kommt es, dass die Schule schließlich auch den Rest der Gestaltungskraft aus den jungen Leuten heraussaugt – was selbstverständlich keinesfalls heißen soll, dass man dann nach Jahren des unselbstständigen Wiederkäuens nicht in die Bewerbung schreiben soll, eine zutiefst kreative und originelle Person zu sein, die nur darauf warte, eigene Ideen zu verwirklichen. Eine Bewerbung wohlgemerkt, deren Designvorlage man sich von Internet-Experte XY für 19,99 Euro hat anfertigen *lassen*.

48. GRUND

»SIE« BEENDEN DEN UNTERRICHT

Nach neun zurückliegenden Unterrichtseinheiten sehnt sich der gesamte Klassenverband nach dem bevorstehenden Ende eines anstrengenden Tages. Draußen sinkt die kalte Wintersonne bereits in Richtung der Horizontlinie ab und verspricht den Anbruch baldiger Dunkelheit. Dazu kommt, dass die Urheber des diesjährigen

Stundenplans wohl über die mentale Kapazität einer retardierten Amöbe verfügen und euch zwei Pflichtstunden Mathe ausgerechnet am Freitagnachmittag haben reindrücken müssen.

Das alles wirkt sich natürlich auf die unmittelbare Moral der müden Gurkentruppe aus, die mithilfe sekündlich zum Himmel geschickter Stoßgebete bereits göttliche Hilfe hinsichtlich des noch immer auf sich wartenden Stundengongs in Anspruch nehmen will. Leider bleiben die Rufe nach Erlösung bis auf Weiteres unerhört.

Wenn also schon vom Schöpfer höchstpersönlich keine Unterstützung zu erwarten ist, muss man der scheidenden Motivation eben anders die letzte Ehre erweisen: Salutschüsse mit improvisierten Blasrohren, wildes Getrommel auf dem Hinterkopf des eingeschlafenen Vordermanns oder das verzweifelte Summen von *Another Brick in the Wall* sind diesbezüglich als geeignete Möglichkeiten ins Auge zu fassen.

Wer seine gesamte Hoffnung auf ein baldiges Ende des Unterrichts schon hat fahren lassen, kann es so machen wie Lisa, die in der letzten Reihe sitzt und nach reiflichen Überlegungen gerade damit beschäftigt ist, sich aus dem Kopfhörerkabel einen Strick zu drehen. Da behaupte mal jemand, Mathe verfüge nicht über ein akutes Zersetzungspotenzial.

Jede Sekunde dauert gefühlsmäßig mehrere Tage, bis der scheinbar eingefrorene Minutenzeiger endlich die sehnlichst erwartete 16:00-Uhr-Grenze überschreitet. Mit dem schrillen Geräusch der Klingel erwacht deine Seele endlich wieder zum Leben und schüttelt die aufgestauten negativen Emotionen zumindest teilweise ab. Genau so müssen sich die Menschen 1989 beim Mauerfall gefühlt haben!

Doch dann passiert das Unsägliche: Als einige Schüler mit gepacktem Rucksack bereits dastehen und ihren Stuhl hochstellen wollen, äußert der Lehrer den schlimmsten Satz, den er in solchen Situationen überhaupt ausspucken kann: »*Ich* beende den Unterricht.«

Geschockt vom gegenwärtigen Geschehen sinken die desillusionierten Klassenkameraden wieder auf ihre Plätze zurück, weil sie wissen, dass Widerstand garantiert zwecklos ist und höchstens noch zu einer erhöhten Menge an Hausaufgaben führt. Zunächst wünschen sich die armen Schweine ohne heimischen Taxi-Service (auch »Mama« genannt) noch ein humanes Maß des Überziehens, finden sich jedoch bald in der grauen Realität wieder, in der sie auf den nächsten Zug warten müssen, weil der eigentlich vorgesehene seine Fahrt ohne die armen Tropfe fortgesetzt hat.

Nach geschlagenen weiteren zehn Minuten nimmt die Qual dann letztlich ein Ende, und man entlässt euch in die Freiheit. Doch der unheilbringende Ausspruch der Lehrkraft – fast schon den Charakter eines Fluches tragend – verfolgt die Schülerschaft noch über viele Jahre: Egal, ob es sich um Pausen oder letzte Stunden handelt, rauben bösartige Lebenszeitparasiten immer wieder wertvolle Minuten.

Leider treten die Überziehungen nur auf, wenn ein Schluss der Veranstaltung dringend erforderlich wäre; kurzweilige Stunden beendet man hingegen stets pünktlich. Und auf die Idee, Sport zu Ungunsten der nachfolgenden Physikeinheit zu verlängern, ist auch noch niemand gekommen.

49. GRUND

SIE HABEN KOLLEGEN MIT MIESEM KÖRPERGERUCH

Nach dem Genuss diverser Serien, Filme und Videospiele, die den Überlebenskampf in einer Welt voller Untoter zum Thema haben, bin ich zu teils recht interessanten Ergebnissen gelangt: Es existieren nach meiner Auffassung verschiedene Szenarien, wie eine Zombie-Transformation vonstattengehen kann.

Wer beispielsweise von bereits angesteckten Personen gebissen oder gekratzt wird, muss damit rechnen, auch selbst bald gehörigen Appetit auf Frischfleisch zu entwickeln. So und nicht anders sieht man es in *The Walking Dead* und unzähligen anderen Genre-Klassikern, die gewiss noch immer zu einer Enterbung führen würden, wenn meine Mutter wüsste, dass ich sie bereits im Alter von 12 Jahren konsumiert habe.

Neben besonderen Strahlen, die ebenfalls solch eklige Mutationen auslösen können, sind zudem auch gemeine Viren dafür verantwortlich, dass einstmals normale Mitbürger die Gestalt grausamer Seelenloser annehmen. Und dann gibt es da noch die Schule, welche vermutlich mehr willenlose Zombies hervorbringt als alle zuvor genannten Faktoren zusammen.

Auch das Ambiente stimmt, denn aufgrund der stockhässlichen Bauweise (sofern man einen Betonklotz dieses Kalibers überhaupt als Gebäude bezeichnen kann) und des strikten Verbots, irgendetwas farbiger zu gestalten, wirkt die allgemeine Umgebung der Lehranstalt trostloser als ein viktorianischer Friedhof.

Plötzlich – du stehst gerade auf dem Flur und sinnierst über meine geistreichen Worte – fällt dir auf, dass es hier auch so riecht, als befände man sich direkt neben einer modrigen Begräbnisstätte. Angeekelt recken einige Klassenkameraden ihre Köpfe in Richtung des Kiosks, weil sie vermuten, die Wurstsemmeln bestünden erneut aus verfaultem Gammel-Dreck und verursachten nun giftige Ausdünstungen aller Art[*].

Als gesendete Aufklärungstrupps schließlich von der scheinbaren Ungefährlichkeit des servierten Essens berichten, bekommt ihr kollektive Paranoia und meint nun, des Rätsels Lösung in den Toiletten finden zu können. Auch Verschwörungstheorien machen die Runde, nach denen das Schulforum der Verlegung einer gesamten

---

[*] *Dennoch würden sie besser schmecken als der widerliche Müll, den man im Rahmen der »gesunden Pause« kaufen kann.*

Kläranlage in den Pausenhof zugestimmt habe. Mit jeder Sekunde erreicht die Verpestung neue Ausmaße, obwohl man kaum glauben kann, dass es überhaupt noch schlimmer geht. Selbst übermotivierte Umweltschützer geben nun zu, lieber in Stuttgarts Innenstadt Feinstaub zu schnüffeln, als diesen Jauche-Albtraum im Schulgang noch eine Sekunde länger zu ertragen.

Endlich wird der Herd des geruchlichen Super-GAUs ausgemacht, welcher sich als Herr O entpuppt, der mit Schweißflecken in der Größe einer Frisbee-Scheibe herumläuft und gerade um die Ecke biegt. Erst einige Minuten nach seinem Verschwinden und intensivsten Lüftungsbemühungen kann man wieder atmen, ohne ein Volllaufen der Lungenflügel mit eitrigem Sekret befürchten zu müssen. Nach der ganzen Aufregung sind alle platt und zu nichts mehr zu gebrauchen, was einen einfachen Schluss zulässt: Offensichtlich gibt es wohl noch eine fünfte Art, um sich in einen Zombie zu verwandeln – fäulnisverbreitende Lehrer, an denen die Erfindung des Deos spurlos vorbeigegangen ist.

50. GRUND

SIE QUÄLEN DICH MIT INTERPRE-TATIONEN UND STILMITTELN

Der Deutschunterricht kann zuweilen eine echte Qual bedeuten. Lehrkräfte bewerten dich nach ihrem Gusto, lassen entsetzlich langweilige Lektüren lesen und korrigieren Aufsätze mit dem Anspruch literarischer Jurys, obwohl sie selbst gerade mal die Gesetzmäßigkeiten der Zeichensetzung überrissen haben.

Besonders gern klingen sie gebildet und haben daher eine gewaltige Schwäche für aufgeblasene Stilmittel, die sie in allen Texten zu finden glauben. Wegen des bereits gesammelten Prestiges gewisser Wortakrobaten meinen Lehrer außerdem, jede Zeile nach vermeintlichen Geheimbotschaften und Interpretationsmöglichkeiten absuchen zu müssen, nur um anschließend mutmaßliche Volltreffer als Beweise für das gewaltige Genie des Verfassers auslegen zu können. So entsteht eine regelrechte Endlosschleife der Lobpreisungen, auch wenn das behandelte Werk zum Genre »nutzlose und kulturbefreite Ergüsse« gehört.

Als Autor von mittlerweile vier (wenn auch nicht hochliterarischen) Büchern (eins davon unveröffentlicht) kann ich glaubhaft versichern, dass Schriftsteller nicht halb so oft versteckte »Messages« in ihre Texte einbauen, wie all die vermeintlichen Schrifttums-Experten es gerne hätten.

Der Klassiker in Bezug auf diesen Sachverhalt dürfte noch immer das Beispiel vom »blauen Vorhang« sein, welches sich auf englischen Facebook-Seiten einer ebenso großen Beliebtheit erfreut wie im deutschsprachigen Raum. Gemäß meiner vorherigen Ausführungen brabbelt der Lehrer irgendein konfuses Zeug und möchte mit allerlei geschwätzigen Umschreibungen darlegen, die dunkelblaue Farbe des Stoffes verkörpere bedeutende Charaktereigenschaften der Hauptfigur. Demnach sei sie Ausdruck ihrer »gewaltigen Depression« und zeige »eindrucksvoll« auf, dass ihr »die Kraft zur Fortsetzung des Lebens endgültig abhandengekommen« sei.

Logischerweise ist das Einzige, was in diesem Raum zu »gewaltigen Depressionen« führt, die lachhafte Plapperei des Dozenten. Von solch aberwitzigen Umdeutungen hätte der Autor nicht mal zu träumen gewagt, zumal er einfach nur bekunden wollte, dass die bescheuerten Vorhänge eben nicht farblos, sondern verflucht noch mal *dunkelblau* waren.

Ein ähnliches Trauerspiel ergibt sich aus der Behandlung unzähliger Stilmittel. Ihrer Verblödung wegen (Anastrophe) versuchen Lehrkräfte nicht, den Schülern das Schreiben wirkungsvoller Texte beizubringen, sondern verwenden – und das muss in aller Deutlichkeit gesagt werden (Parenthese) – sämtliche Kräfte voll und ganz (Tautologie) auf das stupide Auswendiglernen entsprechender Fachtermini (Fachterminus).

Was für ein schwaches, nein, vielmehr katastrophales Konzept (Correctio, Exclamatio)! Niemand kann ernsthaft verwundert sein, wenn es in den Köpfen der jungen Menschen irgendwann rattert und knattert (Onomatopoesie, Reim). Doch der Lehrer zieht stur sein Programm durch, der Lehrer ist überzeugt von sich selbst (Anapher). Kein Argument, kein Elterngespräch und keine Direktorats-Beschwerde kann ihn umstimmen (Anapher, Akkumulation, Klimax).

Was soll man also noch sagen (rhetorische Frage)? Das Leben ist kurz, lang ist die Schule (Chiasmus). Doch irgendwann endet auch sie. Je schneller, desto besser (Ellipse).

ABITUR-VERSAGER

Nach ganzen 50 Kapiteln über dilettantische Lehrkräfte fühlst du dich so, als hättest du gerade deine
in jeder Hinsicht unzureichenden Abiturnoten erfahren. Noch vor wenigen Tagen sollte es Medizin
werden, doch infolge jener ernüchternden Zen-
suren-Bekanntgabe besteht nun sogar Sorge um
die Hilfsarbeiter-Anstellung im 1-Euro-Shop. Du
glaubst, dieses Wut-Level könnte nicht mehr ge-
toppt werden? Warte ab – noch mehr als die Hälfte
meiner Anekdoten liegt vor dir.

SIE WOLLEN »HIP« RÜBERKOMMEN

Die Anführungszeichen, welche das Wort »hip« in der Überschrift umfassen, habe ich selbstverständlich nicht versehentlich so platziert. Vielmehr darf man sie als exemplarische Verdeutlichung des kommenden Sachverhalts interpretieren, der sich wohl mit einem der unangenehmsten Schulmomente überhaupt beschäftigt.

Wenn man mal genauer überlegt, wird nämlich Folgendes klar: Keine Person auf diesem Planeten, die auch nur in die Nähe der ursprünglichen Bedeutung von »hip« kommen könnte, würde ein solch veraltetes Wort jemals in den Mund nehmen. Mal ganz abgesehen von meiner generellen Abneigung gegenüber vermeintlicher Jugendsprache, die ich zuweilen auch als »krebserregend« bezeichne, entlarvt sich ein Lehrer automatisch als »Gammelfleisch«, wenn er mit Ausdrücken wie »hip« ankommt und somit sein Ansinnen unter Beweis stellt, auf Biegen und Brechen modern rüberkommen zu wollen.

Herr T. ist ein Musterbeispiel der eben genannten Kategorie und scheint es darauf abgesehen zu haben, durch Auftritte peinlichster Art hervorzustechen. Gefühle des Fremdschämens können bei seinen an den Tag gelegten Verhaltensweisen ein in jeglichen Belangen transzendentes Niveau erreichen und rufen nicht selten den Wunsch hervor, für immer im Erdboden zu versinken.

Schon wegen gewisser Äußerlichkeiten muss die Frage erlaubt sein, ob Herr T. einfach nur unter einer Störung im für Modebewusstsein verantwortlichen Areal des Gehirns leidet oder schlicht und ergreifend in den Anfangsjahren der 2000er feststeckt. Neben weiten Jeanshosen und Pullovern, die möglicherweise sogar noch aus dem letzten Jahrtausend stammen könnten, ist natürlich auch eine schlecht gestylte Gelfrisur obligatorisch.

Wirklich schwer fallen allerdings seine sprachlichen Unfälle ins Gewicht. »Deine Leistungen waren in letzter Zeit richtig porno …

Da kannst echt mal abhotten am Wochenende!«, lobt er beispielsweise einen Achtklässler, der sich umgehend durch den Pinselhaarschnitt streicht, um die aufkommende Verlegenheit zu kaschieren.

Die Mitternachtsformel findet Herr T. »echt knorke«, wobei es ihm aber »wayne« ist, ob man nun diese verwende oder doch lieber auf quadratische Ergänzung zurückgreife. Zur Beschreibung neuartiger Technik, unter die beispielsweise Dokumentenkameras fallen, ist sein Fundus blamabler Vokabeln ebenso geeignet wie zur Kommentierung richtiger Antworten: »Yo, yo, yo! Deine Solutions hau ich mit diesem groovy Teil gleich mal an die Wand!« Wenigstens hören auch solche Stunden irgendwann auf – wobei es zu betonen gilt, dass der Unterricht stets mit einem beschwingten »Tschüssikowski ihr Flachzangen!« endet.

Als Herr T. irgendwann von einer Schülerin auf die Wirkung seiner Gewohnheiten angesprochen wird, verbessert sich die Qualität der Lehre für einige Wochen merklich. Im Glauben, dem umherwandelnden Tinnitus endgültig die Grenzen des guten Geschmacks aufgezeigt zu haben, verläuft alles in seliger Harmonie, und du schöpfst tatsächlich Hoffnung, nach langem Leiden Zeuge ordentlicher Unterrichtseinheiten zu werden. Doch wie es immer so schön heißt, soll man das Schuljahr nicht vor Ferienbeginn loben. Es stellt sich heraus, dass der abstruse Typ jede freie Minute in umfassende Recherchen gesteckt hat, um aktuelle Geschwüre der sogenannten »Jugendkultur« ausfindig zu machen.

So kommt es, dass er irgendwann mit den Worten »Halo, i bims, 1 Mathelehrer« hereinschneit und über den anstehenden Test referiert. »Die School-Aufgabe wird vong Neicigkeit her eher low level … Schwierigkeit: Over 9000. Das werden einige vong euch mit 1 nicem Refarat compensaten müssen … lol!«

Jeden, der nach diesem entsetzlichen Einstieg nicht auf psychiatrische Behandlung angewiesen ist, möchte ich im Namen normal denkender Menschen zu seiner mentalen Widerstandskraft beglückwünschen.

52. GRUND

SIE BENÖTIGEN BEIM NUSCHELN IHRE LÖSUNGEN

Es ist ein ganz normaler Schultag im März, als ihr wieder einmal im Klassenzimmer einkehrt, um die leider verpflichtenden Stunden Analysis über euch ergehen zu lassen. Du und die meisten deiner Mitschüler seid an langweiligen Koordinatensystemen und nervigen Graphen-Berechnungen ebenso interessiert wie an täglichen Reislieferungen in China, was summa summarum nicht nur mangelnde Begeisterung bei Stundenbeginn, sondern sogar frustrierte Stöhn-Laute zur Folge hat.

Frau B., die nur allzu häufig selbst über ihre bescheuerten Aufgabenstellungen stolpert, sieht das natürlich gänzlich anders und begrüßt den deprimierten Haufen mit einem leisen »Guten Morgen«. Das Wort »leise« benutze ich im hiesigen Kontext ganz bewusst, denn erst nach fünf Minuten hat sich auch in der letzten Reihe herumgesprochen, dass der Unterricht bereits am Laufen ist.

Über die Dokumentenkamera projiziert eure Mathelehrkraft erste Aufgaben an den Leinwandbereich und erklärt alsdann, welche Teile davon zu erledigen seien. Auch dies erfolgt in einem Bereich zwischen 0,5 und einem Dezibel – mit dem Ergebnis, dass die Schüler untereinander besprechen müssen, was Frau B. denn aufgetragen haben könnte.

Vorne sitzende Personen kommunizieren vermeintlich weiterführende Informationen nach hinten weiter, sodass wie beim Spielen von »Stille Post« letztendlich herauskommt, der Hausmeister reibe in seiner Freizeit gerne an Avocados. Wegen der aufkommenden Unsicherheit steigt die allgemeine Lautstärke enorm, sodass man in den Visualizer genuschelte Anweisungen umso weniger versteht und sich der Zustand planloser Chaotik selbst verstärkt.

Nach geschlagenen 25 Minuten wird endlich die vollständige Natur des Auftrags offensichtlich, was aber in Ansehung der bereits beginnenden Korrektur nicht mehr wirklich von Bedeutung ist. Außer einer besonders talentierten Klassenkameradin weiß niemand, wie er den verlangten Schrott berechnen soll; vielmehr starren alle verzweifelt nach vorne, wo Frau B. jegliche Nachfragen mit der Aussage abwiegelt, sie würde »ohnehin gleich alles erklären«.

Was das bedeutet, wird sogleich offenbar: Nach eineinhalb DIN-A4-Seiten abzuschreibendem Zahlensalat stellt die personifizierte Inkompetenz schließlich ihr Geflüster ein und erzeugt somit gewissermaßen das Gegenteil einer schallgewaltigen Explosion. Alle glotzen ihr weiterhin in erwartungsvoller Spannung entgegen und bewirken dadurch eine unbeschreibliche Atmosphäre. Während der einzelne Schüler aufgrund der aufgekommenen Stille beinahe seinen eigenen Herzschlag zu hören vermag, fängt Frau B. neben ihrer Dokumentenkamera an, leise vor sich hin zu fluchen.

»Irgendwo muss da ein Rechenfehler drin sein!«, meint sie schließlich mit zu erahnender Frustration und beginnt anschließend, das gesamte vollgekritzelte Blatt auf Mangelhaftigkeiten zu überprüfen. Jenes Desaster verschlingt weitere 20 Minuten der Stunde und endet in der Bestätigung aller Schüler, die schon zuvor angenommen hatten, nicht einmal Lehrer wären nach ihrem ellenlangen Studium zur Bewältigung derart schwachsinniger Aufgabenstellungen in der Lage.

Kurz vor Unterrichtsschluss zieht Frau B. dann den längst benötigten Lösungsbogen heraus, welcher vermutlich nicht nur lauter sprechen, sondern auch besseren Unterricht machen würde als sie selbst. Der Fehler steckt – wie die zum Lehren völlig ungeeignete Frau erneut vor sich hin nuschelt – natürlich schon in der ersten Zeile, sodass die ganze Arbeit des langwierigen Abschreibens umsonst gewesen ist. Endlich klingelt es.

»Auf Wiedersehen, bis zum nächsten Mal!«, meint sie gegen Ende, was aber im »tosenden Lärm« eines zuklappenden Schulbuchs untergeht.

SIE ORGANISIEREN WAHLKURSE

Spätestens mit dem Netflix-Debüt der Serie *Thirteen Reasons Why* (*Tote Mädchen lügen nicht*) im Frühling 2017 haben Filmemacher die US-amerikanische Highschool-Landschaft wieder zum Thema im Ausland gemacht. Neben dem eher deprimierenden Ablauf des Geschehens fällt einem in der meines Erachtens sehr guten Produktion wie auch in vielen vergleichbaren Jugendformaten auf, dass sich das Schulleben in Amerika deutlich von unserem unterscheidet.

Während hierzulande jeder froh ist, wenn er den Schrottladen endlich verlassen kann, um sich nachmittags seinen Hobbys und Freundschaften widmen zu können, kreist bei den Amis scheinbar die ganze Existenz um den Schulverband. Freilich bedeutet dies nicht einen massiven oder gar ausschließlichen Fokus auf akademische Belange – vielmehr liegt jene zentrale Stellung der Ausbildungsstätten an mannigfaltigen Möglichkeiten jenseits des Unterrichts, die weit über das hinausgehen, was am durchschnittlichen Alfons-Blödsack-Gymnasium in Deutschland angeboten wird.

Neben klassischen bis klischeehaften Aktivitäten in Schülerzeitungs-Redaktionen und Jahrbuch-Teams ist auch Musik ein fester Bestandteil solcher »extra-curricular-activities«, als deren größte Ableger natürlich unterschiedliche Schulsportarten gelten dürfen. Anders als bei uns haben Auswahlverfahren für entsprechende Mannschaften beinahe schon rituellen Charakter, weil eine Beteiligung am Basketball- oder Football-Team der Schule nicht nur extrem prestigeträchtig ist, sondern gegebenenfalls auch die Chance birgt, für Stipendien an normalerweise unbezahlbaren Colleges auserwählt zu werden.

Langer Rede kurzer Sinn: Derart gemeinschaftsstiftende Momente, wie sie in Highschool-Trash-Filmen im Rahmen bereits genannter Sonderkurse gezeigt werden, habe ich in Deutschland zeit meines Lebens vermisst. Es muss ein tolles Gefühl sein, zusammen mit Lehrern und Klassenkameraden auf das nächste Football-Match hinzufiebern und über die Jahre eine spürbare Identifikation mit *seiner* Schule aufzubauen.

Davon kannst sicher auch du ein Lied singen, denn die meisten Wahlkurse, welche im Reich des kultusministerialen Qualitäts-Limbos angeboten werden, verfügen über das Spaßpotenzial pubertärer Akne-Krater. Herr R kann natürlich nicht auf elitäre Ausmusterungsrichtlinien setzen und muss bei seinem Baseball-Team froh sein, dass sich überhaupt ein paar vereinzelte Loser zu den nachmittäglichen Sondersportstunden einfinden.

Einen schweren Rückschlag erleidet die dilettantische Vereinstruppe, als trotz unzähliger Durchsagen und Ankündigungsplakate gerade mal zwei Personen zur mühsam vorbereiteten »Fähigkeits-Demonstration« erscheinen. Davon ist eine aufgrund ihrer sadistischen Veranlagung nur gekommen, um das hässliche Fritzchen auszulachen, während die andere fälschlicherweise davon ausging, es gäbe kostenloses Essen. Noch nicht einmal die Eltern der beteiligten Schüler interessieren sich für das von Herrn R. organisierte Rumgehampel, wobei jene Begebenheit in Zeiten von Brotzeitbox-bringenden Hochleistungsmüttern echt was heißen muss.

Nach einem Tage später folgenden Hodenschuss, der mangels adäquater Schutzausrüstung zum Fall für den Notarzt wird, stellt die Schulleitung den Modellversuch »Baseball« endgültig ein.

Ähnlich läuft es in anderen Wahlkursen, wobei an dieser Stelle exemplarisch der Fotografie-Lehrgang genannt sei. Dessen Scheitern geht aber vornehmlich darauf zurück, dass schon nach wenigen Wochen niemand mehr bereit ist, sich für verwackelte Aufnahmen oder partielle Unschärfe als »intelligenzbefreiter Flachwichser« bezeichnen zu lassen. Tja – auch Freizeit ist eben harte Arbeit.

54. GRUND

SIE LEITEN DIE SCHÜLERZEITUNG

Der Abschnitt über Schülerzeitungen mag nahe mit dem vorangegangenen Kapitel verwandt sein, beschreibt aber ein derart verheerendes Thema, dass man ihm abseits »normaler« Wahlkurse Platz einräumen muss. Gerade Leute mit schriftstellerischen Ambitionen sollten einen weiten Bogen um solche »Redaktionen« machen, in denen sich mehr seltsame Menschen herumtummeln als am Hauptbahnhof.

Herr Z., der gemäß unserer Feststellung, dass Lehrer Talent in jedem Idioten wittern, davon ausgeht, von großartigen Nachwuchsjournalisten umringt zu sein, leitet den Kurs mit gewaltiger Inbrunst und versucht immer wieder, neue Leute für das Schreiben belangloser Artikel zu begeistern.

Doch Moment, erst mal alles zurück auf Anfang! Aus den glorreichen Erzählungen meines sehr geschätzten Vaters weiß ich, wie man Schülerzeitungen vor knapp 40 Jahren geführt hat: Sie galten als Ausdruck der Kreativität und hatten nicht selten die Aufgabe, vermeintlichen oder tatsächlichen Fehlentwicklungen an der Bildungsstätte entgegenzuwirken.

Als Sprachrohr junger Leute beinhalteten sie häufig Artikel, die eben nicht stromlinienförmig an die Dogmen der Schulleitung angepasst waren. Stattdessen boten jene Texte – selbstverständlich mit der Begleiterscheinung gelegentlicher Reibungen – nicht nur einen beträchtlichen Unterhaltungswert, sondern wurden auch fleißig zur Beeinflussung des schulinternen Klimas genutzt. Niemand wäre damals auf die Idee gekommen, einen Lehrer um Erlaubnis oder gar um Hilfe zu bitten, wenn es um die Publikation der neuesten Ausgabe ging.

Heute sieht das schon etwas anders aus. Herr Z. hat bereits relativ zu Beginn der Unternehmung sämtliche kritische Köpfe aus dem Team herausgeekelt, sodass nun nicht mehr mit Berichten gerechnet werden muss, die Restbestandteile von Sarkasmus oder gar zynische Bemerkungen über Fantasie-Personen enthalten, von denen selbstverständlich jeder weiß, wer gemeint ist.

Stattdessen thront jetzt Larissa, die an so schwerer Verblödung leidet, dass sie selbst nach zwei Jahren Informatik noch am Einstellen der Schriftgröße in Microsoft Word scheitert, auf dem Sessel des »Chefredakteurs«. Ihr literarischer Geschmack richtet sich weniger an Nietzsche und Aristoteles denn an unterirdischen Boulevard-Magazinen aus, was ihrer selbstgefälligen Art natürlich keinen Abbruch tut. Von sich selbst eingenommen, bestimmt das Mädchen über alle Inhalte der Ausgaben, lässt richtige Arbeit aber von arschkriecherischen Vasallen erledigen.

Was dabei herauskommt? Abgründe, die jeglicher Beschreibung spotten. Anstatt erbärmliche Beschlüsse des Schulforums zu kritisieren oder eine Parodie auf die neueste Rede des narzisstischen Rektors zu veröffentlichen, bei der man sich vor Lachen beinahe in die Hose macht, gibt es ein »Quiz« mit Babyfotos verschiedener Lehrkräfte, mehrere aus Wikipedia kopierte Seiten über das antike Rom und schwachsinniges Gelaber im Stile eines Elternbriefes, das in unbeschreiblich langwieriger Manier über die Ergebnisse irgendeiner überflüssigen Idioten-Kommission informiert.

Leider ist das halbgare Heft nicht nur mit schier unendlichen Mengen Blödsinn gefüllt, sondern kommt auch sprachlich kaum über das Niveau einer logopädischen Selbsthilfegruppe hinaus. Würde man zu den Rechtschreib- und Zeichensetzungsfehlern noch Wortwiederholungen und syntaktische Totalausfälle hinzurechnen, hätte Sisyphos gute Chancen, seine von Hermes aufgetragene Arbeit vor dem Ende jener Zählung abzuschließen.

Denkt man an die Zukunft des Journalismus, läuft es einem eiskalt den Rücken hinunter – es kann daher nur von Vorteil sein, sämtliche Zeitungs-Abonnements zu kündigen, ehe einem von Herrn Zs Schützlingen die Unterwanderung der Medienbranche gelingt.

55. GRUND

SIE BRINGEN EINE KLUGSCHEIßENDE MORALAPOSTEL-GENERATION HERVOR

Mit diesem Kapitel laufe ich wissentlich Gefahr, meine Reputation bei einigen Lesern aufs Gröbste zu lädieren. Leider gibt es Dinge, die ungeachtet des möglicherweise erweckten Eindrucks, meine Person sei ein menschgewordener Riesenafter, einfach mal gesagt werden müssen.

Im Kapitel über den schändlichen Veggie-Day wurde der neue Typus moralischen Übermenschentums bereits angeschnitten, was gemessen an seiner Verbreitung in der Schullandschaft des Jahres 2018 aber kaum ausreicht, um den gewachsenen Einfluss infantiler Hyper-Dummschwätzer aufzuzeigen. Wie bei jeglichen Formen des Extremismus existieren auch hier diverse Untergruppen, die füreinander nur Hass übrig haben, jedoch allesamt Unfehlbarkeit für sich beanspruchen und gemessen an ihrer Militanz nur wenige Verschiedenheiten aufweisen.

Unterstützt werden solche Spinner von Frau I., die sich eher mit ihrem Jutebeutel erhängen würde, als Schülern kritisches Denken beizubringen. Stattdessen hat die ausdrückliche Populismus-Gegnerin zu jedem weltpolitischen Thema ein aus acht bis zehn Wörtern bestehendes Statement parat, welches dem Gegenüber komplexeste Sachzusammenhänge aufzeigen soll.

Egal, ob es um Migrationsbewegungen, den Klimawandel oder die Schwermetallverarbeitung in Tadschikistan geht, kann Frau I.

als »Expertin« konsultiert werden. Das Resultat sind dann bahnbrechende Sätze wie »Atomkraft ist schlecht« oder »Konservatismus bedeutet Nationalismus«, wobei es sich von selbst versteht, dass alle Andersdenkenden mit indirekten oder auch mal unmittelbaren Schmähungen überzogen werden müssen.

Ihre Attitüde zieht selbstverständlich nicht nur Kritiker, sondern auch glühende Verehrer an: Hannelore beispielsweise gehört zum Kreis eifriger Tierschützer, was an sich natürlich als lobenswertes Engagement Beachtung finden sollte. Leider darf es zu den Markenzeichen moralisch überhöhter Weltverbesserer gezählt werden, dass ihre Argumentation mehr Löcher hat als Schweizer Käse.

So bezeichnet das Mädchen Forscher gerne als »Mörder«, wenn von Tierversuchen die Rede ist, frisst aber bei jedem kleinen Schnupfen allerlei Antibiotika, auf die sie dann doch nicht verzichten möchte.

Ganz allgemein wundert man sich bloß noch, woher die neue faschistoide Gesinnung in den Köpfen junger Leute kommt. Ohne ein einziges Haar am Sack oder gar Lebenserfahrung vorweisen zu können, wedelt der Schüler von heute eifrig mit dem Zeigefinger und geht allen Menschen mit seinem bedeutungslosen Geschwätz auf die Nerven. Je nach Ausrichtung und Tagesform möchte der Tugendwächter mal das, mal jenes verbieten lassen – natürlich derart dem ausgeuferten egozentrischen Weltbild verhaftet, dass er tatsächlich davon ausgeht, irgendjemand würde den stupiden Verbalausscheidungen Aufmerksamkeit schenken.

Ginge es nach Willi, gäbe es in Deutschland unter anderem schon keine Zigaretten mehr, denn die findet er ganz ganz böse. Cannabis hingegen sollte erlaubt sein; allein schon deswegen, weil er das so empfindet. Fast möchte man dem bemitleidenswerten Lauch die Grundidee der Demokratie erläutern, doch dafür ist er wahrscheinlich ohnehin zu bekifft.

Man verstehe mich hierbei bitte nicht falsch: Freilich ist das Streben nach positivem Fortschritt für die Welt ein unzweifelhaft ehrenwertes Ansinnen. Allerdings – und das begreifen die meisten Moralapostel zeit ihres Lebens nicht – haben verschiedene Menschen unterschiedliche Auffassungen über den Begriff jenes »positiven Fortschritts«. Diskussionen müssen geführt und Argumente ausgetauscht werden, ehe ein gesellschaftlicher Konsens neue Konventionen einführt oder alte ad acta legt.

Dies funktioniert jedoch nur, wenn es keine besserwissenden Utopisten gibt, die den Ausgang solcher Debatten schon vor deren Beginn voraussagen können, weil sie schlicht zu stur sind, um sich in eine konträre Sicht hineinzudenken. Politik over.

56. GRUND

SIE WOLLEN, DASS DU VERHUNGERST

Wegen der neuerdings eingeführten »Lehrerpause« können unsere überwiegend arbeitsscheuen Mitmenschen nur noch während gesondert ausgewiesener Zeiten konsultiert werden.

Um ein Handout für das anfallende Fachreferat abzugeben, versuchst auch du, dir einen Weg durch schier nie endende Schülermassen zu bahnen, die so entschlossen auf den Raum zusprinten, als befände sich hinter der Tür das Heilmittel für einen Zombievirus. Normalerweise würden sich die Bittsteller ja auf verschiedene Pausen verteilen, was seit der Einführung des Verbots logischerweise nicht mehr möglich ist. Die belagerten Dozenten werden vom ausdauernden Ansturm natürlich trotzdem überrascht.

Als man deinen guten Kumpel Jamal zum dritten Mal anrempelt und durch erste, wieder zurück in den Pausenhof gehende Personen endgültig Chaos ausbricht, meint dieser, selbst die Umrundung der Kaaba sei verglichen mit dem hiesigen Durcheinander ein Leichtes gewesen, was hinsichtlich der gewaltigen Menschenmassen in Mekka durchaus etwas heißen muss.

Bis auch du endlich die gewünschte Lehrkraft gefunden hast und ihr den vermaledeiten Zettel in die Hand drücken konntest, vergehen sage und schreibe 22 Minuten, was bedeutet, dass die nächste Stunde zum Zeitpunkt deiner Ankunft schon in vollem Gange ist.

»Aha! Woher kommen Sie denn, gnädiger Herr?«, fragt Frau K. mit gewohnt provokanter Stimme, erhält aber nicht von dir persönlich, sondern von einem für lange Zeit ignorierten und damit überaus bemitleidenswerten Organ ihre Antwort: Dein Magen knurrt in der Lautstärke sich paarender Blauwale, was beinahe den Boden vibrieren lässt und sogar bei gigantischen Spaßbremsen lautstarkes Gelächter hervorruft.

Ans Essen war im Zuge der vorangegangenen Odyssee natürlich nicht zu denken, was es nun schleunigst nachzuholen gilt. Weil jeder um die stets gewaltige Kiosk-Warteschlange weiß, hast du dieses Mal selbst etwas zu futtern mitgenommen, was dir nun zum Verhängnis wird: Als Frau K. das saftige Sandwich mit frischsten Zutaten in einem wundervoll symmetrisch geformten Brot erblickt, befiehlt sie, es umgehend wieder im Rucksack verschwinden zu lassen. Sofort kommt die Frage auf, ob jene miesepetrige Schreckschraube nun von allen guten Geistern verlassen wurde, beziehungsweise was sie gegen den Verzehr einer normalen Schnitte haben könnte.

Wachsen ihre titanenhaften Fettpolster nur vom Ansehen fremder Nahrungsmittel oder liegt diese Maßnahme an bislang unbekannten Flüchen des Krümelmonsters? Nein – Frau K. nennt »Höflichkeit« als Grund für die prohibitive Haltung in Bezug auf Essen und lässt dabei außer Acht, dass sie dir heute noch nicht einmal einen guten Morgen gewünscht hat.

Auch sonst kann man über ihr Verbot nur müde lächeln. Was ist mit Joel, der in der letzten Reihe fröhlich kippelt und seine Füße zu Entspannungszwecken auf dem Tisch ablegt? Oder mit Meike, die statt ihres Schulzeugs lieber unzählige Schminkutensilien hervorholt? Solches Fehlverhalten scheint im Gegensatz zu deinem frevelhaften Betragen aber kaum ins Gewicht zu fallen.

Man kann nur hoffen, dass Frau K. Genugtuung darin findet, einem Schüler über 90 Minuten beim Hungern zuzusehen. Sie selbst hatte ja während der Lehrerpause genug Zeit, um sich den Wanst vollzuschlagen.

57. GRUND

SIE UNTERRICHTEN WTG (NICHT)

Zu Beginn dieses Kapitels erscheint mir der Einbau einer Quizfrage als überaus passend: Was zur Hölle bedeutet die oben erwähnte Abkürzung »WTG«?

Wichtig-Tuer-Gremium: Besonders an Gymnasien lässt man keine Gelegenheit aus, um ein nichtssagendes Gremium ins Leben zu rufen. Obwohl die Ergebnisse zumeist der Kategorie »enttäuschend« zuzuordnen sind, wird man noch in 100 Jahren an die Zusammenkünfte minderqualifizierter »Schulrepräsentanten« glauben, welche sich – wenn nötig – auch mit der Konsistenz von Kuhfladen herumschlagen würden, nur um irgendeinen Blödsinn diskutieren zu können.

Wurst-Theken-Grantler: Normalerweise bedienen zwei Damen am Kiosk, deren harmonische Zusammenarbeit wie ein Leuchtturm im Ozean grenzenloser Inkompetenz erscheint. Erstaunlicherweise vollbringen sie es sogar, in friedlicher Koexistenz mit dem stets herumnörgelnden Direktor zu leben. Leider gibt es auch noch den eher unleidlichen Kollegen, der immer dienstags und donnerstags einspringt. Dieser korpulente Ur-Bayer besitzt die Freundlichkeit eines Zerberus und bellt mit seinem feurigen Weißbieratem jeden an, der für das Einstecken des Wechselgelds mehr als zwei Sekunden benötigt.

Welt-Tennisarm-Gemeinschaft: In früheren Zeiten stellten Aristokraten ihre gesellschaftliche Überlegenheit durch Aktivitäten wie Reiten und Fechten heraus. Heutzutage fahren sie mit einem fetten SUV zum Golfen oder vergnügen sich auf dem Tennisplatz. Dafür haben auch Lehrer der Fachschaft Wirtschaft mehr als genug Zeit, wenn sie nachmittags wieder einmal auf die Korrektur von Arbeiten verzichten. Sprüche wie »Zeit ist Geld« dürfen hinterher bei einem geschmeidigen Radler natürlich trotzdem nicht fehlen.

Das war natürlich alles Blödsinn. Bei WTG handelt es sich um den überaus beliebten Unterricht »Werken/textiles Gestalten«, der vornehmlich in Grundschulen abgehalten wird, allerdings auch andernorts zur gängigen Praxis gehört. Dabei erlernen Kinder und Jugendliche handwerkliche Fähigkeiten, die ihnen im Zeitalter bildschirmgebräunter Bürohengste sonst niemand mehr vermitteln kann.

In den von Hauptfachlehrern als »Bastelstunden« verschrienen Einheiten darf man sich entweder in das Leben von Kids aus Bangladesch hineinversetzen und seinen Schrott in einem einsturzgefährdeten Gebäude selbst zusammennähen oder aber diverse Billigmaterialien zu »Andenken« verarbeiten, die in Sachen Qualität kaum unterboten werden können.

Gelegentlich besteht dann sogar die Möglichkeit, medizinische Grundkenntnisse zu erwerben: Erst heute hat sich der tollpatschige Michael mit einem viel zu schweren Hammer dermaßen brutal auf den Finger gedroschen, dass er froh sein muss, ihn überhaupt noch bewegen zu können. Frau G., die eure Gruppe unterrichtet und in deutlich härteren Zeiten aufgewachsen ist, nutzt jene tiefblau (oder doch grünlich?) anlaufende Extremität kurzerhand aus, um auf das richtige Mischverhältnis von kalten Farbtönen aufmerksam zu machen. Nach der öffentlichen Zurschaustellung seiner Verletzung darf Michael dann weiterschuften – die Arbeit soll schließlich zu herausragenden und überaus kreativen Ergebnissen führen.

Oder mit anderen Worten: Ergebnisse, so brennend und pochend wie der halb abfallende Finger. Wie heißt es immer so schön? Das Handwerk hat goldenen Boden – wohl aber nur für Menschen mit entsprechendem Talent.

58. GRUND

SIE FUNGIEREN ALS PAUSENAUFSICHT

Über die teils bescheuerten Pausenregelungen habe ich mich schon vorher lustig gemacht. Dabei sollte man freilich nicht vergessen, dass das Direktorat ohne den bereitwilligen Dienst seelenloser Vasallen kaum dazu in der Lage wäre, seine hirnrissigen Verordnungen durchzusetzen. Und weil Reflexionsvermögen leider nicht zu den größten Stärken durchschnittlicher Menschen gehört, gibt es tatsächlich immer wieder Kollegen, die sich auf das von oben verordnete Niveau-Limbo einlassen, wenn sie mal damit aufhören, wie Tratschtanten auf dem Schulhof herumzugammeln.

Pausenaufsichten schreiten in der Regel nur dann ein, wenn es vollkommen unsinnig ist, nur um dann wenig später bei tatsächlich kritischen Situationen wie gelähmt dazustehen und den Idioten zu spielen. Das Vorhandensein jener Eigenschaft beweist auch Frau F., an die sich Fridolin aus der fünften Klasse vertrauensvoll wendet. Angesichts des Umstands, dass wirklich jemand auf den Gedanken kommt, ihre Unterstützung in Anspruch zu nehmen, verschluckt sie sich so heftig an ihrem Kaffee, dass beinahe eine weitere »Pausen-Wache« zu Rettungszwecken anrücken muss.

Etwas genervt bereut Frau F., vor ihrer Studienwahl nicht auch die Zeit zwischen den Ferien berücksichtigt zu haben, während sie den Pimpf zum »Ort der Katastrophe« begleitet. Schließlich zeigt dieser mit ausgestrecktem Finger auf einige Schüler weiter drüben und meint grimmig, diese würden ihn und andere Klassenkameraden mit einer Digitalkamera fotografieren, ohne um Erlaubnis zu bitten. Entrüstet dreht sich die Lehrkraft für einen Augenblick weg und erweckt dadurch den leider nur sehr kurzen Eindruck, sie wäre tatsächlich an der Wiederherstellung von Gerechtigkeit interessiert. Stattdessen grunzt Frau F. den kleinen Fridolin an und meint, »er solle sich nicht so haben«. Das Fotografieren, sagt sie, »tue ihm schließlich nicht weh«.

Nach dem Ignorieren einer theoretisch strafbaren Persönlichkeitsrechtsverletzung begibt sich die hilfreiche Pausenaufsicht zurück zum Ausgangspunkt des Geschehens und schimpft über ihr kalt gewordenes Getränk. Hauptsache, man kann wenige Wochen später guten Gewissens die Datenschutzerklärung an die Eltern herausgeben und sich damit brüsten, eine Schule mit hohen Standards zu repräsentieren.

Während die Schreckensgarde des Rektors also damit beschäftigt ist, zukünftigen Spannern, Mobbern und sonstigen Idioten möglichst angenehme Rahmenbedingungen zu bereiten, bleibt immer noch genug Zeit zur Verhinderung jeglicher spaßbringender Aktivitäten. Fußballspielen mit einem Softball bleibt somit verboten, weil es »aufgrund mangelnder Abgrenzungen zu Verletzungen kommen könnte«.

Selbstverständlich darf es auch keine Amnestie für zehnjährige Jungs geben, die sich irgendwann vor lauter Langeweile im freundschaftlichen Ringkampf messen. Etwas weiter hinten spielt sich eine ähnliche Szene ab: Anstatt das außer Kontrolle geratene Pubertier aus der 7c vom Anspucken einer Klassenkameradin abzuhalten, kümmert sich Herr A. lieber um friedliche Oberstufenschüler, die sich auf der gegenüberliegenden Straßenseite eine Zigarette angezündet haben.

Wir merken uns: Was der Polizei so häufig vorgeworfen wird, trifft vielmehr auf Lehrkräfte zu – sie sind nie da, wenn man sie braucht, erscheinen dafür aber umso öfter, wenn man lieber dem Beelzebub höchstpersönlich über den Weg laufen würde.

SIE SIND FÜR DIE SCHULBIBLIOTHEK VERANTWORTLICH

Was haben Schulbibliotheken mit öffentlichen Bücherschränken gemeinsam? Überraschend viel, wie ich bei meinen Überlegungen feststellen konnte. Beide Orte dienen unterschiedlichsten Menschen als Deponie für nicht mehr benötigten Abfall, von dem man in aller Regel fälschlicherweise annimmt, irgendein anderer könnte noch etwas damit anfangen.

Ferner schaltet sich der Staat weder im einen noch im anderen Fall ein, obwohl man eigentlich davon ausgehen sollte, dass sein Interesse zumindest die ausreichende Ausstattung von Schulbibliotheken umfasst. Doch spätestens seit dem völlig geisteskranken Großprojekt »Elbphilharmonie« ist klar, dass man Steuergelder lieber in perverse Prestigebauten als in die Bildung seines Pöbels steckt.

Führt man jenen Gedanken mal auf überspitzte Weise fort, kommt unweigerlich die Frage auf, ob wir in 50 Jahren Zeuge einer Generation werden, welche aufgrund allgemeiner Verblödung nicht mehr zur Nutzung solch mühsam errichteter Musiktempel befähigt ist.

Aber nun zurück zur Schulbibliothek: Zunächst einmal gilt es, den wie immer rudimentären Entwicklungsgrad der Institution zu bekunden, die auch 20 Jahre nach Schulgründung noch in ihren Kinderschuhen steckt. Wer sich also tatsächlich mit der überwiegend schäbigen Teenie-Literatur herumschlagen oder die Hilfe des Dudens beanspruchen möchte, kann dies nur montags und dienstags tun, denn an allen anderen Tagen ist der ansonsten ungenutzte Raum so verschlossen wie ein Banktresor.

Obwohl erstens niemand Interesse an dem dort ausliegenden Schrott hat und es zweitens auch nicht allzu dramatisch wäre, wenn tatsächlich ein Exemplar der Serie *Grusel-Liebe: Annemaries Bekenntnis* fehlen würde, fürchtet der Rektor um den ohnehin schon geringen Bücherbestand.

Seit Beginn dieses Schuljahres dürfen mit dem heiligen Schulstempel markierte Titel (also alle) konsequenterweise auch nicht mehr ausgeliehen werden, sodass verzweifelte Sechstklässlerinnen nun während ihrer Pausen herausfinden müssen, wann Annemarie in der billigen *Twilight*-Kopie vom geistig armen Vampir-Stecher gebissen wird. Dabei lässt sich nur erahnen, dass Blut auf Dauer nicht die einzige ausgetauschte Körperflüssigkeit bleibt – das jedoch nur am Rande.

Und dann gibt es da noch Frau B., die in Sachen Sozialkompetenz selbst von einem autistischen Archiv-Bibliothekar in den Schatten gestellt wird. Sie überwacht an beiden Öffnungstagen das reibungslose Ablaufen jener bildungsfernen Tragödie. Obwohl der literarische Inhalt des Zimmers eher Assoziationen mit den Begriffen »Wertstoffhof« und »Toilettenpapier« impliziert, handelt es sich immer noch um eine Bibliothek, die bestimmte Regeln voraussetzt.

Selbstverständlich hat Frau B. größtes Interesse an deren Einhaltung, sodass sie bei jedem Mucks wie eine Furie ausrastet und »Ruhe« brüllt, was natürlich ebenso paradox ist wie der Versuch, mit Dunkelheit Licht zu erschaffen. Für viele Schüler stellt die alte Schreckschraube den finalen Anreiz dar, um endlich ihren Ausweis in der lokalen Stadtbücherei zu beantragen.

´ Noch ein Geheimtipp an dich: Sollte deine Schulbibliothek ebenfalls einer schriftstellerischen Müllhalde gleichen, solltest du ernsthafte Maßnahmen zu ihrer Rettung ergreifen. Man könnte beispielsweise damit beginnen, zehn Exemplare dieses Buches zu kaufen und in grenzenloser Großzügigkeit an den Direktor zu spenden. Nicht nur der wäre sehr dankbar …

SIE INTERESSIEREN SICH NICHT IM GERINGSTEN FÜR DEINEN BACKGROUND

Immer wieder zeigen verschiedene Studien, dass die Bildungsgerechtigkeit in Deutschland trotz intensivierter Bemühungen massiv zu wünschen übrig lässt. Kinder aus bildungsfernen Schichten haben demnach größte Schwierigkeiten beim sozialen Aufstieg; ganz ähnlich verhält es sich mit dem Nachwuchs von Einwandererfamilien. Warum? Diese mangelnde Chancengleichheit geht auf mannigfaltige Ursachen zurück, bei denen es durchaus schwierig sein dürfte, die wichtigste herauszufiltern.

Einerseits fehlt bei Schülern mit einem solchen Hintergrund häufig die entsprechende Unterstützung durch das Elternhaus. Das muss selbstverständlich nicht im Geringsten am schlechten Willen der Bezugspersonen liegen, sondern kommt oft daher, dass diese ab einem gewissen Bildungsniveau Probleme dabei haben, ihren Sprösslingen bei den Hausaufgaben zu helfen. Wenn dann noch das Geld für teure Nachhilfestunden oder Übungsbücher fehlt, kann das Scheitern eine durchaus wahrscheinliche Folge sein.

Zum anderen kommt man bei Betrachtung von so manchem Lehrer unweigerlich auf die Idee, dass auch dieses Völkchen für allzu ungerechte Zustände mitverantwortlich sein könnte. Denn wenn wir mal ganz ehrlich sind, juckt es die allermeisten von ihnen nicht die Bohne, wer du bist, woher du kommst oder was du gerade durchmachst. Rein theoretisch dürfte gegen eine bloße Erfüllung der Berufspflicht nichts einzuwenden sein – denn kein Dozent muss im Rahmen seiner Arbeit Seelenklempner oder Ersatzmama spielen. Selbstverständlich ist es erlaubt, den Klassenraum zu betreten, ohne einen einzigen Namen zu kennen, nur um ihn dann nach Vollendung des jeweiligen Stoffpensums wieder kommentarlos zu verlassen.

Jener Auffassung liegt jedoch ein ebenso mechanistisches wie unzutreffendes Weltbild zugrunde, das niemand ernsthaft vertreten sollte, der sich der Ausbildung und Führung junger Menschen gewidmet hat. Wir sind in unserem ganzen Wesen mehr als bloß Maschinen, denen man durch die Schule neue Software-Teile hinzufügt. Gerade in dieser Phase kann es nichts Verkehrteres geben, als Kinder und Jugendliche mit den Problemen ihrer individuellen Lebenssituation allein zu lassen.

Weil die Schule – beinahe als Pendant zum späteren Arbeitsplatz – fast die Hälfte des Schülerdaseins ausmacht, hat sie in meinen Augen auch eine Mitverantwortung für das Wohlergehen der solchen. Dementsprechend sollte ein gewisser Grad an Fürsorge neben der Vermittlung von Fachwissen in seiner Wichtigkeit niemals unterschätzt werden.

Keinem Lehrer bricht ein Zacken aus der Krone, wenn er sich gelegentlich nach dem Zustand bestimmter Klassenmitglieder erkundigt oder auf deren Probleme Rücksicht nimmt. Schwachen Schülern mehr Zeit zu widmen als starken ist nicht unfair, denn Gleichheit bedeutet nicht Gerechtigkeit. Wer weiß, was hinter ihrer mangelnden Leistungsfähigkeit steckt?

Nicht immer muss es Faulheit sein – Probleme zu Hause, Liebeskummer, kranke Verwandte und unzählige weitere Gründe könnten den entscheidenden Ausschlag für unzureichende Noten gegeben haben. Die meisten Schwierigkeiten lassen sich lösen – jedoch nur, wenn man die Person vor sich als fühlenden Menschen und nicht als Objekt einer unbelebten Pflichterfüllung begreift.

CHOLERIKER

Dass du es bis hierhin geschafft hast und dich die traurige Wut über miserable Lehrkräfte noch nicht zum Aufgeben zwingen konnte, ringt mir große Anerkennung ab. Nun weißt du, wie sich ein Choleriker fühlt, der tagtäglich nur vor sich hin schimpft und mit nichts mehr zufrieden ist. Der Schulweg? Eine Unverschämtheit. Das Gebäude? Sollte einen Preis für Hässlichkeit gewinnen! Die erste Stunde? Eine verfluchte Zumutung! Ein super Abschluss und viel Geld im Job? Einigermaßen okay. Bist du bereit, Abschied von deiner Lebenszufriedenheit zu nehmen und dich weiteren 10 Anekdoten zu stellen? **Willkommen in Wut-Level VII!**

SIE DEKORIEREN DIE AULA

Nur wenige Menschen werden sich bis zum jetzigen Zeitpunkt Gedanken über den politischen Charakter ihrer Aula gemacht haben. Was im ersten Moment nach der gewagten These eines gestörten Schriftstellers klingt, erscheint sogleich logischer.

In der Aula finden große Teile des Schullebens statt: Sie bietet genug Platz für die Veranstaltung von Projekttagen und sorgt dafür, dass Schüler ihre Pause während der kalten Wintermonate nicht im Freien verbringen müssen. Neben diesen nach der Auffassung schwitzender Sesselfurzer eher belanglosen Eigenschaften ist sie jedoch auch in besonderem Maße mit repräsentativen Ereignissen verknüpft.

Wo kommen Eltern beim Informationsabend zum ersten Mal mit der neuen Schule in Kontakt? Wo finden Abschlussfeiern, Vorträge und Siegerehrungen statt? Wo gibt es Pressefotos mit vermeintlichen Überfliegern, die man der breiten Öffentlichkeit als Symbol herausragender Ausbildungsqualität unter die Nase reiben will? Richtig – in der Aula.

Weil »wichtige« Personen nur sie und das Direktorat zu Gesicht bekommen, wird man die beiden Räumlichkeiten übrigens auch nie ungeputzt erleben. Jene »Ehrenhalle« lässt sich somit ein bisschen mit dem mittlerweile abgerissenen Präsidentenpalast auf Haiti vergleichen, der durch seinen Prunk vermutlich von armseligen Slumbauten der nächsten Umgebung ablenken sollte.

Da die Aula also von allen Schulbesuchern gesehen wird, ist ihre Dekoration mehr als eine reine, von jedem Idioten zu erledigende Routineaufgabe – man muss sie vielmehr als besondere Auszeichnung vonseiten des Rektorats betrachten. Normalerweise könnte man nun annehmen, schöpferische Aktivitäten fielen generell in den Tätigkeitsbereich angeblich kreativer Kunstlehrer, doch diese Arbeitsteilung gilt nur für alle anderen Bereiche der Schule.

Es kann keinen größeren Prestigegewinn für Einzelperson und Fachschaft geben, als sein während der Stunden zusammengepfuschtes Konglomerat aus verschwendeten Ressourcen im Eingangsareal auszustellen. Bei jeder Umgestaltungsmaßnahme entbrennt ein regelrechter Kampf um innenarchitektonische Feinheiten, in dem Allianzen geschmiedet werden und Freundschaften zerbrechen.

»Spielt man das Spiel um Aulen, gewinnt man oder wird entlassen«, soll Herr O. einst in Anlehnung an ein Cersei-Lennister-Zitat aus *Game of Thrones* gesagt haben.

Tatsächlich fahren die einzelnen Abteilungen schwere Geschütze zur Eroberung der repräsentativen Sphäre auf. Eine Deutschlehrerin stellt mit ihrer Klasse beispielsweise lebensgroße Dichter-Plakate her, anstatt den Kids die Kniffe antithetischer Erörterungen näherzubringen. Voller Freude wird das Projekt auch von der Schulleitung unterstützt, bis schließlich auffällt, dass es aufgrund ungünstiger Befestigungsstrategien so aussieht, als hätten sich die größten Dichter der deutschen Literaturgeschichte allesamt in dieser Aula erhängt.

Nicht viel besser verläuft ein Vorhaben von Herrn Z., der seine Schüler anweist, plastische Figuren aus Draht herzustellen, die symbolisch für alle angebotenen Zweige stehen sollen. Dass ein Großteil der Ergebnisse aussieht wie Sperrmüll, fällt Gott sei Dank nicht auf, weil sie vom Hausmeister an einem Gerüst befestigt und im Deckenbereich angebracht werden.

Leider birgt dies eine andere Gefahr: Wegen der schrottreifen Verarbeitung prasseln regelmäßig Drahtteile auf vorbeigehende Passanten herab. Erst als eine besorgte Mutter übertreibend konstatiert, man fühle sich im Eingangsbereich an die Schützengräben von Verdun erinnert, beendet euer Direktor auch diese Spinnerei. Was kommt als Nächstes? Das kann keiner wissen.

SIE HALTEN SICH FÜR PHILOSOPHIE-EXPERTEN

Laut der Website *Statista* gab es zum Wintersemester 2016/2017 18.467 Studiengänge in Deutschland. Unter zusätzlicher Berücksichtigung der unzähligen Ausbildungsberufe muss man somit zu dem Schluss kommen, dass einem in unserem Land sämtliche Türen offen stehen. Wer sich für die Zusammenhänge des Staatswesens interessiert, kann Politikwissenschaften studieren, fleißige Rechner finden ihren Platz in der Mathematik oder verschiedenen Ingenieurs- und Informatikbereichen; Kreative sind zum Ausleben ihrer Stärken ebenso in der Lage wie knallharte Rationalisten.

Überall vermag man sich zu spezialisieren; Abschlüsse wollen geholt und Fähigkeiten erworben werden. Profis, auf welchem Gebiet auch immer, sind hinsichtlich der Weiterentwicklung unserer immer schnelleren Welt von entscheidender Bedeutung.

Und dann gibt es da noch Frau S., die eine gefühlt zweistellige Anzahl an Fächern unterrichtet und sich anmaßt, als Person unendlichen Wissens nicht die Kenntnisse von 18.467, sondern gleich von zwei Millionen Studiengängen ihr Eigen zu nennen. Bezeichnenderweise umfassen ihre Kompetenzen aber ausschließlich Disziplinen, welche naturgemäß gewaltige Spielräume in Sachen Interpretationsfreiheit aufweisen – hierunter fallen nicht zuletzt Deutsch, Ethik und Psychologie. Während Sokrates mit seinem berühmten Ausspruch »Ich weiß, dass ich nichts weiß« schon sehr früh die eingeschränkten Dimensionen menschlicher Bildung verdeutlichte, ist diese Frau dermaßen von sich überzeugt, dass sie eher nackt die Tartanbahn entlangrobben würde, als zuzugeben, von einem Sachverhalt noch nicht gehört zu haben.

Schon Stephen Hawking, den sie trotz eklatanter Verständnisprobleme stets gerne zitiert, meinte, dass »der größte Feind des Wissens nicht die Unwissenheit [sei], sondern die Illusion des Wissens«. Frau S. tritt stets als Idealverkörperung jener Selbstüberschätzung hervor, was sie auch bei einer philosophisch angehauchten Unterrichtsstunde glanzvoll unter Beweis stellt.

Weil Menschen ihre Gedanken seit jeher um die genauere Bestimmung von »Gut« und »Böse« haben kreisen lassen, muss man nicht allzu lange nach moralethischen Schriften suchen, die sich genau damit beschäftigen. Kant beispielsweise gibt durch seinen auf der Basis »reiner Vernunft« formulierten kategorischen Imperativ recht klare Anweisungen bezüglich eines normativen Handlungsrahmens. Das gelingt ihm aber nur unter Verwendung geschwollener Ausdrücke, welche auch bei bestimmten Besserwissern von größter Beliebtheit sind.

Ein Beispiel: Wäre Kants Glied durch jeden Gebrauch der bildungssprachlichen Formel »a priori« um einen halben Zentimeter gewachsen, hätte er schon nach der »Grundlegung zur Metaphysik der Sitten« einen Penis in der Länge des Amazonas besessen. Auch Frau S. benutzt dieses Wort gerne, allerdings bloß zur Überdeckung ihres allenfalls erschreckenden Halbwissens.

Äußern sich gebildete Schüler zum Thema, fällt man ihnen grob ins Wort, nur um im nächsten Moment weitere bekannte Namen der Philosophiegeschichte hervorzukramen und deren Theorien als hanebüchenes All-inclusive-Paket an den vermeintlichen Klassenraum-Konkurrenten zurückzuschießen.

Wenn gar nichts mehr hilft, stellt die Küchen-Philosophin schließlich ihre Autorität als Lehrkraft heraus und sagt Sachen wie »Da musst du dich noch einmal informieren!« oder »Natürlich ist das so, wie ich es gesagt habe!«, damit auch ja nicht die Gefahr aufkommt, einem Schüler recht geben zu müssen.

»Je kleiner das Sandkorn ist, desto sicherer hält es sich für den Mittelpunkt der Welt« – Nichts eignet sich zur Beschließung dieses Kapitels besser als jener Ausspruch von Marie Freifrau von Ebner-Eschenbach.

Übrigens: Da ich nicht über die grenzenlose Genialität von Frau S. verfügte, musste ich das mir vorher unbekannte Zitat durch eine Google-Suche herausfinden.

63. GRUND

SIE TEILEN SELTEN (STIMMENDE) LÖSUNGEN AUS

Der Mangel an Lösungen gehört zu den Problemen, die wirklich jedem Schüler geläufig sind. Man sitzt zu Hause am Schreibtisch, quält sich abwechselnd mit erklärenden YouTube-Videos und bescheuerten Matheaufgaben, nur um dann den Schluss zu ziehen, dass erst in der nächsten Stunde herausgefunden werden kann, ob die verworrenen Rechnungen tatsächlich gestimmt haben. In meinem ganz persönlichen Fall taten sie das in der Regel leider nicht.

Was brächten ordentliche »Bearbeitungsrezepte« für eine unglaubliche Erleichterung! Abgesehen davon, dass man während der späteren Erklärung häufig schon gar nicht mehr weiß, um was es bei den Hausaufgaben überhaupt ging, ließe sich aufgrund wegfallender Unklarheiten auch einiges an Unterrichtszeit sparen.

Nun könnte die Frage aufkommen, warum Lehrer eine solch panische Angst davor haben, entsprechende Hilfestellungen gleich auf die Rückseite ihrer Arbeitsblätter zu drucken. Meinen sie etwa, Schüler würden dann nur noch abschreiben und keine eigenen Versuche mehr unternehmen, um gegebene Herausforderungen zu bewältigen? Haha, der war gut! Denn die einen hindert man durch mangelnde Überprüfungsmöglichkeiten nur in ihrem Eifer, während der andere Klassenteil sowieso nicht auf die Idee kommt, einen Finger krumm zu machen.

Wenn es dann tatsächlich mal jemanden gibt, der euch mit Lösungen betraut, sind diese nicht selten fehlerhaft oder unzureichend. Herr P. beispielsweise zieht wiederholt den Groll der gesamten Schülerschaft auf sich, weil er konstatiert, die Musterbearbeitungen diverser Psychologie-Fallbeispiele seien vor Jahren von einem Kollegen erstellt worden und lediglich als Anregung zu verstehen. Für Prüfungssituationen wäre ein vergleichbares Vorgehen eher nicht zu empfehlen. Warum er das Geraffel dann überhaupt verteilt, bleibt dauerhaft unklar.

Ähnliches erlaubt sich eure Deutschlehrerin, welche über ihren ach-so-tollen Leitfaden ernsthaft eine Ex schreiben will, dann aber feststellt, dass die darin vorkommende Anzahl an Fehlern jegliches Fassungsvermögen überschreitet. Besonders peinlich sind hierbei natürlich orthografische Mangelhaftigkeiten sowie zwei ausgelassene Buchstaben in der Überschrift. Letzteres würde euer pseudocooler Jugendsprache-Lehrer mit den Worten »Hallo, i bims, 1 Failteufel vong Falschigkeit her« kommentieren, doch der ist glücklicherweise fürs Erste krankgeschrieben. Einzig das lachende Smiley-Bild zeugt hinsichtlich einer solchen qualitativen Heimsuchung vom guten Willen der Dozentin, die ihre Unterlagen wohl nach dem »Genuss« von zwei Flaschen Wodka erstellt und gelayoutet hat.

Aus all dem ergibt sich, dass man mit dem erhaltenen Firlefanz am besten eine rituelle Verbrennung durchführt. Sowohl die Deutung aufsteigender Rauchsäulen als auch die intensive Einatmung giftiger Gase würde eher zu Erkenntnissen führen als das aufmerksame Lesen jenes Schrotts. Wer eine sinnvollere Verwendung für die ausgeteilten Lösungen sucht, kann sich beispielsweise auch einen Packen aufheben, um bei der nächsten üblen Magen-Darm-Grippe Geld für das Klopapier zu sparen. Oder aber man tut seiner Umwelt einen echten Gefallen und bringt den Wertstoff zur nächsten Annahmestelle.

SIE VERSAUEN DIR DIE FERIEN

Die Ferien stehen meist am Ende eines qualvollen Intervalls, das mit dem Abarbeiten schier endloser Prüfungen sein wohlverdientes Ende findet. Nach all den Vorbereitungen auf mehr oder minder wichtige Klausuren sind freie Tage überaus notwendig, zumal zu dem aufgestauten Schlafmangel ja auch noch kumulierte Frustrationssymptome hinzukommen.

Du wärst nicht der Erste, der nach versauten Tests in Erwägung zieht, später einmal Chemie zu studieren, um den ganzen Mistladen mit eigens produziertem Sprengstoff in die Luft zu jagen. Derartige Gedanken verflüchtigen sich glücklicherweise umgehend, wenn man mal wieder ausschlafen konnte.

Gedanklich buchst du am letzten Tag vor den Ferien bereits eine Last-minute-Reise in den warmen Süden und genießt das Rauschen des säuselnden Pazifiks, als dich die Deutschlehrerin schroff aus allen schönen Träumen reißt.

»Wir hatten ja wegen der Schulaufgaben-Übungsstunden vor den freien Tagen keine Zeit mehr, um unsere Lektüre zu behandeln ...«, beginnt die Dame unheilvoll. Alle ahnen bereits, was nun folgt, hoffen aber dennoch auf eine unerwartete Wendung des Schicksals.

»Deswegen sollt ihr das Buch in den Ferien lesen und die Aufgaben dazu bearbeiten, die ich euch jetzt austeile.«

Damit sind alle gnädigen Illusionen dahin. Na ja, nicht so tragisch: Wer will sich in den Ferien schon mit eigens ausgesuchter Literatur beschäftigen, wenn er stattdessen auch irgendwelche Schmöker aus dem 17. Jahrhundert durcharbeiten kann?

Ähnliches passiert genauso in weiteren Fächern: Eure sonst eher gemächliche Sozialkundelehrerin, die es vor lauter Faulheit ständig verpasst, mündliche Noten zu machen, trägt der Klasse nun auf, über die freie Woche ein umfangreiches Referat vorzubereiten.

Ähnliche Ideen haben wohl auch dem garstigen Psychologie-Dozenten aufgelauert, welcher vom Korrigieren offenbar gar nicht genug bekommen kann und eine weitere Kurzarbeit für den Montag nach den Mußetagen ankündigt. Dabei versteht es sich von selbst, dass er gefühlt 1000 Blätter zum »Selbststudium« austeilt. Mit anderen Worten: Du sollst dir das Zeug alleine beibringen und seinen Job auf Kosten deiner Freizeit erledigen, während er gemütlich das Leben genießt.

Nimmt man aufgetragene Arbeiten stets ernst, lässt sich hier eine überraschende Parallele zur Universität aufzeigen: Schulferien sind (vor allem in den oberen Klassenstufen) wie auch Semesterferien mitnichten als Urlaubszeit zur totalen Entspannung konzipiert.

Schon eher könnte man sie als »unterrichtsfreie Abschnitte« betrachten. Während ein Projekt das nächste jagt und der bemühte Lerner nicht weiß, was er zuerst tun soll, hofft man, dass die Schule noch nicht allzu bald beginnt, damit noch genug Zeit bleibt, um den nächsten Block überhaupt ausreichend vorbereiten zu können.

Am schlimmsten trifft es einen jedoch, wenn man der anstrengenden Aufgabe zugestimmt hat, für seinen Verlag ein Buch über Lehrer zu verfassen, das aufgrund allgegenwärtiger Beschäftigungen überwiegend in den Ferien entstehen muss. Oh, Moment …

65. GRUND

SIE WOLLEN EINEN »SCHULGARTEN«

Obwohl ich nicht selten für diesen Vergleich gerügt werde, sei doch an dieser Stelle darauf hingewiesen, dass die meisten deutschen Schulen aussehen wie zerstörte Betonbunker nach dem Zweiten Weltkrieg. Omnipräsentes Grau stimmt einen schon im Vorbeigehen depressiv, und es liegen so viele Trümmer in Form von Verpackungsmüll und Kippen umher, dass man meinen könnte, die letzten Verteidiger wollten den Feindkräften so unbehagliche Zustände wie nur irgend möglich bereiten.

Diese Auffassung teilt auch Frau G. Seit ihrer Einstellung plädiert sie für die Freigabe einer Grünfläche zwischen Pausenhof und Sportgelände, damit auch Stadtkinder herausfinden können, inwieweit sich Grashalme und Salatblätter voneinander unterscheiden. Anfangs soll sich der narzisstische Rektor gesträubt haben wie sein bockiger Sohn vor Zahnarztterminen, was auf die umweltbewusste Yoga-Fanatikerin aber keinesfalls demotivierend wirkte.

Stattdessen bezwang sie den übergeordneten Kontrahenten mit einer ausgefeimten List: Weil angemessene Argumente beharrlich ignoriert wurden, erzählte Frau G. schließlich in vorgespielter Tragik, dass alle Eliteschulen des Landes so etwas wie einen Garten besäßen und man in der heutigen Zeit ohne derartige Anlagen kaum mehr ernst zu nehmen sei. Selbstverständlich folgte noch am selben Tag ein Elternrundschreiben, um alle irgendwie erreichbaren Personen vom neuen »naturwissenschaftlichen Sondergremium für sub- und superterrane Agrarprodukte« in Kenntnis zu setzen, dessen Kompetenzbereich zukünftig nicht nur »biologische Experimentalflächen« umfasst, sondern auch die »pädagogische Nutzbarmachung authentischer Naturalareale«.

Nun sind alle zufrieden – der eitle Rektor, welcher am liebsten ins Exzellenzcluster fallen würde, obwohl jenes nur für Universitäten existiert, genauso wie Frau G., die jetzt fleißig Kräuter und ähnliches Grünzeug anpflanzen kann.

Neben den zum Sklavendienst verpflichteten Klassen, denen die Aufgabe zufällt, ambitionierte Träume von ertragreichen Plantagen wahr zu machen, zieht die Schulgemeinschaft auch fanatisierte, an Öko-Gemüse glaubende Muttis an. Ein erster Rückschlag folgt zwei Wochen später, als bereits einige Keimlinge das Licht der Welt erblickt haben.

Mit ohrenbetäubendem Lärm läuten schrille Sirenen den Feueralarm ein, der Hunderte orientierungslose Schüler aus den Zimmern quellen lässt. Selbstverständlich war niemand so vorausschauend, den Ort bestimmter Sammelplätze anzupassen, sodass nun nicht nur Markus aus der 9b auf den noch zarten Salatblättern herumtrampelt. Letztendlich wird in Ansehung des Debakels wieder einmal das destruktive Wirkungsvermögen unaufmerksamer Jugendlicher deutlich, welches wohl auch von einem realen Feuer nicht zu überbieten gewesen wäre.

Mit dem Ziel der zukünftigen Verhinderung derartiger Vorfälle sieht sich Frau G. anschließend zu drastischen Maßnahmen genötigt: Ab sofort dürfen nur noch ausgewählte Personen den geschätzt zwei Quadratmeter großen »Schulgarten« betreten, der mit einem roten, ästhetisch wie praktisch wenig vorteilhaften Absperrband vom Rest des Geländes isoliert wird.

Solche schultypisch bescheuerten Reaktionen laden regelrecht zu dämlichen Sprüchen ein: Während es in der Oberstufe heißt, die eher unansehnliche Frau G. suche in ihrem »Garten Eden« nach einem passenden Adam, kommt der Zehntklässler Ricardo auf die Idee, das lausige Beet mit im Internet bestellten Cannabis-Samen aufzupeppen.

Die Nacht-und-Nebel-Aktion gelingt – es dauert Wochen, bis die nunmehr einsame Hüterin der Grünfläche erkennt, dass es sich beim immer stattlicher werdenden Gewächs nicht um Petersilie handelt.

SIE LEITEN DAS TEAM DER »SCHULSANITÄTER«

Als gnadenloser Verfechter der Schulmedizin habe ich herzhaft gelacht, als mir vor knapp zwei Jahren ein Nachrichtenbeitrag über außer Kontrolle geratene Heilpraktiker unterkam, die sich bei ihrer Hokuspokus-Tagung kollektiv das Szene-Rauschmittel 2C-E einverleibten. Vollkommen von Sinnen mussten die beinahe 30 Teilnehmer vom richtigen Notdienst abgeholt und stationär behandelt werden, wobei ihr Überleben wohl kaum dem schnellen Globuli-Gebrauch des Notarztes zuzuschreiben sein dürfte. Schade – man hätte es schließlich auch mit Handauflegen oder Hypnose probieren können.

Ähnliche Experten sind auch in Herrn D.s Sanitäter-Team tätig, sodass man vor der Behandlung meist größere Angst haben muss als vor potenziellen Unfällen im Umkreis der Bildungseinrichtung. Weil die vermeintlichen Samariter von selbst nicht mehr weggehen, sind sie durchaus mit medikamentös nur schwer behandelbaren Virus-Erkrankungen zu vergleichen. Es bleibt somit zu hoffen, dass der Schul-Corpus über starke Abwehrzellen verfügt und sich irgendwann selbst von dieser Mutation unterbeschäftigter Besserwisser befreien kann.

Erstaunlicherweise setzt sich die semiprofessionelle Mannschaft aus durchaus heterogenen Elementen zusammen. Rudi, bei dem Selbst- und Fremdwahrnehmung ganz erheblich differieren, könnte beinahe ein ausgebrochener Psychiatrie-Patient sein. Während er glaubt, mit weißem Kittel und dazugehörigem Oberarzt-Schild herumzulaufen, betrachten ihn alle anderen als inkompetenten Volltrottel ohne besondere mentale Fähigkeiten. Sein generelles Verhalten wird in puncto Merkwürdigkeit nur noch von den gestellten Diagnosen übertroffen.

Ein Fünftklässler, der sich im Sportunterricht das Knie aufgeschürft hat, wird von unserem angehenden Kurpfuscher in die stabile Seitenlage gebracht, bevor dieser wenig später dazu übergeht, mit dem Stethoskop an der Schläfe eines unwesentlich älteren und migränegeplagten Mädchens herumzufuchteln. Bei den Ergebnissen seiner »Untersuchung« kann man sich wortwörtlich nur noch ans Hirn fassen: »Oh, oh, das sieht nicht gut aus … Vermutlich eine äußerst maligne *Glioblastoma multiforme** …«, fachsimpelt Rudi – ohne vermutlich selbst zu wissen, was er da eigentlich redet.

Stefanie hingegen möchte durch ihre Beteiligung bei den Schulsanitätern lediglich so viele Stunden wie möglich verpassen. Jedes Mal, wenn sich jemand auf dem Gelände verletzt, bedeutet das einen inneren Reichsparteitag für die faule Kartoffel, wobei sie stets darauf hofft, dass die Läsion hinsichtlich ihrer Schwere maximalen Aufwand generiert. Mit anderen Worten: Das Wehwehchen soll nicht innerhalb von zwei Sekunden wieder verheilen, gleichzeitig aber auch keinen Notarzteinsatz nach sich ziehen.

Liegt die Verwundung irgendwo zwischen beiden Extrempolen, kann Steffi den Verletzten zugunsten verringerter Unterrichtszeiten bemuttern und ihn durch intensive Mitleidsbekundungen moralisch unterstützen, bis dann endlich auch die Eltern aufkreuzen. Nicht selten sind es kleine Jungs, die sich von der hübschen Sanitätsdame nicht mehr verabschieden wollen und hanebüchene Gründe erfinden, damit diese noch länger bleiben darf. Jene Vorgehensweise, der Prostitution nicht allzu unähnlich, bringt scheinbar beiderseitigen Nutzen hervor.

Dennoch: Jede medizinisch geschulte Fachkraft würde in Anbetracht der von Schulsanitätern angewandten Behandlungsweisen eine umgehende *Apoplexia cerebri*** erleiden.

PS: Dieses Kapitel soll nicht darüber hinwegtäuschen, dass professionelle Schul-Sanis Gold wert sind und es nicht schaden kann, in seiner Bildungseinrichtung lebensrettende Sofortmaßnahmen zu erlernen.

* *Ein bösartiger Hirntumor.* ** *Auch »Schlaganfall« genannt.*

SIE VERSAGEN BEIM FEUERALARM

Schon im Kapitel über den Schulgarten durften wir feststellen, dass der Feueralarm Teile des zivilisierten Miteinanders außer Kraft setzen und destruktive Handlungsweisen hervorrufen kann. Was jedoch vor und nach der Vernichtung von Frau G.s Salatblättern im und um das Gebäude herum passiert, sollte im Sinne der Wissenschaft gesondert untersucht werden.

Bevor das große Klingeln seinen Lauf nimmt, sitzt du mit anderen Klassenkameraden seelenruhig im Unterricht und bist damit beschäftigt, deine Augen offen zu halten. Der Abend war wie immer ein bisschen zu lang, was sich in der nunmehr fünften Stunde auf unangenehme Weise bemerkbar macht. Um nicht mit der Stirn auf dem Tisch aufzuschlagen, stützt du den Kopf auf einem Fineliner ab, welcher zu Beginn des entsetzlichen Sirenentons beinahe im Auge landet.

Der kreischende Klang bringt vor allem unaufmerksame Schüler aus der Fassung; ja erschüttert Mark und Bein immer wieder aufs Neue. Ohne genau zu wissen, ob man nun Freude wegen entfallender Unterrichtszeit oder Frustration empfinden soll, weil es das Gebäude zu verlassen gilt, packen alle seelenruhig ihre Schulsachen ein, um vor der Pause nicht mehr in den Raum zurückkehren zu müssen. Eure Lehrerin führt sich deswegen auf wie ein Schachtelteufel, wird vom vor ihr stehenden, eher gemütlichen Haufen aber geflissentlich ignoriert.

»Wenn das ein echter Alarm wäre«, beginnt sie, »hätten Sie alle zusammen ein riesiges Problem!«

Doch auch mit halbmotiviertem Geschimpfe erreicht die Möchtegern-Cholerikerin kein Einlenken, denn alle innerhalb des Klassenverbandes sind sich einig, dass man seine Wertsachen und Markenklamotten im Falle realer Gefahr erst recht nicht im brennenden Gebäudekomplex zurücklassen würde.

Vorbei sind die Zeiten, in denen man seinen Banknachbarn angsterfüllt an der Hand packte und sich der manierlichen Zweierreihe anschloss, um dann als beinahe militärische Einheit zum jeweiligen Sammelpunkt zu marschieren. Obwohl verantwortliche Lehrkräfte ihre Stimmbänder durch lautes Herumschreien überanstrengen und höchstwahrscheinlich während der nächsten Tage deswegen herumjammern, tut jeder, was er gerade für richtig hält. Tobi verschwindet auf dem Weg zum Notausgang beispielsweise kurz in der Toilette, während Sarah auf halber Strecke noch mal umdreht und ihre vergessene Jacke holt.

Anderswo sieht es nicht besser aus: Sämtliche Gänge sind gedrungen voll, und als eine klemmende Flügeltür nicht umgehend aufgehen will, kommt für wenige Augenblicke tatsächlich Panik auf. Draußen angekommen, müssen die Schüler sich umgehend von den vorangegangenen Strapazen erholen und verschwinden in alle Himmelsrichtungen. Nur wenige erscheinen beim Sammelpunkt und werden ordnungsgemäß gezählt, was Lehrer aber nicht davon abhält, vor anderen Kollegen die Vollständigkeit ihrer jeweiligen Klasse zu bejubeln.

Erst als die Sirenen schon wieder schweigen, verlässt auch Tobi vor aller Augen das Gebäude. Es sei »dringend« gewesen, meint er schließlich zu den ihn anstarrenden Klassenkameraden. Feuer braucht ihm in der Tat keine Sorgen zu bereiten – sondern die zu erwartende Standpauke im Rektorat.

Das alles ändert nichts daran, dass er vermutlich recht hatte: Als du wenig später selbst das Klo betrittst, wird deutlich, dass dein luftgefüllter Kumpel – wäre er im Toilettenbereich eingesperrt worden – eher an einer Gas- denn an einer Rauchvergiftung gestorben wäre.

SIE LASSEN DICH KUCHEN BACKEN

Es hat in der Schulgeschichte unzählige verrückte Disziplinarmaß-nahmen und Züchtigungsnuancen gegeben. Die Jahre, in denen kleine Schlawiner mit dem Rohrstock zu preußischen Untertanen schier unbeschreiblichen Gehorsams herangeprügelt wurden, sind erschreckenderweise noch nicht allzu lange vorüber.

Auch von den Medien werden regelmäßig Mythen und Legenden aufgegriffen, die sich um Strafen in Bildungseinrichtungen ranken. Während Bart Simpson jeden Tag einen neuen Text abschreiben muss, gehen gewisse Filmemacher sogar noch weiter und setzen für ihre Streifen gruslige »Karzer« in Szene.

Heutzutage läuft das natürlich alles etwas anders: Lehrer dürfen ihre Schüler nicht einmal mehr anhusten, ohne mit einer Anzeige wegen gefährlicher Körperverletzung rechnen zu müssen. Auch verhältnismäßiges Tadeln triggert allzu häufig über-protektive Eltern, die dann anrücken und in der Lautstärke eines vorbeifahrenden Traktors mit dem Anwalt drohen. Würden alle Spinner jener Geisteshaltung trotz silbernem Riesen-SUV auf dem schulischen Parkgelände Platz finden, wäre der Andrang auf das Lehrerzimmer noch größer als ohnehin schon.

Was tun Dozenten also, um außer Rand und Band geratene Klassenclowns wieder unter Kontrolle zu bringen? Nachsitzen geht gar nicht, denn niemand möchte erleben, was passiert, wenn der kleine Fridolin Sören seinen Klavierunterricht verpasst. Ein vorübergehender Unterrichtsausschluss wäre zwar für alle Beteiligten überaus angenehm, aber eben in keinster Weise angebracht. Also haben sich Lehrer etwas Neues einfallen lassen und verlangen von Klassenzimmer-Delinquenten, dass sie zu Hause Kuchen backen.

Selbstverständlich bleibt es nicht dabei: Bereits zwei Wochen nach erstmaligem Strafvollzug wird die neue Regelung aufgrund steigender Ansprüche durch bescheuerte Sonderanweisungen erweitert. Nun kann man mit Discounter-Fertigkuchen keine Absolution mehr erkaufen, sondern muss nachweisen, das Gebäck selbst hergestellt zu haben. Doch selbst das reicht den Lehrern bald nicht mehr, sodass letzten Endes auch Backmischungen auf der »schwarzen Liste« landen.

Trotz jener beispiellosen Undankbarkeit gibt es tatsächlich auch noch Leute, die den Süßkram für sich selbst behalten. Infolgedessen erscheint es nur verständlich, wenn unfreiwillige Bäcker fantasievoll darüber sinnieren, welche ekligen Zutaten sie dem Hexenkessel voll widerwärtiger Matsche noch hinzufügen könnten.

Wer keine Lust auf das öde Herummanschen mit Teig hat, weil er entweder zu inkompetent ist, um eine simple Anleitung zu befolgen, oder schlicht und einfach Besseres mit seinem Tag anzufangen weiß, sollte sich die Schulverordnung des jeweiligen Bundeslandes zu Gemüte führen. In Bayern wird diese mit »BayEUG« abgekürzt und trägt den Langnamen »Bayerisches Erziehungs- und Unterrichtsgesetz«. In Artikel 86, der sich mit Strafen beschäftigt, ist an keiner Stelle die Rede davon, dass »Kuchenbacken« als disziplinarische Maßnahme gerechtfertigt wäre. Aber aufpassen! Nachsitzen ist nämlich entgegen der weit verbreiteten Meinung aggressiver Besserwisser-Eltern explizit erlaubt.

69. GRUND

SIE TENDIEREN ZU SEXUELLEN ANSPIELUNGEN

Ich bin zwar kein guter Mathematiker, konnte jedoch auf diversen Dorffesten eine direkte Korrelation zwischen Alkoholkonsum und individueller Libido feststellen. Die beiden Größen verhalten sich – wer hätte das gedacht – direkt proportional zueinander. Soll heißen: Je mehr die gut gelaunten Leutchen intus haben, desto eher neigen sie dazu, einander auf ekligste Weise anzugrabbeln. Während Mariechen also beispielsweise noch am frühen Abend meint, die Königin des Volksfestes zu sein, schmilzt sie schon fünf Bier und zwei Shots später bei Anmachsprüchen dahin, die im nüchternen Zustand allenfalls Brechreiz auslösen würden. Die Ansprüche aller Jungs und Mädels sinken mit jedem Schluck, sodass irgendwann nur noch der reine Fortpflanzungserfolg bedeutsam erscheint.

Beim Thema Brechreiz: Obwohl es schon verdammt eklig ist, sich durch die Beeinflussung diverser Alkoholika auf das Balzen unattraktiver Mitmenschen einzulassen, existieren durchaus Dinge, die noch wesentlich widerlicher anmuten. Darunter fallen Lehrkräfte mit der absolut inadäquaten Eigenschaft, notgeile Gedanken nach außen zu kehren.

Da gibt es zum Beispiel Herrn P., der seine Lieblingsschülerin zwar nicht unbedingt besser bewertet als alle anderen Kursteilnehmer, ihr aber ununterbrochen vielsagende Blicke zuteilwerden lässt. Beim Vorbeigehen am Tisch des Mädchens leckt er sich tatsächlich wiederholt über die Lippen, was zwar zu Magengeschwüren bei Beobachtern der Szenerie führen kann, aber leider noch nicht für eine Erfolg versprechende Anzeige reicht.

Als in einem Buchausschnitt von hübschen Mädchen die Rede ist, setzt sich die armselige Vorstellung fort, und Herr P. meint unverhohlen, dass es hier im Raum »schon die eine oder andere« geben könne, »die Ähnlichkeiten mit der im Text beschriebenen Person« aufweise. Immer wieder kommt es zu solch unangenehmen Vorfällen.

Obwohl dem alten Ekelpaket wohl bewusst ist, dass es niemals auch nur in die ungefähre Reichweite seiner knapp 35 Jahre jüngeren Schülerin kommen wird, unterlässt er die anzüglichen Gesten bis zum Schluss nicht. Beim sehr protokollarischen Ablauf der Zeugnisübergabe gelingt Kamerad Lustmolch dann doch noch ein vermeintlicher »Coup«: Während alle anderen Schüler ihr Zeugnis einfach so in die Hand gedrückt bekommen, wird das umworbene Burgfräulein innig umarmt. Um keinen Eklat auszulösen, tut sie nichts und lässt das Ganze über sich ergehen.

Doch in so einer Situation gehört Passivität zu den schlechtesten Ratgebern – nur durch Widerstand begreift auch der letzte verblödete Fummel-Kopf, dass sexuelle Belästigung kein Kavaliersdelikt ist. Und seine hierarchisch gegebene Machtposition zu solch niederen Machenschaften auszunutzen, gehört vermutlich zu den unredlichsten Verhaltensweisen, die überhaupt existieren.

Also: Was hat Streifen und ist kein Verlust für die Gesellschaft? Herr P. in Häftlingsklamotten. Das war übrigens kein Witz, sondern eine aufrichtige Zukunftsfantasie.

70. GRUND

SIE ERLASSEN (KEINE) KLEIDERORDNUNGEN

Kleiderordnungen und die Versuche, solche zu etablieren, werden nicht selten zum Politikum. Egal ob es sich um zu viel Bekleidung (Burka), zu wenig Bekleidung (Hotpants) oder um die falsche Bekleidung (Springerstiefel, dreckige Klamotten, etc.) handelt, hat irgendjemand das Gefühl, man würde ihm durch Verbote seine individuellen Rechte absprechen.

Das macht es für eine nicht zur Jurisprudenz gehörende Person wie mich natürlich umso schwieriger, treffende Einschätzungen kundzutun, zumal ich mit meiner eigenen Meinung, Schuluniformen würden viele Probleme lösen, ziemlich allein dastehe. Prinzipiell sollte natürlich jeder das tragen dürfen, was er will – schließlich ist Kleidung ein Ausdruck der Persönlichkeit und ihre selbstverantwortliche Wahl Zeichen unserer Freiheit.

Doch zwischen dem, was das Gesetz erlaubt und der Anstand gebietet, liegen gelegentlich Welten: Mag schon sein, dass die Muslima Verschleierung als bedeutendes Symbol ihrer Identität betrachtet. Das ändert allerdings nichts am desintegrierten Eindruck, den ein solches Auftreten zwangsläufig hervorruft.

Vielleicht möchte Mrs Mikro-Hotpants einfach nur sanfte Brisen des Windes am Hinterteil verspüren. Dennoch kann ich verstehen, wenn ihr Rektor sich nicht an ein Bordell erinnert fühlen will, sobald er das Lehrerzimmer verlässt.

Und möglicherweise hat der Glatzkopf auch nur deswegen schwarz-weiß-rote Schnürsenkel für die Springerstiefel ausgewählt, weil es sich dabei um seine Lieblingsfarben handelt. Trotz der inhärenten Symbolkraft ist das nicht verboten – kann aber verständlicherweise dazu führen, dass sich die betreffende Person ins soziale Abseits katapultiert.

Genauso wie sie das Recht hat, mit ihrem Stil ein Statement zu setzen, habe ich das Recht, sie zu meiden und den Kontakt zu verweigern. Würden sich die Leute einfach mal Gedanken über Benehmen machen, blieben uns Debatten über Anzieh-Regeln vermutlich weitestgehend erspart.

Der Versuch, seinen Schülern Kleidervorschriften zu machen, kann allerdings auch zu weit gehen. Diesbezüglich ist mir ein Fall aus dem Jahr 2015 ganz besonders im Gedächtnis geblieben, weil er sich an einer meiner ehemaligen Schulen abspielte und sogar von bedeutenden Medien wie der *Süddeutschen Zeitung* aufgegriffen wurde.

Als ich – laufend im Fitnessstudio – jene »Schlagzeile« auf den Bildschirmen vor mir wahrnahm und zu der Erkenntnis gelangte, dass sie selbst vor renommierten Nachrichtensendern nicht mehr haltmachte, bin ich in herzhaftes Gelächter ausgebrochen. Das muss was heißen, denn seitdem (und wir haben mittlerweile 2018) ist mir bei so bekümmernden Tätigkeiten wie Joggen kein freudiger Laut mehr über die Lippen gekommen.

Was damals passierte, glaubt man kaum: Ein Schüler sollte – so die Kurzfassung – sein T-Shirt ausziehen, weil es das heutzutage äußerst beliebte Motiv des Hanfblatts zeigte und somit angeblich gegen die Schulordnung verstieß. Der Direktor betonte gegenüber der *Dachauer SZ*[*], er habe befürchtet, das Shirt könne »als Bekenntnis zu Marihuana missverstanden werden«. Letztendlich durfte der Schüler das Textil weiterhin tragen, nachdem er die Rückseite mit dem Hinweis »Marihuana ist schädlich« versehen hatte.

Mindestens genauso witzig wie der Vorfall selbst war auch die Reaktion des Online-Portals *Hanfjournal*, das sich tatsächlich mit der Schule in Verbindung setzte und folgende Zeilen auf seiner Website veröffentlichte:

»Auf unsere Anfrage an das [...] Gymnasium wie genau der anscheinend äußerst drogenfachkundige Schulleiter bei der dargestellten Pflanze zwischen harmlosen Industriehanf und rauchbarem Cannabis unterscheiden konnte, haben wir bis Redaktionsschluss noch leider keine Antworten erhalten.[**]«

Hinsichtlich derartiger Vorfälle frage ich mich ernsthaft, warum Menschen noch Karten für Comedy-Veranstaltungen kaufen. Anhaltende Lachanfälle ergäben sich auch aus der reinen Auseinandersetzung mit seiner Umwelt. Und das ganz ohne Gras!

[*] Emonts, Benjamin (2015): Kompromiss statt Kleiderordnung. http://www.sueddeutsche.de/muenchen/dachau/markt-indersdorf-kompromiss-statt-kleiderordnung-1.2590629 (Stand: 15.08.2017).

[**] Söllner, Floh (2015): Fauler Kompromiss um Hanf-Shirt. https://hanfjournal.de/2015/08/03/fauler-kompromiss-um-hanf-shirt/ (Stand: 15.08.2017, Rechtschreibung übernommen).

FOS-SCHÜLER

Die Fachoberschule ist ein einzigartiger Ort. Menschen gehen dorthin, um nach bereits vollendeten Abschlussprüfungen erneut unzählige Unterrichtseinheiten zu besuchen, weil sie meinen, dadurch bessere Aussichten auf dem Arbeitsmarkt zu erlangen. Obwohl sie für diese Möglichkeit eigentlich dankbar sein müssten, staut sich mit den Monaten eine so grauenhafte Unlust an, dass spätestens ab dem zweiten Jahr kein Tag mehr ohne Selbstmordwitze vergeht.

Wie man es lustig finden kann, wenn der Banknachbar infolge zweier Psychologiestunden beim Überqueren der Straße »Bitte nimm mich mit« zu einem anfahrenden Lastwagen sagt, dürfte jedem unverständlich sein, der diese verlängerte Qual zum Abitur nicht selbst erlebt hat. Nach 70 Kapiteln des Lehrer-Bashings sollten wir hinsichtlich des dadurch erreichten Verzweiflungs-Niveaus aber langsam in vergleichbare Sphären gelangen!

SIE LADEN SELTSAME GESTALTEN IN DIE SCHULE EIN

Bei diesem ambivalenten Punkt bin ich mir nicht ganz sicher, ob man einfach nur lachen und sich an der Skurrilität des Alltags erfreuen oder aber über katastrophale Planung und verschwendete Lebenszeit schimpfen sollte. Obwohl meine Wenigkeit gegenwärtig mehr zu Ersterem tendieren würde, kann ich mich doch noch allzu gut an die Facepalm-Gesten vergangener Jahre erinnern, die mein Gesicht gelegentlich schmerzvoll röteten.

Lehrer sind oft sogar zu faul, um eigenverantwortlich Ausflüge zu organisieren. Daher greifen sie manchmal auf leichtere Methoden zurück und laden entsprechende »Referenten« ein, die dann ihr Programm runterrattern und anschließend wieder verschwinden. Für die Dozenten ist das mit zwei gewaltigen Vorteilen verknüpft: Ihre eigene Arbeit beschränkt sich auf das Führen des entsprechenden Telefonats, und es gibt keine idiotischen Schüler, die bei Verspätungen mangelnde Ortskenntnis als Entschuldigungsgrund anführen können.

Der erste Kontakt mit außerirdischen Personen, sprich Leuten, die nicht an deiner Schule unterrichten oder dort unterrichtet werden, kommt in der fünften Klasse zustande: Ein Zahnarzt mit strahlend weißem Kittel und Zähnen, die beinahe Schneeblindheit verursachen, betritt festen Schrittes die Aula, während ihm ganze Kohorten blutjunger Helferinnen hinterherdackeln. Dieser exzentrische Kamerad bestätigt so viele Klischees, dass eigentlich nur noch der im Halteverbot parkende Porsche fehlt.

In den folgenden Stunden wird »Doktor Hygienus« (so soll man ihn nennen) einen Vortrag zur Zahngesundheit halten. Dass sein bescheuerter Name klingt wie ein WC-Reiniger, ist dem Spinner, der in vielerlei Hinsicht an die zweifelhaften Model-Ärzte aus der

Werbung erinnert, offensichtlich noch nicht aufgefallen. Ganz allgemein kommt bei immer mehr Schülern die durchaus berechtigte Frage auf, ob der »Meister der Zahnbürste« überhaupt einen akademischen Abschluss besitzt. Die Zweifel erhärten sich, als die ansonsten nur posierenden Assistentinnen damit beginnen, von einer Krankenkasse gesponserte Pflegeartikel wie Zahnpasta und Zahnseide zu verteilen.

Neben einem urbayerischen Polizisten, der überwiegend von seiner Lieblingsmetzgerei schwärmt und dadurch die ihm zufallenden Aufgaben in der Drogenprävention vernachlässigt, besucht euch auch noch eine Delegation der Anonymen Alkoholiker. Weil du weißt, dass diese Institution nicht ganz unwichtig ist und abgerutschten Menschen häufig den Ausstieg aus ihrer Sucht ermöglicht, erscheint die Veranstaltung im Vorfeld überaus interessant.

Tatsächlich erweist sie sich als gewaltige Abschreckung gegenüber jeglichem Alkoholmissbrauch – was jedoch nicht an den gewählten Worten der Ex-Abhängigen liegt, sondern an deren Zustand. Die Herren mit den beinahe zombieähnlichen, müden Augen erzählen so oft hintereinander das Gleiche, dass man fast meinen könnte, sie seien frühmorgens nicht mehr dazu in der Lage, sich alleine anzuziehen.

Alle Klassenkameraden zeigen eine gewisse Bestürzung, die aber selbstverständlich nur bis zum Freitag anhält. Da findet nämlich der Geburtstag von Marina statt, auf dem mehr Wodka vernichtet wird als im Rahmen russischer Schnapsbrenner-Treffen. Hauptsache, man kann im halb benebelten Zustand noch den lustigen Zunge-schnalzenden Alki imitieren, bevor der Schwindel einsetzt und der beste Freund einem bei der Toilettensuche helfen muss.

72. GRUND

SIE ORGANISIEREN EXKURSIONEN

Wie eben schon erwähnt, ringen sich Lehrkräfte nicht gerade häufig zur Organisation von Ausflügen durch. Das liegt – meinen Vermutungen zufolge – einerseits an ihrer teils schon grotesken Faulheit, andererseits aber auch an den restriktiven Strategien der Schulleitung. Ich stelle mir das so vor: Damit Exkursionen überhaupt stattfinden dürfen, muss zunächst ein fetter Katalog durchgearbeitet werden, dessen unzählige Seiten mit absurden Vorbedingungen gespickt sind.

Steht die Veranstaltung im Dienste der Bildung [gut]? Wenn ja, macht sie Spaß [schlecht]? Redet der Guide mindestens vier Stunden am Stück ohne Unterbrechung [gut]? Ist das Ziel der Tour problemlos mit öffentlichen Verkehrsmitteln zu erreichen [schlecht]? Und zu guter Letzt: Kann man Schüler im Nachhinein über Ausflugs-Ereignisse abfragen oder entsprechende Tests schreiben, die sich mit den im vierstündigen Vortrag erwähnten Fakten vollstopfen lassen [extrem gut]?

Je nachdem, ob die »gut«-Seite am Ende mit einer Dreiviertelmehrheit überwiegt, darf der ungewöhnlich motivierte Lehrer seine Idee durchführen oder eben nicht. Weil es eigentlich niemandem gelingt, die Schulleitung von der Sinnhaftigkeit einer Unternehmung zu überzeugen, kommt es meist nur zu Exkursionen, die so langweilig sind, dass man eigentlich alles lieber tun würde, als gerade dort aufzukreuzen.

Dabei sollte klargestellt werden, dass »alles« in jenem Fall tatsächlich »alles« bedeutet: Von Badeentspannung an der Fukushima-Küste über Meth-Kochkurse im Mittleren Westen bis hin zu Praktika bei afrikanischen Warlords – jegliche Aktivität wäre besser als der heutige Besuch einer Galerie, die das Werk unbedeutender, schon vor Jahrzehnten verstorbener Provinzkünstler ausstellt.

Dass wenige Kilometer weiter ein restauriertes, extra aus Paris eingeflogenes Gemälde besichtigt werden kann, dessen kulturelle Bedeutung höher einzuschätzen ist als die aller epileptischen Pinsel-Entgleisungen der örtlich etwas näheren Schrott-Sammlung zusammen, juckt den Organisator natürlich kein bisschen.

Auch sonst kommt es wieder zu allerlei Verzögerungen und planerischen Totalausfällen, was schon mit dem Geldeinsammeln beginnt. Weil bereits im entsprechenden Kapitel ausführlich über finanzielle Unfähigkeit berichtet wurde, reicht an dieser Stelle der Hinweis darauf, dass der anfangs veranschlagte Betrag nicht ausreicht und sich die Gruppe am Bahnhof mit der Herausforderung konfrontiert sieht, woher sie in aller Kürze ein gültiges Ticket beziehen soll, obwohl eigentlich Frau E. mit der Erledigung jener Aufgabe betraut gewesen wäre.

Ihre fehlende Fachkenntnis offenbart sich auch während der Führung, in deren Verlauf sie dem Referenten nach dessen Erklärungen wiederholt diametral widerspricht und somit gewaltige Verunsicherung bei den Schülern hervorruft. Die unguten, mit einer gewissen Portion Panik garnierten Gefühle werden vor allem deshalb immer intensiver, weil ein notenrelevanter Fragebogen das Einzige ist, was Frau E. zuverlässig erstellt und mitgebracht hat.

Letztlich erweist sich sogar das Ende des Ausflugs als Desaster, da die verschrobene Kunstlehrkraft ihre umfassende Feedback-Runde nicht auf den nächsten Tag verschieben will. Wer auf keine frustrationstoleranten Eltern zurückgreifen kann, die trotz 30 Minuten Verspätung noch wacker heiß begehrte Parkplätze okkupieren, muss anschließend mit saftigen Wartezeiten an der nächsten S-Bahn-Haltestelle rechnen. Immerhin ist auch Ausharren in gewisser Weise eine Kunst.

SIE PREISEN IHRE SCHULE AM TAG DER OFFENEN TÜR

»Es wird niemals so viel gelogen wie vor der Wahl, während des Krieges und an einem Tag der offenen Tür«, soll bereits Otto von Bismarck pathetisch mitgeteilt haben. Spaß beiseite – auch wenn das obige Zitat gegebenenfalls etwas abgeändert wurde, trifft es den Kern der anzusprechenden Thematik doch relativ gut.

Da im gegenüberliegenden Landkreis irgendjemand auf den brillanten Gedanken kam, eine eigene Privatschule mit vergleichbar niedrigen Beitragszahlungen ins Leben zu rufen, ist das Rektorat deiner Bildungsstätte instinktiv dazu übergegangen, eine an die Bundeswehr erinnernde »Attraktivitätsoffensive« zu starten. Dafür kommt die stellvertretende Schulleitung schon mal nicht infrage, denn sie repräsentiert allenfalls den Prototyp des Gesichtselfmeters. Wenigstens kann dem Typen so niemand den Vorwurf machen, er habe sich bis zu seiner Position hochgeschlafen.

Ich schweife ab: Mit dem Ziel, ahnungslose Eltern davon zu überzeugen, ihr unschuldiges Kind auf diese Schrottschule zu schicken, versuchen alle Lehrkräfte, ein möglichst bezauberndes Bild des grauenerregenden Ortes zu zeichnen. Dabei ist es natürlich von entscheidender Bedeutung, dass keine tatsächlichen Schüler anwesend sind, die den Herrschaften vom alltäglichen Geschehen erzählen könnten.

Anstatt wie sonst bei geringsten Problematiken einfach auf jegliche Technik zu verzichten und einen Unterricht im Stile des 12. Jahrhunderts abzuhalten, wurde die Fachschaft Informatik damit beauftragt, eine stimmige PowerPoint-Präsentation als Hintergrund für die Rede des Direktors zu erstellen. Doch gerade als jener mit seinen Grußworten beginnen will, stürzt der PC ab, während quietschende Lautsprecher kurzzeitig Mark und Bein erzittern lassen. Wiederholte Windows-98-Shutdown-Sounds legen zudem bereits jetzt den Gedanken nahe, dass sowohl die Ausstattung als auch die Informatikausbildung wenig taugen kann.

Um augenfällige Defizite wieder auszugleichen, setzt das Präsentationsteam von jetzt an auf schier legendäre Übertreibungen, sodass man beinahe meinen könnte, die Schule habe nicht nur Einstein persönlich, sondern auch alle Heroen der klassischen griechischen Mythologie hervorgebracht.

So werden aus den verdreckten Chemiesälen, die eigentlich nur noch mit Flammenwerfern ordentlich gereinigt werden könnten, »technologisch hoch entwickelte Spezialräume zur naturwissenschaftlichen Sonderausbildung«. Auch sonst soll es den Kids an nichts mangeln, denn es bestünden keine Zweifel daran, dass der Mensch in dieser Bildungseinrichtung »im Mittelpunkt stehe«. Das stimmt – allerdings nur unter Vorbehalt. Denn jedes hier gegen jegliche Zeichen der Vernunft angemeldete Individuum wird schon bald herausfinden, was es heißt, das Zentrum von Unfähigkeit, Gleichgültigkeit und Boshaftigkeit kennenzulernen.

Was am Anfang noch so schön nach pädagogischem Spitzenkonzept, Exzellenz-Förderung und integrativem Schulentwurf klingt, entpuppt sich schon bald als das, was es wirklich ist: ein schlecht ausgebauter Betonklotz mit überwiegend mangelhaftem Unterricht, der von einem Haufen desinteressierter Möchtegern-Diktatoren geleitet wird.

74. GRUND

SIE VERANSTALTEN DEN WEIHNACHTSBASAR

Schulfeste sind in den meisten Fällen etwas Schönes. Man kommt mit seinen Freunden und Bekannten zusammen, um abseits des eher stressigen Lernalltags ein paar entspannte Stunden auf dem sonst so ungeliebten Schulgelände zu verbringen, und hat dabei die Gelegenheit, den Lernbunker mit positiven Gefühlen zu konnotieren.

Dies gilt insbesondere für die Weihnachtszeit, in welcher man trotz des repetitiven Auftretens der Festlichkeit stets aufs Neue gut gelaunt und dazu bereit ist, alltäglichen Groll hinter sich zu lassen. Zumindest so lange, bis der Bereich des Weihnachtsbasars vor einem auftaucht und der Kreislauf durch Fluchtinstinkte angekurbelt wird.

Anders als bei normalen Märkten jener Art besteht der Rektor aufgrund mentaler Starrheit auf einem festen Programm, das nur in den Pausen seiner Selbstinszenierungsparty die Besichtigung von Schüler- und Elternständen vorsieht. Nach der erbärmlichen Eröffnungsrede soll dann eine AG, bestehend aus Schulchor und Schulband, zeigen, was sie draufhat. Die Warnung entsprechender Lehrkräfte, man sei nach einer von oben forcierten, vor zwei Wochen durchgeführten Fusion beider Gruppen noch nicht zu vorzeigbaren Leistungen in der Lage, wurde selbstverständlich knallhart ignoriert.

In der Folge ergibt sich ein atonales Feuerwerk des Grauens, das schlimmer klingt als die Kombination aus Tokio Hotel, Rebecca Black und Justin Bieber zu Zeiten der *Baby*-Single. Fast möchte man Hannelores Papa, seines Zeichens adipöser Allgemeinmediziner und Usurpator einer halben Sitzreihe, um Dutzende 600er-Ibuprofen-Tabletten anflehen, damit der immer schlimmer werdende Schmerz erträglicher wird. Eigentlich fehlt nur noch Loriots Opa Hoppenstedt, der zu quasi anti-besinnlicher Marschmusik den Gebäudekomplex betritt.

Mit Pausenbeginn stehen alle erleichtert von ihren Plätzen auf, und die Raucher rasen nach draußen, um ihren angestauten Stress wegzuqualmen. Im Eingangsbereich wartet jedoch schon Frau K. auf potenzielle Schulordnungsbrecher und weist mit erhobenem

Zeigefinger darauf hin, dass Verbote hier auch für Eltern gölten. Vielleicht gehört jene Vorgehensweise aber auch zur Strategie – denn was tun die Konsumenten von Tabakwaren, wenn sie sich keine anzünden können? Richtig – sie essen etwas.

Um aufgekommene Gelüste zu befriedigen, stehen glücklicherweise allerlei Stände bereit, deren weihnachtliches Gebäck mehr oder weniger einladend aussieht. Gerade die Verkaufsstelle für Butterplätzchen einer fünften Klasse, die von Herrn C. geleitet wird, erweckt den Eindruck, als wären die Teigwaren über einem Bunsenbrenner im Chemiesaal geröstet worden. Sie schmecken auch nach irgendwelchen giftigen Substanzen, was jedoch nichts am durchschlagenden Verkaufserfolg ändert. Wer kann zu einem halb so großen Verkäufer mit Kulleraugen schon grob »nein« sagen, wenn dieser herumläuft und herzzerreißend fragt, ob man irgendwelche Süßwaren der 5b kaufen will? Abgesehen von emotional verrohten Vollidioten natürlich niemand.

Der kritische Punkt wird erst erreicht, als die Ausschenk-verantwortliche Frau A. am Glühweinstand verkündet, das alkoholische Getränk würde dieses Jahr aus Jugendschutzgründen keinen Alkohol enthalten. Dass es mehr kostet als Kinderpunsch, erscheint dennoch selbstverständlich. Ein frustriertes Murren geht um, denn kaum jemand weiß, wie er die angekündigte Performance der schuleigenen Theatergruppe nüchtern überleben soll. Somit ist es nicht einmal möglich, sich besinnungslos in die Besinnlichkeit zu saufen. Was für eine Scheiß-Veranstaltung!

SIE LEITEN DIE THEATER-AG

Hach, die Theater-AG! Vorher haben wir im Kapitel über den Weihnachtsbasar schon erfahren, dass ihre Darbietungen meist nicht den fulminanten Staatsoper-Aufführungen gleichen, die selbst dann noch ausverkauft wären, wenn irgendeine Pappnase Benjamin Blümchen orchestral inszenieren würde.

Aber mal langsam: Als Verfechter der Künste bin ich ganz klar der Meinung, dass sich unser Zeitgeist auf einem falschen Weg befindet: Alles, was nicht unmittelbar in monetäre Gewinne umgemünzt werden kann, betrachtet man gesamtgesellschaftlich als unnütze Verschwendung von Ressourcen jeglicher Art. Schauspieler, Autoren, Maler und Musiker finden – ungeachtet ihres geschaffenen Werts – nur dann positive Beachtung, wenn es ihnen gelingt, auch kommerziell erfolgreich zu sein. Oftmals misst man ihr Verdienst auch ausschließlich am wirtschaftlichen Ertrag.

In meinen Augen sollte sich Kultur nicht rechnen müssen. Die Erwerbsarbeit mag dafür sorgen, dass wir leben können – doch wofür eigentlich, wenn unsere Fokussierung aufs ständige Schuften keinen Raum mehr lässt für Tätigkeiten der geistig-kreativen Entfaltung? Man möge die nachfolgenden Zeilen somit nicht als Ablehnung ehrenamtlicher (Nachwuchs-)Bestrebungen im künstlerischen Metier interpretieren.

Erfahrungsgemäß würden deutlich bessere Resultate herauskommen, wenn Schüler ihre Projekte durchführen könnten, ohne dabei von einem entsprechenden »Experten«-Lehrer beaufsichtigt zu werden, der alles vordiktiert und bescheuerte Fremdschäm-Dialoge schreibt.

Die Beschäftigung eines solchen Gelee-Kopfs erscheint der Verwaltung deswegen notwendig, weil man den quasi unberechenbaren »Zeitbomben« keine Verantwortung für Räume und Material zugestehen will – auch dann nicht, wenn diese glaubhaft versichern, alles genauso intakt zu hinterlassen, wie sie es vorgefunden haben*.

In der Regel sind Leute, die sich an ihren eigentlich freien Nachmittagen ernsthaft zum Theaterspielen einfinden, auch kaum an Neuinterpretationen interessiert, wie sie in *Fack ju Göhte* und anderen Schulkomödien gezeigt werden. Shakespeares *Romeo und Julia* als Gossen-Stück darzustellen ist weder cool noch witzig, sondern einfach nur abartig peinlich. Alle sehen das so – bis auf den »hippen« Herrn T., der auf seinem »fantastischen Drehbuch« beharrt.

Ähnliches geschieht auch bei dem bereits erwähnten »Weihnachts-Drama«. Aufgrund der zusammengeschusterten Kostüme sehen alle Teilnehmer der Unternehmung aus wie Obdachlose, die sich gerade noch in der örtlichen Kleiderspende bedient haben. Doch nicht nur das: Um den billigen Plot zu durchschauen, benötigt man als durchschnittlicher Zuschauer mit der Intelligenz einer Schnittlauchpflanze gerade mal zehn Sekunden. Allen, die nicht mit intensivem Sackkratzen beschäftigt sind oder versuchen, ihrem Leben durch den Verzehr giftiger Weihnachtsplätzchen ein schnelles Ende zu bereiten, fällt außerdem auf, dass kein einziger Dialog über Substanz verfügt. Letztlich fehlt nur die Frage »Warum liegt hier eigentlich Stroh?«**, um den Gesamteindruck des erbärmlichen Schauspiels abzurunden.

Als Herr T. die Theater-AG-Vorstellung mit persönlichen Grußworten beendet, müssten theoretisch die Akteure klatschen, um ihren gemarterten Zuschauern fürs Überleben der entsetzlichen Inszenierung Tribut zu zollen. Man kann nur hoffen, dass schon bald ein fähiger Leiter den Laden übernimmt – noch bevor alle engagierten Nachwuchsdarsteller das Weite gesucht haben.

---

* *Was in einem Schulgebäude nicht mal besonders schwierig ist.*
** *Solltest du diesen Witz über schlechte Dialoge nicht kapieren, wäre es angebracht, deine Bildungslücke durch sofortiges Googeln zu schließen.*

SIE VERANSTALTEN DAS SOMMERFEST

Weil sich das beinahe schon traumatische Debakel des Weihnachtsbasars zu sehr in den Köpfen der Leute festgesetzt hat, besuchen
wesentlich weniger Personen das schulinterne Sommerfest als noch
zuvor die Winterveranstaltung. Selbstverständlich geht Direktor L.
von Gegenteiligem aus und organisiert extra noch mehr Sitzplätze
als ursprünglich veranschlagt. Gerade, als er wichtige diesbezügli-
che Instruktionen an seinen Hausmeister weitergeben will, wecken
Kreischlaute die Aufmerksamkeit unschuldiger Passanten:

Schon von Weitem hört man das Geschrei lärmender Furien,
welche sich beim Näherkommen als Frau U. und M. entpuppen.
Erstere macht gegenüber der Letzteren klar, dass sie höchstpersönlich – und selbstverständlich nur sie – als offizielle Kartoffel-
salat-Produzentin beauftragt wurde und es eine Unverschämtheit
geradezu dreistesten Ausmaßes sei, auch noch an anderen Ständen
derartige Speisen anzubieten. Aufgrund ihres Studiums des Wirt-
schafts-Lehramts wäre sie besonders zu solchen Aufgaben befähigt
und sähe in diesem Eingriff eine klare Torpedierung der ökonomischen Vernunft. Tja – die Nerven so mancher Teilnehmer scheinen
eben schon vor Beginn der Veranstaltung blank zu liegen.

Zum offiziellen Auftakt wird dann die »Top-Model«-Gruppe auf
den mit Straßenkreiden markierten »Laufsteg« gebeten. Ein ver-
wundertes Murmeln geht um, denn alle Gäste und Schüler fragen
sich, welche unfassbare Peinlichkeit in Gottes Namen nun wieder
kommen mag. Schon bald entpuppt sich der mentale Durchfall als
Begleiterscheinung unserer eitlen Gegenwart: Während der Pro-
jekttage hergestellte Müll-Kostüme sollen nun in möglichst theat-
ralischer Weise präsentiert werden.

Zu diesem Zweck stöckeln verschiedene Schülerinnen zwischen
zwölf und 17 Jahren vor den Augen fassungsloser Eltern hin und

her, während sie derart provokant mit ihren selbst geschneiderten Abfallkleidungsstücken posieren, dass der Direktor irgendwann ein jähes Ende der Maskerade anordnet. Schade – gerade eben hätte Emilie die Bildfläche betreten und durch das aus Fusseln bestehende Kleid erneute Diskussionen über den Reinigungsdienst angestoßen.

Anschließend kann man endlich was futtern. Dabei gilt es zu betonen, dass die Gerichte nicht weniger abstoßend sind als das chemieverseuchte Ekel-Gebäck der 5b im Winter: Jeder Gesundheitsinspekteur würde bereits vom Anblick des ewig ungekühlten Fischs an akuten Cholera-Symptomen zugrunde gehen und stundenlang für Chaos auf der Schultoilette sorgen.

Zuletzt sei noch auf die wie immer völlig geisteskranken Regelungen hingewiesen, welche vermutlich darauf abzielen, irgendeine perverse Form des Drills aufrechtzuerhalten. Selbst bei 30 Grad im Schatten darf der Elternbeirat keine Sonnenschirme aufstellen, weil dies angeblich die vom Grill ausgehende Brandgefahr erhöhe.

Der »Sicherheitsbeauftragte«, Herr V., will außerdem nichts davon wissen, dass vorausschauende Väter das »glühende Ungeheuer« 20 Meter entfernt und noch dazu abseits jeglicher entflammbarer Materialien installiert haben. Mit Nachdruck beharrt er auf philisterhaften Paragrafen und verdeutlicht so, wie sehr ein Sonnenschirm seinem mittlerweile völlig gerösteten Hirn gutgetan hätte.

Aber wehe, irgendwer aus der Unterstufe kommt auf die Idee, dem Klassenlehrer eine Abkühlung mit der Wasserpistole angedeihen zu lassen! Nur der Himmel kann einen vor den Konsequenzen eines solchen Anschlags auf Leib und Leben bewahren.

SIE SEHEN (IN SELTENEN FÄLLEN) VERDAMMT GUT AUS

Es gibt sehr viele Klischees über Lehrer. Man sagt, sie seien faul, inkompetent, uninteressiert, gleichgültig, schwer von Begriff, eingebildet oder auch beleidigend. Lässt man eine kleine Gruppe außer Acht, trifft bei herausgegriffenen Testpersonen zumindest eins der oben genannten Merkmale mit ziemlicher Sicherheit zu; gelegentlich sind es sogar mehrere. Aber hübsche Lehrkräfte? Das ist nichts, was die Öffentlichkeit sonderlich oft zu hören bekommt.

Eher noch erzählen frustrierte Schüler, die selbst aussehen, als wären sie von einer Kläranlage gezeugt worden, dass Herr V. markante Ähnlichkeiten mit Uruk-Hai-Kriegern aus *Der Herr der Ringe* aufweise und bald mit der Invasion Sarumans zu rechnen sei. Auch andere Bösartigkeiten werden vom gemeinen Bildungspöbel in die Welt gesetzt. Diese Anstrengungen auf dem Gebiet des kreativen Beleidigens machen ferner deutlich, warum viele Jugendliche ausgeprägte Defizite in Sachen Lernstoff mitbringen. Kein Wunder, dass man dumm wie Brot ist, wenn man den ganzen Tag nur witzige Vergleiche sucht, die das Aussehen von ungeliebten Lehrkräften möglichst garstig und bildhaft beschreiben sollen.

Anstatt »Deine Mudda«-Witze zu erzählen, sind die Mittelstufen-Angehörigen beispielsweise dazu übergegangen, nur noch »Frau T.«-Scherze zum Besten zu geben: Die »Alte«, wie es Torben wortgewandt ausdrückt, sei so fett, dass man drei Episoden verpasse, wenn sie am Fernseher vorbeigeht. Freilich verfügen alle Sprüche jener Art über die Witzigkeit einer Beerdigung und bewegen sich in Gegenden weit unterhalb der Gürtellinie. Dennoch gehören sie zum Alltag auf jedem Schulhof.

Mit anderen, meist aber wohlwollend gemeinten Bemerkungen kann Frau S. rechnen, die ohne zu übertreiben aussieht wie ein verfluchter Engel. Sie gehört zu einer winzigen Bevölkerungs-minderheit – nämlich der, deren Mitglieder auch als Model Anstellung hätten finden können. Im Schuldienst ist diese ohnehin kaum erfassbare Gruppe noch dazu unterrepräsentiert, was gelegentlich hervorscheinende Diamanten aufgrund der oftmals eher unansehnlichen Beton-Umgebung umso heller leuchten lässt als ohnehin schon.

Wer in die Augen dieser Frau blickt, meint, vom bezaubernden Gegenstück der Medusa versteinert zu werden. Jeder Renaissance-Gesang würde versagen, wenn es darum ginge, ihr makelloses, perfekt proportioniertes Äußeres zu beschreiben, das in Kombination mit der stets harmonischen Stimme so formvollendet erscheint, dass man ohne schlechtes Gewissen von einem Kunstwerk sprechen könnte.

Mädels verlautbaren ähnliche, wenn auch teils weniger poetische Dinge über Herrn J., doch ich hätte mich aus gegebenenfalls verständlichen Gründen seltsam gefühlt, eine vergleichbare Passage über ihn zu verfassen.

Aber warum genau sind gut aussehende Lehrer(innen) nun eigentlich schlecht? Ganz einfach: Sie wecken Gedanken, möglicherweise sogar Träumereien, die im Schulalltag nichts verloren haben, und ringen einem Gefallen ab, die man normalerweise niemals erbringen würde. Selbstverständlich trägst du Dutzende Bücherstapel lieber für Miss Universe durch den ganzen Gebäudekomplex als für einen mürrischen Tunichtgut, der dir gerade zwei mündliche 5er reingedrückt hat.

Dazu kommt, dass all diese Gesten zwecklos sind. Um bei einer solchen Granate landen zu können, müsstest du vermutlich 20 Jahre älter, reich und doppelt so gut aussehend sein. Ach ja – und auf gar keinen Fall ihr Schüler*.

* Es sei denn natürlich, du heißt Emmanuel Macron …

SIE HABEN SICH VON DER LEBENS-WIRKLICHKEIT IHRER SCHÜLER GÄNZLICH ENTFERNT

Das Zitat »Wenn sie kein Brot haben, sollen sie doch Kuchen essen!«, welches fälschlicherweise Marie Antoinette zugeschrieben wird, versinnbildlicht den Realitätsverlust so mancher Lehrer besser als jeder andere Vergleich. Obwohl die meisten von ihnen den beschränkten Kosmos der Ausbildungswelt noch nie im Leben verlassen und somit keinen blassen Schimmer haben, auf was sie die Kinder und Jugendlichen eigentlich vorbereiten sollen, ist es ihnen nicht gelungen, auch nur ein Mindestmaß an Verständnis für junge Leute aufrechtzuerhalten.

Es scheint fast so, als sei der Eintritt ins Lehramt zwangsläufig mit dem Verlust von Einfühlungsvermögen und der Bereitschaft zum Mitdenken verbunden, was hinsichtlich des als sicher angenommenen Gehalts kaum verwunderlich anmutet. Wer hat schon Interesse an zwischenmenschlicher Auseinandersetzung, wenn er auch ohne den nervigen Beziehungskram bezahlt wird?

Ein häufiger Denkfehler vieler Dozenten besteht in der Annahme, ihr Leben sei von Härte und beinahe unmenschlicher Belastung geprägt, während Schüler den ganzen Tag nur faul vor dem Computer gammeln und kaum wissen würden, was sie mit den zur Verfügung stehenden Stunden anfangen sollen.

Wenn man beispielsweise Bedenken über den angesetzten Abgabetermin eines Aufsatzes äußert, folgen nicht selten Antworten wie »Sie haben doch den ganzen Nachmittag Zeit!« oder »Dann müssen Sie eben was anderes ausfallen lassen!«. Derartiges Gelaber impliziert, dass der angesprochene Schüler in seinem Leben nichts anderes zu tun hat, als sich nach Vollendung des regulären Unterrichts mit den aufgetragenen Arbeiten verschiedener Lehrkräfte herumzuschlagen. Niemand denkt an ehrenamtliche Tätigkeiten, familiäre Verpflichtungen oder gegebenenfalls überlebenswichtige Nebenjobs, die den (erneuten) Schulbesuch gerade an beruflichen Oberschulen oft überhaupt erst möglich machen.

Bescheuerte Einbildungen kommen auch immer dann zum Tragen, wenn es um den Schulweg geht. Frau K. verwehrt einigen Schülern beispielsweise vehement, die Nachmittagsstunden drei bis fünf Minuten früher zu verlassen, um rechtzeitig den Zug zu erreichen. Sie selbst kommt jeden Tag mit dem Auto zur Arbeit und braucht nicht einmal Bedenken hinsichtlich freier Parkplätze zu haben, weil ihr die Tiefgarage der Bildungseinrichtung kostenfrei zur Verfügung steht.

Als die Gute dann nach einem längeren Schwätzchen mit Kollegen nach Hause braust und dabei an ihren zitternden, am Bahnhof stehenden Lehrlingen vorbeituckert, kommt ihr natürlich nicht in den Sinn, dass diese vielleicht auch deswegen kaum Zeit für Hausaufgaben haben, weil sie ewig auf öffentliche Verkehrsmittel warten müssen.

Genauso wenig Verständnis ist oft vorhanden, wenn man etwas nicht auf Anhieb versteht. Überraschenderweise gehen vor allem Lehrkräfte der Naturwissenschaften davon aus, ihr Unterrichtsstoff erkläre sich aufgrund seiner inhärenten Logik von alleine. Dabei übersehen sie, dass ihnen der Job nicht aus Gnade überlassen wurde, sondern einzig und allein deshalb, weil man Leute zur Vermittlung des Wissens benötigt.

Schon klar, dass Redox-Gleichungen und physikalische Berechnungen kinderleicht erscheinen, wenn man das jeweilige Fach bis zum Staatsexamen studiert hat. Unverständnis über den grübelnden Neuntklässler kann dennoch als inadäquat betrachtet werden. Schließlich zahlt man die Lehrkraft dafür, es ihm näherzubringen! Wie schon gesagt: Einfühlungsvermögen = Mangelware.

SIE BETREUEN DIE BUNDES-JUGENDSPIELE (NICHT)

Die Bundesjugendspiele sind mehr als ein normales Sportereignis. Nicht in den großen Stadien der Welt werden Athleten zu Legenden, sondern auf den glutroten Tartanbahnen unserer Schulen, die sich – vom Licht der gleißenden Sommersonne glorreich erleuchtet – wie Lavaflüsse durch den trostlosen Betondschungel ziehen.

Bevor fette Sechstklässler und Möchtegern-Navy-Seals aus der Oberstufe antreten, um sich einen epochalen Wettkampf zu liefern, wird der Sand aller heruntergekommener Sprunggruben gesiebt, damit die Teilnehmer nicht Gefahr laufen, im unkonventionell entsorgten Pausenabfall zu versinken. Erst wenn alle Vorbereitungsmaßnahmen durchgeführt wurden, ist die Grube bereit für die Flüsse an Schweiß, Blut und Tränen, welche dem unerschütterlichen Kampfgeist schon bald Ausdruck verleihen werden.

Die Lehrkräfte – an jenem außergewöhnlichen Tag auch Schiedsrichter, Listenträger, Seelsorger und Notfallmediziner – gehen jedoch durchaus unterschiedlich mit den sich auftuenden Herausforderungen um. Herr P., den wir bereits im Kapitel über fragwürdige Sport-Praktiken kennengelernt haben, droht schon im Voraus mit schlechten Noten, sollte seine »spitzenmäßig trainierte« Klasse nicht ausschließlich Ehrenurkunden erhalten. Nach monatelangen Übungen, bei denen es einen wundert, dass sie nicht offiziell als »Schützengraben überspringen«, »Granaten werfen« und »Sturmangriff« bezeichnet wurden, sind die kleinen Jungs tatsächlich dazu befähigt, nicht nur Top-Resultate, sondern auch die Weltherrschaft an sich zu reißen.

Etwas lockerer lässt es da schon Herr R. angehen, der seit Wochen wie ein hängen gebliebener Schallplattenspieler über den stressfreien und entspannten Charakter des Turniers faselt. Er wird nicht müde zu betonen, dass auch alle physischen Legastheniker wunderbare Menschen seien und es aus seiner Sicht keine Rolle spiele, ob man eine Teilnahme-, Sieger- oder Ehrenurkunde erhält.

Wie immer treten die beiden als absolute Agonisten in Erscheinung: Während P. den spaßigen Charakter des Tages völlig verkennt und glaubt, es ginge um Leben und Tod, zerstört R. durch sein Gleichmacherei-Gelaber jegliche Motivation und entwertet durch ständige Beteuerungen, wie unwichtig alles sei, den Sieg seiner besten Schüler.

Selbstverständlich darf auch Frau F. nicht fehlen, die wieder einmal herumnörgelt und vor aller Welt über ihr Schicksal greint. Für negative Aussagen hat sie ein Spezialgehör, das sämtliche Meckereien aufsaugt wie ein trockener Schwamm irgendwelche Flüssigkeiten.

»Oh Mann, ich will endlich nach Hause, heute kommt ein neues Playstation-Spiel bei mir an!«, schimpft Maxi laut, was die faule Dame umgehend bemerkt und zum Anlass nimmt, ihre arbeitsfeindliche Ideologie zu verbreiten: »Was soll *ich* da sagen? Ich hätte heute eigentlich nur bis zur dritten Stunde unterrichten müssen und jetzt dauert das alles bis fast 14:00 Uhr!«, erwidert sie entnervt und flitzt dann sofort weiter, damit noch mehr Menschen von ihrer unfreiwilligen Anwesenheit erfahren dürfen.

Zuletzt sei noch auf die bedeutende Rolle des Hausmeisters hingewiesen. Der sorgt dafür, dass alle Teilnehmer nur schrottreifes Material in ihre Finger bekommen, das ohnehin nicht mehr kaputtgehen kann. Weil er beispielsweise kein intaktes Maßband mehr herausrücken will, muss man sich bei der Sprunggrube mit einem in zwei Teile gerissenen Messinstrument behelfen, das zu mutwilligen »Ungenauigkeiten« geradezu einlädt.

Eigentlich sollten die Leute schon froh sein, nicht von extraharten Schlagbällen getroffen zu werden, die der Hausmeister mit Kieselsteinen gefüllt hat, weil das ursprüngliche Futter nach 20 Jahren Gebrauch herausgequollen ist.

Kein Wunder, dass *Sky* die örtlichen Bundesjugendspiele nicht live überträgt: Die Rechte für ein derartiges High-End-Affentheater wären einfach viel zu teuer gewesen.

80. GRUND

SIE UNTERRICHTEN SPANISCH (NICHT)

Spanisch ist eine wunderbare Sprache. Sie hört sich tausendmal geschmeidiger an als das harte Deutsch, klingt dabei aber nicht so mimosenhaft wie ein Baguette-bestellender Franzose, der anschließend vorhat, die Kapitulation seiner Nation zu unterzeichnen. Um die Liste ländertypischer Klischees noch zu erweitern, sei ferner darauf hingewiesen, dass auf Mallorca zwar keinerlei Fremdsprachenkenntnisse mehr benötigt werden, es aber umso cooler rüberkommt, wenn man sein Bier mit »Una cerveza por favor« bestellen und einheimische Mädels in der Landessprache ansprechen kann.

Aus diesen und vielen weiteren Gründen entschied ich mich in der Oberstufe dafür, eine neue und dieses Mal nicht ausgestorbene Sprache zu erlernen, obwohl es aufgrund des bereits mäßig abgeschlossenen Latinums eigentlich nicht mehr notwendig gewesen wäre.

In meinem ganz persönlichen Fall kämen Klagen über die mangelnde Kompetenz der Lehrkraft einer dreisten Lüge gleich. Im Gegensatz zu manch anderen Kandidaten vermittelte sie den Lernstoff stets zuverlässig und diszipliniert, war eigentlich nie krank und sorgte für ebenso sinnvolle wie unterhaltsame Stunden. Was für ein Glück man hat, wird einem allerdings erst bewusst, sobald Schüler anderer Bildungseinrichtungen von ihren Erfahrungen berichten.

Ob Lehrer etwas taugen oder nicht, zeigt sich keineswegs schon zu Beginn des Schuljahres. Sollte die entsprechende Person bereits am Anfang klingen wie ein motorgeschädigter Traktor, muss die Unterrichtsqualität im Verlauf der Zeit nicht zwangsläufig besser werden, doch in aller Regel offenbart sich entsetzliche Unfähigkeit erst später.

Was soll in den ersten Stunden auch groß schiefgehen? Mehr als die (konjugierten) Formen von »sein« und ein paar Standardphrasen à la »Me gusta ir al cine« (»Mir gefällt es, ins Kino zu gehen«) oder »¿Como te llamas?« (»Wie heißt du?«) kommen ohnehin nicht zustande. Im Nachhinein lacht man natürlich darüber, dass die ganze Klasse Probleme dabei hatte, von eins bis 20 zu zählen oder einfachste Wendungen auszusprechen. Aller Anfang ist eben schwer.

Ziemlich zu Beginn meiner Spanisch-Zeit sprach ich mit einem Freund, der schon früher mit dieser »idioma« in Kontakt gekommen war. Genauer gesagt gleich zwei Mal in der achten Klasse – was also heißen soll, dass er das erste Lern-Jahr schließlich ganze drei Mal durchlaufen hat. Seine weisen Worte lauteten wie folgt: »Jetzt geht noch alles, aber du wirst sehen: Wenn die Aufgaben nicht mehr auf Deutsch dastehen, sondern auf Spanisch, wird es echt ätzend.«

Obwohl ich anfangs nicht an diese Aussage glaubte, entsprach sie letztlich der Wahrheit. Andere wurden vom ansteigenden Schwierigkeitsgrad ähnlich naiv erwischt wie wir, wobei ihnen oft noch erschwerende Umstände im Weg standen. So benutzen beispielsweise diverse Schulen ein Buch, in dem man den Begriff »el alcornoque« lernt, noch bevor er in einem korrekten Satz verbaut werden kann. Doch was bedeutet jener scheinbar unerlässliche Baustein südländischer Kommunikationskultur? Nichts Wichtiges – es sei denn natürlich, man will mit seiner spanischen Bekanntschaft über die Charakteristika der Korkeiche fachsimpeln.

Schrecklich sind auch Leute, die ab der ersten Stunde kein Deutsch mehr sprechen und damit größtmögliche Verwirrung stiften. Bei solchen Lehrkräften verstehen die Schüler lediglich ihren eigenen Namen – und wenn der fällt, kann man nicht einfach auf Englisch antworten oder schweigen, was zu üblem Stress und dämlichem Rumgestotter führt. Da gibt es nur noch eins zu sagen: ¡Que te folle un pez*!

* Wörtlich bedeutet das: »Ich hoffe, du wirst von einem Fisch gef****!«. Hierbei handelt es sich wohl um die absurdeste Beleidigung auf dem ganzen Planeten.

DIKTATOR

Nach 80 Kapiteln dieses Buches erreichst du das Wut-Level eines Diktators, während in deinem rauchenden Kopf langsam, aber sicher Allmachtfantasien entstehen. Die Toleranz gegenüber schlechten Witzen sinkt, und die Fähigkeit, über sich selbst zu lachen, schwindet Schritt für Schritt ebenfalls. Hinter jedem sozialen Kontakt (vor allem in der Schule) meinst du in Momenten nicht zu bändigenden Zorns einen Systemkritiker zu erkennen, den es umgehend zu inhaftieren gilt. Lies nicht weiter, wenn du keine passenden Beruhigungspillen zur Hand hast!

SIE HABEN EINEN GEWÖHNUNGS- BEDÜRFTIGEN KLEIDUNGSSTIL

Die Menschheit hat während ihrer langjährigen Entwicklungsge-schichte eine Menge seltsamer Eigenschaften hervorgebracht. Was wir tun, macht bei genauerer Betrachtung nicht immer Sinn und erscheint gelegentlich sogar absurd. Beispielsweise geht der Durch-schnittsbürger arbeiten, um genug Geld für ein Verkehrsmittel zu haben, das ihn zur Arbeit bringt.

Ein weiteres Beispiel dafür, dass unsere Spezies kein Hirn besitzt, ist die Abholzung von Regenwäldern mit dem Ziel, aus dem gewon-nenen Material anschließend Supermarkt-Prospekte herzustellen, die dann wiederum größtenteils verbrannt werden. Noch dazu ver-anstaltet jede größere Stadt, sofern sie denn etwas auf sich hält, so-genannte »Modenschauen«. Veranstaltungen wie diese dienen auf-strebenden Künstlern ebenso als Bühne wie bereits etablierten, was jedoch nichts an den überwiegend grotesken Ergebnissen ändert.

Würde man den auf solchen Events präsentierten Vollschrott als Normalsterblicher auf offener Straße anziehen, täte die öffent-liche Meinung gut daran, einen für sein nicht vorhandenes Stil-bewusstsein zu teeren und zu federn. Luxusmarken, die derartige »Kreationen« auf den Markt bringen und beispielsweise 5000 Euro für hässliche Latschen verlangen, können sich auch nur deswegen halten, weil es genug Leute gibt, die nicht mehr wissen, was sie sonst mit ihrem Geld anstellen sollen.

Das bringt mich auch schon zum nächsten Punkt: Eigentlich laufen nur in den Hipster-Vierteln von Paris, Mailand und Los Angeles derart seltsam gekleidete Geschöpfe umher. Würde man jedoch auch Hotspots zählen lassen, in deren Umfeld sich mindes-tens genauso komische Exzentriker mit deutlich billigeren Kollek-tionen herumtreiben, könnten auch Schulen in unsere vorherige

Liste bekannter Designer-Orte mitaufgenommen werden. Paradox mutet hierbei an, dass oft die Verfechter strikter Kleiderordnungen aussehen, als repräsentierten sie mit ihren seltsamen Roben eine außerirdische Spezies.

Neben der in *How To Survive Schule* bereits erwähnten Kunstlehrerin, die sich stets schwarz einmummt, um als Kontrast der farbigen Malerei in Erscheinung zu treten, gibt es rund um das Lehrerzimmer noch allerlei weitere, wenn auch durchaus unterschiedlich geprägte modische Skurrilitäten zu bestaunen.

Wenn Frau W. am Horizont des Schulparkplatzes auftaucht, weiß man nicht recht, ob sie vor der ersten Stunde noch am Set eines Hip-Hop-B-Movies tätig war oder ihr Ziel in der Imitation 16-jähriger Klischeemädels aus bildungsfernen Schichten besteht. Ihr fetter, vermutlich gefälschter Glitzer-Klunker würde die Frau in Kombination mit der peinlichen Jogginghose für eine Hauptrolle im Film *Straight Outta Gymnasium* qualifizieren.

Witzig ist ebenfalls, dass gerade Herr G. als Geschichtslehrer den Eindruck erweckt, er wäre einer Doku über den Ersten Weltkrieg entsprungen. Dies liegt nicht zuletzt an seinem Kaiser-Wilhelm-Bart und diversen antiquarischen Anzügen, die aufgrund ihres Alters vermutlich mehr wert sind als das kombinierte Inventar zweier Gucci-Läden. Trüge der Mann zusätzlich noch eine Pickelhaube, würde man es ihm glatt abnehmen, dass er vor 100 Jahren im Oberkommando der kaiserlichen Armee gedient hat.

Tja – komisch gekleidete Menschen laufen an Schulen en masse herum. Vielleicht sollte mal jemand auf den Gedanken kommen, ein eigenes Buch nur darüber zu verfassen ...

SIE VERÄNDERN DIE SITZORDNUNG

Es gibt nicht viel in der Schule, was einem dabei hilft, den Glauben an bessere Zeiten zu wahren. Neben der Aussicht auf Essen und den letzten Gong am Nachmittag sind eigentlich nur gute Freunde ausschlaggebend dafür, dass man bei all dem didaktisch meist fragwürdigen Geschwurbel nicht seinen Verstand verliert. Diese kostbare Personengruppe will aus einleuchtenden Gründen jeder nahe bei sich haben. Denn eins ist klar: Witzige Gespräche zwischendrin lockern das Unterrichtsgeschehen ungemein auf und retten in gelegentlichen Fällen sogar den gesamten Tag.

Davon können auch Max und Yusuf ein Lied singen: Beide verfügen über die geistige Reife von Bakterienkolonien, was heißen soll, dass sie sich tagsüber fast ausschließlich um Nahrung und ihre Fortpflanzung kümmern (Letzteres erfolgt hierbei jedoch nicht durch Zellteilung). Nachts sieht es leider auch nicht viel besser aus. Gerade als Max mit fragwürdiger Gestik über eine weibliche Diskothek-Bekanntschaft berichtet, fängt sein Kollege vor Lachen regelrecht zu schreien an.

Frau G., die an der Tafel versucht, irgendwelche physikalischen Formeln zu erklären, wird vom wortwörtlich brüllenden Gelächter ebenso überrascht wie der Rest des Klassenverbandes.

»Jetzt aber …«, heißt es mahnend von vorne, doch so ein Anfall lässt sich aus eigener Kraft nur schwer wieder bremsen. Was als breites Grinsen begann, wächst nach und nach zu einem keuchenden Jaulen an, das nur gelegentlich durch verstörende Grunzlaute unterbrochen wird. Die fraglos bizarre Soundkulisse wirkt dermaßen belustigend, dass die Erheiterung schon bald virulente Züge annimmt und auch andere Personen im Zimmer dazu übergehen, ihre verspannte Haltung aufzugeben.

Nach einer Weile wird es Frau G. zu bunt – sie fühlt sich in der Ausübung ihrer Tätigkeit eingeschränkt und betrachtet die Versetzung des noch immer kichernden Yusufs als einzigen Ausweg. Obwohl sie mittlerweile auf 20 Jahre im Schuldienst zurückblickt und diese Maßnahme noch niemals funktioniert hat, kommt sie immer wieder zur Anwendung. Je nachdem, ob eine gute oder schlechte Klassengemeinschaft vorherrscht, unterhält sich der Übeltäter an anderer Stelle erneut mit irgendwelchen Armleuchtern oder aber greift auf Kommunikationsmethoden größerer Reichweite zurück.

Letzteres kann indiskretes Herumschreien und die lediglich lautere Fortsetzung des Gesprächs ebenso bedeuten wie das oftmals halbseidene Verwenden von Zeichensprache oder Nachrichtenzetteln. Mit anderen Worten – die Lehrkraft doktert an den Symptomen herum, anstatt das Problem bei der Wurzel zu packen und den Schmarrnköpfen die Möglichkeit zu geben, sich wieder einzukriegen. Warum nicht einfach fragen, was so wichtig oder witzig ist? Und wenn es gar nicht anders geht, kann man entsprechende Kandidaten immer noch für fünf bis zehn Minuten vor die Tür beordern. Das beruhigt den Klassenverband, verursacht kein irreversibles Wissensdefizit beim Ausgeschlossenen und verschafft der Lehrkraft die Möglichkeit, mal ohne bescheuerte Nervensägen in Ruhe durchzuatmen.

Das Umsetzen von Leuten führt hingegen meist zu nichts – was auch daran liegen könnte, dass sich immer wieder Deppen über die Maßnahme beschweren und behaupten, sie wären zu Unrecht bestraft worden. Weil man als Lehrer oft keine Ahnung hat, von wem das Gequatsche genau ausgegangen ist, bleibt einem anschließend nur die Wahl zwischen Kollektivstrafe oder Begnadigung. Wenigstens erwischt man bei Ersterem immer auch die Richtigen …

SIE UNTERRICHTEN GEOGRAFIE (NICHT)

Geografie ist ein Fach, das wie auch Geschichte und Sozialkunde massiv zur Entwicklung der sogenannten »Allgemeinbildung« beiträgt. Während nach Ausbildung oder Studium kaum mehr einer nach komischen ganzrationalen Funktionen oder lyrischen Interpretationen fragt, kann es ganz schön peinlich werden, wenn man behauptet, Alaska läge im Einflussbereich der russischen Föderation. Dass die an beiden Orten vorherrschende Kälte derartige Gedanken vielleicht nahelegt, ist im Nachhinein allenfalls als halbernste Entschuldigung heranzuziehen.

Es versteht sich von selbst, dass kompetente Lehrkräfte trotz der unzweifelhaften Wichtigkeit des Faches so häufig auftreten wie Rockmusik auf Klassik-Radio. Da gibt es beispielsweise Frau B. Alle Vorurteile über Blondinen scheinen sich hinsichtlich ihrer Person zu manifestieren, wobei man fairerweise anmerken muss, dass natürlich auch dunkelhaarige Dozenten im Schnitt keinen besseren Unterricht machen als ihre blonden Kollegen.

Die gute Frau stammt aus dem hohen deutschen Norden, was ihre riesige und dennoch überaus schlanke Statur erklären könnte. Versteh mich nicht falsch: Ich will keineswegs irgendwelche halbwahren Klischees aufwärmen, doch auch sie macht immer wieder selbstironische Witze darüber, dass sie selbst die Männer im Lehrerzimmer bei Weitem überragt.

Leider hört jene physische Überlegenheit bei ihrem Gehirn auf, was schon so manchen arroganten Klassenzimmer-Bayern zu der höchstwahrscheinlich unzutreffenden Aussage verleitet hat, in seinem Bundesland wäre Frau B. bereits vor dem ersten Abschluss ins schulische Aus gedrängt worden.

Wie dem auch sei – in der heutigen Stunde soll es um Nordafrika gehen. Zu diesem Zweck hat eure Lehrkraft extra den Kartenraum aufgesucht, damit sie die Dimensionen des Mittelmeerraums mithilfe von anschaulichem Lehrmaterial aufzeigen kann.

Eine ganze Weile lässt Frau B. das im Studium aufgesaugte Fachwissen auf euch niederprasseln, bis schließlich einige Schüler zu lachen beginnen. Etwas irritiert setzt sie den Unterricht fort, ehe ihr auffällt, dass der Stiefel von Italien neuerdings nach rechts zeigt und sich an der südlichen Seite des Mittelmeers befindet.

Anstatt zuzugeben, Europa aufgrund einer um 180 Grad gedrehten Karte mehrere Minuten lang für Afrika gehalten zu haben, geht die Expertin für geopolitische Fragen schnell zum nächsten Thema über. Wie so viele Deutsche ist sie jedoch nicht einmal dazu in der Lage, das Land »Libyen« richtig auszusprechen – und das nach einem verfluchten Geografie-Staatsexamen!

Was ist so schwierig daran, dieses vermaledeite Wort zu lesen? Es heißt »Libyen«, also *Libüen* – und nicht »Lübien«, wie immer alle sagen. Dass zu Beginn der Staatsbezeichnung ein ü-Laut kaum etwas verloren hat, lässt sich am besten mithilfe der Landessprache verdeutlichen. Meine Arabisch-Kenntnisse gehen zwar bislang nicht über die verschiedenen Glyphen hinaus, sind für diesen Zweck aber vollkommen ausreichend. »ليبيا« (von rechts nach links) lautet die originale Schreibweise, welche etwa »libia« ausgesprochen wird.

Klar – jeder irrt sich mal. Aber wenn man ein Fach studiert hat wie Frau B. und dennoch ständig den Eindruck erweckt, Wikipedia-Einträge wären in vielfacher Hinsicht die besseren Wissensquellen, muss einfach die Frage erlaubt sein, wofür die Gute eigentlich bezahlt wird.

SIE UNTERNEHMEN NICHTS GEGEN MÜLL

Kennst du den Film *Slumdog Millionaire*? Keine Sorge, der folgende Text enthält keine Story-relevanten Spoiler, falls gewisse Leser jenen Klassiker erst noch anschauen wollen. Es sei lediglich darauf hingewiesen, dass er in Indien spielt und teils auch Szenen zeigt, die einen mit der extremen Armut mancher Bevölkerungsgruppen konfrontieren.

So sieht man beispielsweise schon relativ zu Beginn, wie Kinder auf Müllbergen herumkrabbeln, um in den schier endlosen Massen des Abfalls noch irgendwelche wertvollen Gegenstände wie Altmetall zu ergattern, die sich zu Geld machen lassen. Derartige Zustände mögen im ersten Moment verstörend erscheinen, kommen dem durchschnittlichen Schüler aber seltsam bekannt vor.

Trotz wiederholter Ausraster im Direktorat könnte man in deiner Bildungseinrichtung noch immer annehmen, es hätten vor wenigen Stunden mehrere gigantische Bomben eingeschlagen. Unmengen an Dreck und Schrott lassen alle Anwesenden glauben, dass selbst Herkules durch die Umleitung mehrerer Flüsse eine Reinigung des Gebäudes nicht mehr bewerkstelligen könnte.

Nun gilt es, den Schuldigen für jenes Desaster ausfindig zu machen, weil es sich nach der Benennung eines schulinternen Sündenbocks deutlich angenehmer lebt. Sofort denkt man natürlich an die beiden osteuropäischen Reinigungskräfte. Kann es sein, dass Olga und Claudia nur faul herumsitzen und sich fürs Nichtstun bezahlen lassen? Aber nein! Sie sind schließlich keine Wirtschaftslehrer. Ihre Überforderung mit dem Schmutz liegt schlicht und einfach daran, dass es unmöglich ist, zu zweit binnen weniger Stunden das gesamte Gebäude zu schrubben. Um den wortwörtlich feuchten Traum vom komplett gewischten Schulhaus wahrzumachen, wäre ein mindestens sechsmal so großes und doppelt so gut bezahltes Putzteam notwendig.

Dann kommen hinsichtlich der Übeltat noch Schüler infrage. Sind sie es, die immerzu ihren Müll unsachgemäß entsorgen, sodass man ihn schließlich auf Gängen oder dem Pausenhof wiederfindet? Na klar! Nicht mal Dieselmotoren sind dermaßen fette Dreckschleudern wie deutsche Schüler. Egal, wo das faule Gesindel gerade kreucht und fleucht, hinterlässt es eine Schneise der Verpackungsabfälle.

Was auf dem Gelände alles rumliegt, passt auf keine Kuhhaut. Und da eine durchschlagende Aufräumaktion bereits seit Ewigkeiten aussteht, ist diese Müllkippe schon fast für Archäologen interessant. Wie wir im Geschichts-Kapitel festgestellt haben, dürfte sich diesbezügliches Interesse vor allem darauf richten, was man vor circa 70 Jahren gegessen hat, als das Happy Meal noch »Reichsjugendbeutel« hieß.

Und was tun die Lehrer gegen jene Verschandelung von Naturflächen und sündhaft teuren Zeugnissen der Zivilisation? Nichts. Manchmal dringt eine einschläfernde, halb motivierte Ermahnung zu den Schülern durch, doch wirkliche Konsequenzen haben Umweltsünder an Bildungseinrichtungen nicht zu fürchten. Eher noch passiert es, dass man das eine oder andere Mitglied der Belegschaft dabei beobachtet, wie es seine Pausenzigarette neben den entsprechenden Mülleimer schnippt. Was gibt es auch Wichtigeres als verantwortungsbewusste Vorbilder?

SIE SPRECHEN SCHLECHT ÜBER VIDEOSPIELE

Die Geschichte der Videospiele zeigt eindrucksvoll, wie aus dem Hirngespinst nerdiger Schrauber globale Wirtschaftskraft erwachsen konnte. Was vor wenigen Jahrzehnten mit Klassikern wie *Pong*, *Pacman* oder *Donkey Kong* begann, hat sich längst zu einem überaus erfolgreichen und gesamtgesellschaftlich relevanten Phänomen entwickelt. Dass das Zocken im biederen Deutschland noch immer mit der Vorstellung von fetten Couch-Potatoes in Verbindung steht, kann nicht über die mittlerweile gigantischen Gewinne jener Branche hinwegtäuschen.

Laut einem Artikel der *Süddeutschen Zeitung*[*] generierte die Spieleindustrie bereits 2015 einen weltweiten Umsatz von sage und schreibe 86,8 Milliarden US-Dollar. Von den 34,3 Millionen Deutschen, die regelmäßig zocken, besitzen knapp 42% das Abitur oder eine Hochschulbildung, was heißen soll, dass Games längst in der Mitte unserer Gesellschaft angekommen sind. Das zeigt sich logischerweise auch finanziell: Mit 2,7 Milliarden Euro setzt dieser extraordinäre Wirtschaftssektor jährlich mehr Geld um als die Bundesliga, was hinsichtlich der enormen hiesigen Fußballbegeisterung schon etwas heißen muss.

In Südkorea füllt E-Sports, also kompetitives Computerspielen, bereits große Stadien, und erfolgreiche Teams können bei öffentlich angesehenen Turnieren Millionen gewinnen. Das hält die Schüler der Nation offensichtlich nicht davon ab, bei internationalen Vergleichstests wie der PISA-Studie deutlich besser abzuschneiden,

---

[*] *Martin-Jung, Helmut/Tanriverdi, Hakan/Huber, Matthias (2015): Gaming-Branche – Mehr Umsatz als die Bundesliga. http://www.sueddeutsche.de/digital/gamescom-spielen-ohne-rot-zu-werden-1.2590395 (Stand: 30.08.2017).*

als Deutschland es jemals konnte. Dennoch erdreisten sich viele Lehrer, schlechte Noten, ihre Unfähigkeit, die Dummheit mancher Schüler und allgemein alles erdenklich Schlechte auf eine derart populäre Freizeitbeschäftigung zu projizieren, obwohl sie selbst noch nie mit der Materie konfrontiert worden sind.

Herr G. macht vor, wie lächerlich eine solche Negativ-Einstellung klingen kann: Kommst du zu spät, fragt man dich, ob die Komplettierung des Levels wieder bis in die frühen Morgenstunden gedauert hat, obwohl einfach nur dein Bus zu spät gekommen ist.

Jammert jemand über zu viele Hausaufgaben, wirft ihm der Lehrer vor, seine Zeit ohnehin nur mit belanglosen Videospielen verschwenden zu wollen. Er solle daher froh sein, eine sinnvolle Beschäftigung für den Nachmittag erhalten zu haben. Ferner trüge die zur Geißel der Menschheit stilisierte Ausübung jener spaßigen Tätigkeit maßgeblich zur Verrohung der Jugend, dem internationalen Terrorismus und einer Ausbreitung von Kurzsichtigkeit bei. Na ja, zugegeben – bei Letzterem hat der schräge Typ vielleicht sogar recht.

Genugtuung gibt es erst, als man den alten Griesgram zum Aufsichtslehrer für ein von der SMV organisiertes *FIFA*-Turnier erklärt, weil an diesem Tag niemand sonst zur Verfügung steht. Trotz anfänglicher Weigerungen nimmt er schließlich einen Playstation-Controller in die Hand und erlebt zum ersten Mal, wie es sich anfühlt, von weit überlegenen Gegnern virtuell vernichtet zu werden.

Doch dann passiert das Unglaubliche: Herr G. erzielt mit dem viel zu schnellen Flügel-Pacer Ronaldo ein Überraschungstor. Die umstehenden Schüler können es kaum fassen und pinkeln sich vor Aufregung beinahe in die Hose, während der stets unzufriedene Nörgler aufsteht und ein Geräusch ausstößt, das man von ihm noch nie zuvor gehört hat: lautstarken Jubel. An diesem Tag scheint seine Kritik ein für alle Mal verstummt zu sein.

SIE MACHEN ES DEN SCHÜLERSPRECHERN SCHWER

Es ist gleichzeitig Privileg und Verpflichtung, wenn einen das Kollektiv zum Schülersprecher befördert. Jeder, der diesen Job nicht nur übernimmt, um sich beispielsweise früher aus dem Unterricht verabschieden zu können, weil er noch etwas »unglaublich Bedeutsames« zu erledigen hat, wird das hoffentlich ähnlich sehen.

Denn jenes Amt ist trotz seiner augenscheinlichen Unwichtigkeit ein Ausdruck von gutem Willen und weit überdurchschnittlichem Engagement. Ferner haben offizielle Schülervertreter auch gesetzlich garantierte Rechte: Sie können (zumindest im Freistaat Bayern) ihre Stimme bei obligatorischen Schulforumssitzungen gleichberechtigt einbringen, und die Verwaltung muss sie vor wichtigen Entscheidungen stets in Kenntnis setzen.

Gedankt wird einem das in aller Regel mit der Feindschaft verschiedener Lehrer, denen man durch organisierte Veranstaltungen ein Mehr an Arbeit aufhalst. Noch unbefriedigender erscheint das alles, wenn man sich vor Augen führt, wie viele Schüler den intensiven Einsatz für sie und ihre Rechte einfach nur mit einem gleichgültigen Schulterzucken quittieren.

Doch es gibt auch einige Dozenten, die das Vorgehen der Schülersprecher nicht nur insgeheim missbilligen, sondern aktiv sabotieren. Frau C. ist beispielsweise für sämtliche Terminangelegenheiten der Bildungseinrichtung verantwortlich und gehört somit zu den Menschen, mit denen man sich als Repräsentant des gemeinen Volkes besonders oft herumschlagen muss.

Im Herbst plant euer Team einen sportlichen Wettkampf gegen andere Schulen, der zwar seit jeher gut ankommt, aufgrund jährlich stattfindender Studienfahrten aber nicht ganz einfach zu terminieren ist. Auch wenn man es sich vielleicht wünschen würde, kommt man hierbei kaum an Frau C. vorbei. Leider weiß diese nur, an welchen Tagen der Spaß von vornherein ausgeschlossen ist, und krümmt auch keinen Finger, um euch mit ihrem heiligen und gleichermaßen peinlichen Taschenkalender entgegenzukommen.

Glücklicherweise kann man wenigstens in dieser Angelegenheit auf die Hilfe des Rektorats zählen: Weil sich der Hunger nach positiven Presseberichten niemals stillen lässt, sorgt euer hauseigener Schlipsträger im Eiltempo dafür, dass die starrsinnige Mitarbeiterin ihren Fehler einsieht und man den Schülersprechern sogar frei gibt, damit sie in Sportstunden nach Erfolg versprechenden Kandidaten für die »gymnasiale Auswahl« suchen können.

Leider sind nicht nur termintechnische Abstimmungsprobleme Ausdruck einer generell weit verbreiteten Verweigerungshaltung. Häufig gibt es auch Stress, sobald du für dein Amt etwas später kommen oder früher gehen willst – selbst wenn alle wissen, dass wichtige Veranstaltungen wie das Sommerkonzert oder sonstige Gründe dein kurzzeitiges Fehlen mehr als entschuldigen würden.

Erzählungen über die Zusammenarbeit mit der Schülerzeitung will ich eigentlich gar nicht erst auspacken, doch kannst du dir vorstellen, dass Herrn Z.s Mannschaft die Fähigkeiten mitbringt, ein paar lächerliche Diagramme der SMV-Umfrage professionell kommentiert und mit angemessenem Farbkontrast abzudrucken? Was für eine Frage – natürlich nicht.

87. GRUND

SIE PEINIGEN DICH MIT SCHROTT-MUSIK

Dieses Kapitel liegt mir besonders am Herzen, weil es ein Thema behandelt, das den durchschnittlichen Schüler bis zur Oberstufe begleitet und zuweilen mit gewaltigem Frust verbunden ist. Obwohl mittlerweile viele erst nach 1990 geborene Neulinge in den Schuldienst eingesickert sind, tummeln sich noch immer unzählige Kollegen in den Lehrerzimmern der Nation, die während der goldenen Ära des Rock 'n' Roll aufgewachsen sind oder die Glanzzeiten jenes Genres zumindest nicht gänzlich verpassten.

Heiliger Klabautermann – was würde ich dafür geben, die Rolling Stones live sehen zu können, ohne mich dafür um 500-Euro-Abschiedstournee-Tickets prügeln zu müssen, die sich junge Leute ohnehin nicht leisten können. Ganz zu schweigen von Creedence Clearwater Revival, Jimi Hendrix, AC/DC, Buffalo Springfield, Country Joe McDonald oder Queen, deren Tracks vermutlich bis in alle Ewigkeit als Klassiker gelten werden.

Um zu verhindern, dass mich meine Leser für einen verkappten, im falschen Jahrzehnt geborenen Rocker halten, sei darauf hingewiesen, dass meine Playlists von Pop über Klassik bis hin zu Hip-Hop, Electro, House, Jazz und Metal so ziemlich alles enthalten, was die Branche hergibt. Angesichts einer derart breiten Auswahl an herausragenden Interpreten der Vergangenheit und Gegenwart erscheint es nur noch unverständlicher, warum Lehrkräfte für ihren Unterricht stets den größten Müll raussuchen müssen.

Um dies möglichst lebhaft zu illustrieren, fällt mir spontan kein besseres Beispiel als das *Rap-Huhn* ein. Mit einigen Jahren Abstand schmunzelt man nur noch über den Typen, der uns irgendwann zwischen Kindes- und Jugendalter für Noten umhergackern ließ. Jenes wohl zur Peinigung erdachte »Musik«-Stück von Felix Janosa beginnt mit dem Satz »Hallo Leute – wir sind heute – auf dem Bauernhof«, wobei nur der Refrain die dem Song innewohnende Verblödung ausreichend offenlegen kann: »Das Rap-Huhn / Tok Toke Toke Tok / Das rappt nun / Das Rap-Huhn / Tok Toke Toke Tok / Das rappt nun«

Einige Lehrer halten so einen Stuss wohl für lustig – obwohl sich nicht einmal mehr Grundschulkinder dafür begeistern lassen. Im digitalen Zeitalter sind selbst die kleinen Pimpfe mit Drake, Lil Wayne, Macklemore und Konsorten vertraut, was heißen soll, dass sie in schlechtem Englisch und ohne jegliches Inhaltsverständnis eher noch Texte über Sex, Drogen und Bandenkriminalität nachplappern würden, als jemanden für voll zu nehmen, der ihnen das Rapp-Huhn aufoktroyiert.

Generell erscheint es so, als bestünde das größte Ziel der Lehrerschaft darin, aus jeder zu behandelnden, vom Lehrplan vorgeschriebenen Epoche die uncoolsten und langweiligsten Werke beziehungsweise Musiker herauszugreifen, um dann stundenlang über sie zu referieren.

Ohne bezweifeln zu wollen, dass man mittelalterliche Kirchenmusik vielleicht mal gehört haben sollte, behaupte ich doch, dass Siebtklässler nicht unbedingt wochenlang mit orgelbegleiteten Choralen über den Herrgott belästigt werden müssen. Bei genauerem Nachdenken lässt sich die steigende Zahl der Kirchenaustritte vielleicht sogar auf unbewusste Musikunterrichts-Traumen zurückführen – wer weiß?

88. GRUND

SIE MEINEN, SICH ALLES ERLAUBEN ZU KÖNNEN

Es gibt nur wenige Institutionen, bei denen ein allgemeines Autoritätsgefälle dermaßen unverkennbar ist wie in der Schule. Das Militär zeigt, dass klare Verhältnisse Halt geben und zu größerer Disziplin beitragen können. Häufig laden sie aber auch zu Machtmissbrauch und der Ausbildung eines unvorteilhaften Führungsstils ein, was leider geradezu jedes Mal in einem Debakel endet.

Leute wie Dreck zu behandeln sowie sich selbst maß- und grundlos zu überhöhen, klappt natürlich umso besser, wenn seine »Untergebenen« noch nicht einmal alt genug sind, um den entsprechenden Spinner durch fette Klagen vom hohen Ross herunterzuholen. Die Erziehungsberechtigten wären zwar prinzipiell in der Lage dazu, müssen aber stets erst über mehrere Ecken von bestehenden Missständen erfahren.

Irgendwann während meiner letzten Schuljahre hat eine Lehrkraft mal darüber geschimpft, wie stark die Zahl juristisch agierender Eltern im letzten halben Jahrzehnt gestiegen sei. Woran liegt das? Entweder an mimosenhaften Jammerlappen, die schon beim kleinsten Firlefanz vom Gefühl erfüllt sind, irgendwie benachteiligt zu werden – oder am teils tatsächlich abartigen Verhalten der Belegschaft, das es einem wahrhaftig schwer macht, in Lehrern nach wie vor Respektspersonen zu erkennen.

Die Mentalität, man sei aufgrund des abgeschlossenen Studiums sowie der nun gegebenen Möglichkeit, andere zu bewerten, über jeglichen Zweifel erhaben und mit der Lizenz zum Alles-Tun ausgestattet, offenbart sich bereits häufig beim Parken.

Während Lehrlinge mit ihrem meist noch druckfrischen Führerschein penibel darauf achten, ihren Fahranfängerkollegen so wenig Platz wie möglich wegzunehmen, rauscht das Personal über das asphaltierte Areal, als gäbe es kein Morgen. Wenn im extra vorgesehenen Lehrerbereich mal keine Fläche mehr zur Verfügung steht, stellt man sich einfach woandershin, wobei es selbstverständlich keine Rolle spielt, ob der Karren längs, quer oder überschlagen doppelt so viel Raum einnimmt wie eigentlich notwendig.

Auch das Zuspätkommen ist so eine Sache: Schüler werden schon bei geringfügigen Trödeleien massiv bestraft, was die selbstgerechte Lehrerschaft natürlich nicht davon abhält, durch permanentes Fernbleiben vom Unterricht regelmäßig 20 Minuten oder mehr ausfallen zu lassen. Normalerweise spielt der Grund für vorkommende Verzögerungen überhaupt keine Rolle – ganz gleich, ob man verschlafen hat oder die S-Bahn entgleist ist. Bei sich selbst legen die feinen Dozenten aber gerne einen Sondermaßstab an.

»Ich musste heute das Frühstück auslassen und deswegen noch etwas beim Kiosk kaufen!«, kommt dir beispielsweise einmal zu Ohren. Wenn solche fadenscheinigen Ausreden nicht mehr funktionieren, kann man die Schuld immer noch auf seinen Kindern abladen, welche es in die Krippe zu bringen galt.

Doch auch im zwischenmenschlichen Bereich leisten sich so manche Lehrer Fehltritte, die in der richtigen, nicht schulisch limitierten Welt unangenehme Konsequenzen nach sich zögen. So sagt Frau O. tatsächlich zu einem Schüler, er befände sich noch immer im Uterus, hätte sich seine Mutter damals so angestellt wie er bei dieser Matheaufgabe.

»Fast so wie Sie beim Parken!«, möchte man da sagen, wenn die Blicke wieder einmal auf den schrecklich platzierten Wagen außerhalb des Fensters treffen.

89. GRUND

SIE DEMOTIVIEREN DICH

Ich sehe ein, dass man als Lehrer hauptsächlich dafür bezahlt wird, den Schülern die an der Universität erlernten Inhalte näherzubringen. Fachwissen ist die Basis unseres Wohlstands, denn ohne Expertise lassen sich keine Häuser errichten, Musikstücke komponieren oder Motoren entwickeln. Dabei wird gerne vergessen, dass sämtliche brillanten Meister ihre Erfindungen und Werke nicht nur der lückenlosen Kenntnis über die Vorerfahrungen anderer Personen verdankten.

Egal in welchem Metier sie Grenzen überschritten, Innovationen herbeiführten oder einzigartige Leistungen erbrachten, haben alle von ihnen – zusätzlich zu einer umfassenden Grundbildung – über Visionen, eisernen Ehrgeiz und beseelte Entschlossenheit verfügt. Ohne starken Glauben an sich und seine Idee ist jede bahnbrechende Unternehmung zum Scheitern verurteilt.

Insofern sollten Lehrkräfte nicht nur an den formalen Fähigkeiten ihrer Absolventen schleifen, sondern auch deren Charakter fördern. Tun sie das? In seltenen Fällen. Meistens aber werden Schüler entweder mit einer schier endlosen Indifferenz abgestraft oder gar unverblümt demotiviert.

Ganz ungeachtet des Alters, der physischen oder psychischen Konstitution sowie der gegebenen Umstände finden auch im Lehrerberuf nur allzu oft auftretende Miesmacher-Existenzen immer einen Grund, um die Träume junger Menschen mit Füßen zu treten. Sagt ein Sechstklässler, dass er später einmal Jura studieren möchte, belächelt man ihn, »weil sich ja noch so viel ändern kann und eine Festlegung in diesem Alter schlicht unrealistisch erscheint«. Ja und? Die tatsächlich bestehende Möglichkeit, dass der Junge sein aktuelles Ziel zugunsten späterer Wunschvorstellungen aufgibt, stellt keineswegs einen Grund dar, ihn nicht von Anfang an ernst zu nehmen und zu unterstützen.

Selbst wenn der kleine Philipp Astronaut werden wollte, haben alle anderen so lange ihre verfluchte Klappe zu halten, bis er es a) schafft, b) nicht schafft oder c) nicht mehr anvisiert. Obwohl die Chance, tatsächlich ins All zu kommen, als verschwindend gering eingestuft werden kann, ist sie doch vorhanden. Und wer wird den Job wohl eher bekommen? Ein ambitionierter Kämpfer mit unbedingtem Durchhaltewillen oder die meckernde Lehrkraft, die es ihm ausreden will?

Ebenso deplatziert sind Bewertungen darüber, ob man zur Ausübung einer bestimmten Tätigkeit geeignet ist oder nicht. Wie kann sich eine Person, die den entsprechenden Menschen maximal sechs Stunden pro Woche sieht, anmaßen, über dessen Aussichten zu urteilen? Dabei sollte sie ihm helfen, Steine aus dem angestrebten Weg zu räumen. Sprüche wie »Du wirst kein XY mehr …« oder »Da sehe ich schwarz« laden ehrgeizigen Performern hingegen eine noch größere Last auf. Wie lässt es sich erklären, dass so viele »Pädagogen« keine konstruktiven Empfehlungen und Einschätzungen von sich geben, sondern oftmals plumpe Schlechtrederei betreiben? Ganz einfach: Neben einer verschwindend geringen Minderheit idealistischer Spitzenlehrer, die jungen Leuten wirklich weiterhelfen wollen, tummeln sich im Schuldienst auch unzählige mittelmäßige Existenzen herum. Sie müssen sich widerwillig damit abfinden, dass genau der Schüler, den sie momentan noch bewerten, schon bald ein Unternehmen leiten, Filmstar werden oder ins All fliegen könnte – was ihnen hinsichtlich ihrer eigenen Unzufriedenheit überhaupt nicht schmeckt.

Was schließen wir daraus? Wenn du einen Traum hast, lebe ihn. Große Visionen werden von kleinen Menschen grundsätzlich für lächerlich und unrealistisch befunden, solange man sie nicht umsetzt. J.K. Rowlings erstes *Harry Potter*-Buch wurde von 12 Verlagshäusern abgelehnt. Eine Zeitung kündigte Walt Disney mit der Begründung, er habe keine »kreativen Ideen«. Stell dir vor, die beiden hätten den Schwarzmalern zu ihrer Zeit Glauben geschenkt.

Auch wenn nicht immer alles klappt, bin ich fest davon überzeugt, dass dich harte Arbeit und Disziplin an die Spitze führen können. Lass dir niemals erzählen, deine Träume seien wertlos. Schon gar nicht von einem Lehrer, der dich eigentlich dabei unterstützen sollte, den Grundstein für ihre Erfüllung zu legen.

90. GRUND

SIE BENEIDEN KOMPETENTE KOLLEGEN

Die beste Unterrichtseinheit meines Lebens habe ich während der (zweiten) achten Klasse im Rahmen einer Geografiestunde erlebt. Es war das einzige Mal, dass während der gesamten 45 Minuten ungebrochenes Schweigen herrschte und der Lehrer zum Stundengong Applaus für seine Arbeit erhielt.

Das damalige Thema – und es spricht für den Dozenten, dass ich das noch weiß – umfasste den Aufbau orientalischer Städte. Anstatt einfach Luftbilder aufzulegen und die einzelnen Bezirke einzukreisen, hat er uns mithilfe von professionell gestalteten PowerPoint-Folien eine zeitlich perfekt abgestimmte Geschichte erzählt: Der Sohn eines Unternehmers sitzt in seinem Hotelzimmer und holt vor lauter Langeweile sämtliche Sterne im Handyspiel *Angry Birds*.

Als er dessen überdrüssig wird, beschließt der Junge, sich aufzumachen und die umliegende Stadt zu erkunden, wobei es ihn zum Kern der solchen ebenso verschlägt wie zu Basaren, Armenvierteln und industriell geprägten Arealen. Dabei begegnen ihm viele Einheimische, die von ihrem Leben in der morgenländischen Metropole erzählen und so authentisch beschrieben sind, als wäre der Geschichtenerzähler ein Nahost-Experte.

Dazu kommen stets Kurzfilme und eigens geschossene Fotografien, auf denen sich manchmal sogar der Lehrer selbst befindet. Im Gegensatz zu vielen Berufsgenossen steckt er wohl nicht gerade wenige Stunden in die Vorbereitung des Unterrichts – und das sogar ohne einen Beobachter, dessen Bewertung ihn dazu gezwungen hätte!

So etwas bleibt natürlich nicht unbeachtet. Aus naheliegenden Gründen wird man von seinen Schülern sehr geschätzt, wenn diese merken, dass sie dem Dozenten nicht völlig egal sind und er durch ansprechenden Unterricht Engagement beweist. Obwohl es damals zu keinerlei Neid-Vorfällen gekommen ist, passiert so etwas leider immer wieder.

Fällt die Stegreifaufgabe des Kollegen um fast drei Notenstufen besser aus als die eigene, obwohl man denselben Stoff behandelt hat, kann schon mal ziemlich übler Frust aufkommen. Anstatt sich zu fragen, ob dieser Umstand vielleicht aus der individuellen Unterrichtsqualität abgeleitet werden kann, gehen viele Lehrer in die Offensive und versuchen, den »Konkurrenten« anzuschwärzen, um nicht blöd dazustehen.

Er gebe den Schülern immer »Hilfestellungen« und informiere sie vor eigentlich unangekündigten Leistungsnachweisen über den anstehenden Test. Besonders anrüchig kann ein solches Gequatsche werden, wenn der kompetente Lehrer oder die kompetente Lehrerin jünger ist als sein/ihr Neider. Oftmals folgen dann irgendwelche bescheuerten Ratschläge, wie der Unterricht des »Jünglings« zu optimieren sei. Indem man selbst mit der Befähigung eines verschimmelten Weißbrots noch so tut, als sei man allwissend und zur Belehrung fachkundiger Personen imstande, kann man seine eigene Stümperei hinter einer Fassade gewaltiger Sachverständigkeit verstecken.

Extrem fies ist auch, den eigentlich besseren Lehrer negativ zu bewerten oder ihn bei der Schulleitung zu bemängeln, nur weil einem aufgrund der erhöhten Stellung – zum Beispiel als Fachschaftsleitung – derartige Möglichkeiten zur Verfügung stehen. Das mag im ersten Moment clever sein, führt aber langfristig verdientermaßen in den Abgrund.

WUT-STUFE X

GODZILLA

Die Venen von Steroid-Junkie Hulk erscheinen lächerlich gegenüber deinen wutbedingten Muskelkrämpfen, deren Stärke nach 90-facher Konfrontation mit unfähigen Lehrkräften nie da gewesene Ausmaße angenommen hat. Während sich die reptilienartige Haut vorlauter emotionaler Säuerlichkeit schon ins Grünliche verfärbt, trägst du immer öfter Sorge, irgendwelche Kasper auf dem weit unter dir liegenden Boden könnten deinen riesigen Dino-Füßen zum Opfer fallen. In militärischer Fachsprache würde man das wohl »Kollateralschaden« nennen. Bist du bereit für die letzten 21 noch mehr Zorn erzeugenden Kapitel?

SIE SCHLEPPEN DICH GELEGENTLICH INS KINO

Wenn der Lehrer anbietet, am Tag vor den Weihnachtsferien mit der Klasse ins Kino zu gehen, meint man im ersten Moment, irgendwas falsch verstanden zu haben. An desaströse Ausflüge katastrophaler Qualität gewöhnt, geht jeder durchschnittliche Schüler nach mehreren Jahren auf seiner weiterführenden Bildungseinrichtung grundsätzlich vom Schlimmsten aus – selbstverständlich mit allem Recht.

Weil es das neue Absenzen-System nicht mehr ohne ärztliches Attest zulässt, kurz vor den unterrichtsfreien Abschnitten zu Hause zu bleiben, bezahlt man die paar Groschen jedoch trotzdem und erscheint am Stichtag mit entsprechend ausgeprägtem Widerwillen. Wie es immer so ist, beginnt die Veranstaltung nicht gleich um 8:00 Uhr, sodass es zunächst zwei volle Unterrichtsstunden abzusitzen gilt, ehe man dank der endlich erreichten Volljährigkeit ins Auto steigen und zum Kino fahren kann.

So etwas wie Parkplätze gibt es dort natürlich nicht, weswegen du in die verflucht enge Tiefgarage fahren musst. Dabei versteht es sich von selbst, dass der Typ hinter dir beim Einbugsieren in die Lücke derart penetrant drängelt, als würde sein A****loch gerade von einem Schwarm juckender Sandflöhe heimgesucht werden. Obwohl dies ein durchaus verständlicher Grund für unendlich nerviges Herumstressen wäre, sollte man es bei Fahranfängern ein wenig ruhiger angehen lassen: Durch das Gehetze schlägst du das Lenkrad zu sehr ein und schrammst mit dem rechten hinteren Ende des Autos an einer Betonsäule entlang, die seltsamerweise keinen Kratzer abbekommt, deine Schrottlaube aber noch eingedellter macht, als sie es ohnehin schon ist.

Großartig! Nun kann der herrliche vorweihnachtliche Filmspaß endlich beginnen. Auf dem Weg nach oben trefft ihr weitere Personen aus eurer Jahrgangsstufe, die als Erste weit und breit wissen, was die Stunde geschlagen hat. Niemand gedenkt, seinen Schülern eine Freude zu machen, die den eben verursachten Schaden am eigenen Auto wiedergutmachen würde. Stattdessen ist es der Fachschaft Pädagogik/Psychologie gelungen, mit den Kinobetreibern die Ausstrahlung eines todlangweiligen Streifens über geistige Störungen zu vereinbaren.

Schon nach wenigen Minuten wird klar, dass man solche kognitiven Einschränkungen noch eher an der Person hätte verdeutlichen können, die dieses filmgewordene Verdauungsprodukt ausgewählt hat. Selten vorkommende Witze verursachen eher Prostatakrebs als Lachanfälle – und die Dialoge erwecken den Eindruck, als wären sie vom größten Stümper der schuleigenen Theater-AG verfasst worden.

Höhepunkte gibt es während dieser entsetzlichen knapp 100 Minuten nicht – vielleicht mal abgesehen von dem Pärchen hinter dir, das schon nach wenigen Minuten wild umschlungen dazu übergeht, für den restlichen Film herumzufummeln. Andere ziehen ihr Handy heraus und posten Ausschnitte des Grauens auf Snapchat, wobei diese »Raubkopien« dem Medienunternehmen im Gegensatz zu echten Mitfilmern tatsächlich Schaden zufügen könnten: Niemand möchte derartigen Schrott jemals sehen, wenn er auch nur einen einzigen der frustrierten Snaps näher begutachtet.

Das einzig Lustige an jenem verdrießlichen Tag ereignet sich kurz vor Ende der Vorführung: Als die Protagonistin nach der Uhrzeit fragt, grunzt irgendjemand aus den vorderen Reihen »12:24 Uhr« und erntet anschließend unterstützende Zurufe. Von tosendem, allerdings zutiefst sarkastischem Applaus begleitet, erscheint schließlich der Abspann auf der Leinwand. Gott sei Dank sind nun Weihnachtsferien – denn es wird mindestens 14 Tage dauern, bis du wieder aus deinem Koma der Langeweile erwacht bist.

SIE JAMMERN DEN GANZEN TAG

Es gibt einen für Schulgebäude jeglicher Couleur charakteristischen Sound, der einen mit erstaunlicher Präzision zum jeweiligen Lehrerzimmer führt: das laute und winselnde Jammern frustrierter Dozenten, die fest davon überzeugt sind, das schwerste aller Schicksale erlitten zu haben. Jeder, der frühmorgens schon einmal daran gedacht hat, sich einfach zu erschießen, um noch ein bisschen (oder auch für immer) weiterschlafen zu können, kennt den Gefühlszustand, den Lehrer jeden Tag rund um die Uhr am eigenen Leib erleben müssen. Zumindest scheint es so, wenn man ihrem ununterbrochenen Greinen Woche für Woche ausgesetzt ist.

Als in der ersten Stunde eine Deutscharbeit ansteht, betritt die Lehrerin mit gesenktem Kopf das Zimmer und erweckt den Eindruck, als sei sie noch deutlich bekümmerter als alle Schüler, die im Folgenden den anspruchsvollen Test bearbeiten sollen. Doch was wiegt schon das individuelle Fortkommen junger Menschen im Vergleich zur schier entsetzlichen Last des nachmittäglichen Korrigierens?

Generell kommt gelegentlich der Verdacht auf, Lehramtsstudenten müssten obligatorische Kurse im dramatischen Auftreten besuchen, um ihre zahlreichen Neurosen und schwerwiegenden Depressionen theatralisch nach außen kehren zu können. Die regelmäßigen Darlegungen über jene geradezu leidvolle Tätigkeit des Verbesserns könnten selbst weltbekannten Poeten wie Shakespeare noch als Inspiration dienen.

Obwohl sich hinter dem bühnengerechten Auftreten nur exorbitante Faulheit versteckt, liegt der Gedanke nahe, dass entsprechende Kandidaten monatelang für ihre pathetischen Worte geprobt haben. Jene hören sich ungefähr so an: »Vor meinem Tische war eine gewalt'ge Flut des weißen Elends aufgetürmt, die sich mir als Teufelserscheinung in Form von mit Lettern bedecktem Papyrus offenbarte ... Sogleich wurde mein Herz schwer vor Melancholie und phlegmatischem Mühsal, sodass ich beschloss, die von jeglicher Lust befreite Obliegenheit auf die Zeit des nächsten Mondes zu vertagen ...«

Andere tun so, als wäre es eine schiere Unverschämtheit, dass sie nicht nur zum Unterricht erscheinen müssen, sondern auch noch Zusatzaufgaben wie »Material konzipieren« abzuleisten haben. Ein Lehrer, der Stunden vorbereiten soll – Sachen gibt es! Dass man im Schuldienst nicht die ganze Zeit herumgammeln und vor sich hin vegetieren kann, war vor der Berufswahl schließlich keinesfalls absehbar.

Erstaunlicherweise heulen überwiegend die Mitglieder des Kollegiums ständig herum, die ohnehin nur irgendeinen Blödsinn aus dem Internet ausdrucken und noch nicht einmal über die Motivation verfügen, blau markierte Links aus dem Dokument zu löschen. Ganz ehrlich: Jeder, der sein Gehalt ohne schlechtes Gewissen annehmen kann, obwohl er auf Eigeninitiative gänzlich verzichtet, unterscheidet sich nur marginal von einer blutsaugende Zecke, die irgendwann abfällt, wenn sie fett genug geworden ist. Traurig, aber wahr!

Hier also ein böhmscher Tipp für alle Jammerlappen, die trotz ihres durchgezogenen Lehramtsstudiums sowie der aktiven Entscheidung für diese Profession ständig über ihr ach so schreckliches Dasein klagen: Wenn dein Job dermaßen furchtbar ist, dann kündige ihn doch einfach und verschone die armen Schüler mit deinem armseligen Mimosen-Gequatsche. Herzlichen Dank.

SIE ÜBERNEHMEN ALLES AUS DEM SCHULBUCH

Ein weiteres Mal muss ich auf das Fach Pädagogik/Psychologie zurückkommen, denn nach meinem Ermessen gibt es auf dieser Welt wenig, was blödsinniger wäre als jenes übel anmutende Gemisch aus Sprechdurchfall, kognitivem Erbrechen und zum Himmel stinkender Unlogik.

Solltest du, sehr verehrter Leser, jemals vor die Wahl gestellt werden, ob du lieber schulische Psychologie oder gar nichts lernen möchtest, kann ich nur dringend zu Letzterem raten. Denn bei »nichts« weiß man wenigstens, woran man ist, während dieses Fach durch sein abartiges Geschwurbel sogar noch zu einer Zerstörung des ansonsten unberührten Geistes beiträgt. Zehn Jahre des exzessiven Crystal-Meth-Konsums sind deiner Psyche gewiss zuträglicher als eine Woche ermüdenden PP-Unterrichts.

Da ich allerdings auf Ausführungen über meine persönlichen Erfahrungen verzichten will, soll nun die Rede von Leuten sein, die an anderen Schulen mit den Auswüchsen jener Pseudowissenschaft zu kämpfen hatten und ihre Geschichten zum Zwecke der Niederschrift großzügig zur Verfügung stellten.

Motiviert sitzt du nun also im Klassenzimmer und versuchst, dich trotz des immer stärker werdenden Gefühls innerer Rebellion auf das Geschehen an der Tafel zu konzentrieren, das dir aufgrund seiner fehlenden Seriosität massiv widerstrebt. Wie kann so etwas jemals seinen Weg in die Klassenzimmer der Nation gefunden haben? Egal – denn das spielt jetzt auch keine Rolle mehr.

Die Lehrkraft ist mittlerweile dazu übergegangen, im Tempo eines Kampfjets ellenlange Definitionen zu diktieren. Ohne abzusetzen erwartet sie, dass ihre Zuhörer mehrzeilige Monster-Absätze ausformulieren, wobei die Lücken auf dem Arbeitsblatt schon nach dem ersten Drittel jener Predigt zu eng werden und man wildeste Randnotizen anfertigen muss, um das Gesagte irgendwie festzuhalten. Im Anschluss folgen einige absolut nicht-zusammenhängende, schizophren wirkende Hinweise, von denen es alsdann heißt, man hätte sie ebenfalls mitprotokollieren sollen.

Nach weiteren verwirrenden Darlegungen ertönt endlich der Stundengong, und ihr dürft nach Hause gehen. Dort beschließt du, das entsprechende Schulbuch anzusehen, und hoffst, dass es den gordischen Knoten verzwickter psychologischer Fragen irgendwie doch noch auflösen kann. Und plötzlich – wie mit einem Schlag – erkennst du, dass alles, was auf den seit Schuljahresanfang ausgeteilten Arbeitsblättern steht, eins zu eins auch im Begleitwerk vorzufinden ist.

Großes Mitleid kommt auf, wenn deine Gedanken zu den armen Seelen abschweifen, die das Gelaber von »mitzunotierenden Geheimtipps« für bare Münze genommen haben, obwohl jedes im Unterricht gefallene Wort auch schriftlich – und wohlgemerkt ebenso kostenlos wie zeitsparend – verfügbar zu sein scheint.

Dann schwingt die schon beinahe belustigte Stimmung zu Wut um: Wofür besucht man eigentlich all die nervigen und monotonen Stunden, wenn man sich den Stoff auch zu Hause aneignen kann, ohne dabei auf nennenswerte Informationen verzichten zu müssen?

Ich ahne bereits warum: Besteht kein immenser extrinsischer Druck, legt man jene Lektüre des Grauens* schon bald mit berstendem Lachen zurück ins Regal und widmet sich Dingen, die viel eher zur Erweiterung des persönlichen Bildungsrepertoires beitragen als Pädagogik/Psychologie: Schlafen, Nickerchen halten, Einpennen, Rasten …

---

* Die im Übrigen trotz ihres Sachbuch-Charakters noch weniger Tiefe hat als das Buch, das du gerade in Händen hältst.

SIE VERSAUEN DIR DEINEN NUMERUS CLAUSUS

Über den Numerus clausus ist in den vergangenen Jahren häufig gesprochen und geschrieben worden, was vielleicht auch daran liegt, dass sich das Bundesverfassungsgericht 2017 ein weiteres Mal mit der Thematik auseinandergesetzt hat. Gerade hinsichtlich der überaus beliebten und daher knappen Humanmedizin-Studienplätze kommt immer wieder der Vorwurf auf, das System sei ungerecht und lege allgemein zu viel Wert auf Schulnoten.

Wenn man mich fragt, ist diese Anschuldigung unberechtigt: Erwiesenermaßen korreliert nämlich der Abiturdurchschnitt mit dem späteren Studienerfolg, was selbstverständlich nicht zuletzt daran liegt, dass gute Noten immer einen Indikator für den gerade in diesem Fachbereich unabdingbaren Fleiß darstellen.

Außerdem werden insgesamt 60% der Studienplätze über das sogenannte Auswahlverfahren der Hochschulen (AdH) vergeben, in dessen Rahmen ortsspezifisch beispielsweise auch Auswahlgespräche oder der Test für medizinische Studiengänge (TMS) in den Zulassungsprozess miteinfließen.

Da man zudem verhindern will, dass bei einem derart gewaltigen Ansturm die größten Idioten zum Zug kommen, macht es nach meinem Ermessen durchaus Sinn, nur die fachlich Besten herauszupicken.

Die vielfach vorgeschlagene Feststellung charakterlicher Merkmale erachte ich dagegen für sinnbefreit, weil Bewerber sich in rein hypothetischen Assessment-Centern sozial erwünscht verhalten und auch keine eindeutige Definition darüber existiert, welche individuellen Nuancen einen guten Arzt ausmachen. Einzig vergleichbare Abschlussprüfungen im gesamten Bundesgebiet würden zu mehr Fairness führen.

Dennoch: Der tatsächliche Unterschied zwischen 1,0 (im Schnitt 14 Punkte) und 1,3 (im Schnitt 13 Punkte) ist marginal und erlaubt kaum mehr Aussagen über die fachliche Qualität des entsprechenden Schülers. Beide haben bewiesen, dass sie über einen längeren Zeitraum konstant hervorragende Leistungen zeigen können, stehen aber möglicherweise nicht in derselben Gunst bei den Lehrern.

Deren Unwille, unliebsamen Schützlingen zum Wunschstudium zu verhelfen, führt mit erschreckender Regelmäßigkeit zu großer Tragik. Der NC ist schließlich kein Kindergeburtstags-Ranking, sondern kann unter Umständen die spätere Karriere so maßgeblich beeinflussen, dass das ganze Leben in gewisser Weise von ihm abhängt.

Mit allem Recht bereitet es dir daher Sorgen, dass teilweise Leute über deine Abschlussnote bestimmen, bei denen man sich angesichts ihrer Inkompetenz nicht sicher sein kann, ob sie selbst jemals eine Universität von innen gesehen haben. Wegen des oftmals extrem hohen NCs spielt es nämlich absolut keine Rolle, wie viele fähige und engagierte Lehrer sich im Kollegium der Schule befinden, weil möglicherweise ein einziger Hohlkopf ausreicht, um dir durch eine falsch eingetragene mündliche Note den sinnbildlichen Garaus zu machen.

Noch übler sind Leute, denen es möglich wäre, gewissen Schülern über die entsprechende Schwelle zu helfen, es aber aus offensichtlicher Heimtücke oder Bösartigkeit bewusst nicht tun. Was für ein verdammter Idiot muss man sein, um jemandes Träume zu zerstören, nur weil er einem unsympathisch ist oder man sich einbildet, die Person sei für den angestrebten Job nicht geeignet?

Das Schlimmste am NC ist jedoch nicht der ständige Kampf mit sich selbst, dem Lernstoff und widrigen Umständen, sondern die bis zum bitteren Ende währende Ungewissheit. Ich weiß, wovon ich spreche: Die vorangegangenen Zeilen wurden knapp sieben Monate vor den Abschlussprüfungen verfasst, als auch meine Zukunft noch in den Sternen stand.

PS: Man möge mich an dieser Stelle bitte nicht falsch verstehen: Die Schuld für einen versemmelten NC gänzlich auf irgendwelche Lehrer zu schieben wäre völlig lächerlich. Es ist ganz klar, dass ein guter Durchschnitt vor allem mit Eigenleistung zusammenhängt!

95. GRUND

SIE HALTEN UNTERRICHTSEINHEITEN AB, DIE SICH OHNE QUALITÄTSVERLUST AUF DIE HÄLFTE DER ZEIT BESCHRÄNKEN LIESSEN

Sinn und Zweck der Schule ist, dass verschiedene Leute ähnlichen Alters zusammenkommen, um gemeinsam einen vergleichbaren Bildungsstand zu erlangen. Die Idee dieses Konzepts impliziert, dass man jenes Ziel so besser erreichen kann, als wenn jeder Trottel für sich alleine lernt. Auf nicht gerade wenige Personen mag das zutreffen, weil sie aufgrund von mangelnder Disziplin kaum dazu in der Lage wären, die prüfungsrelevanten Daten selbst aufzubereiten und in ihre Gehirne zu transferieren. Das soll allerdings nicht davon ablenken, dass alles deutlich schneller ginge, würde man nicht ständig auf vollkommen schwachsinnige Unterrichtskonzepte zurückgreifen, die lediglich Zeit fressen, aber im Endeffekt keinen besonderen Nutzen haben.

Für ziemlich bescheuert darf beispielsweise der recht verbreitete Irrglaube befunden werden, Schüler erreichten durch die Kombination aus akademischen Abhandlungen und Lückentexten ein Mehr an Fachwissen. Eure Lehrkraft meint tatsächlich, euch damit auf die Uni vorzubereiten, weil es schließlich auch dort darauf ankomme, aus langen Texten wichtige Informationen exzerpieren zu können. Damit mag sie grundsätzlich recht haben, doch der Professor, der Arbeitsblätter mit Aussparungen austeilt, deren Inhalt dann aber nicht sinngemäß, sondern wörtlich abgefragt wird, muss erst noch geboren werden. Weil es später alles so exakt wie möglich zu reproduzieren gilt, bleiben die Lücken bei den meisten Schülern leer. Schließlich besteht die generelle Befürchtung, bei der Korrektur wieder alles wegmachen zu müssen. Im Endeffekt sitzt also der gesamte Klassenverband untätig herum und wartet auf die letztlich prüfungsrelevante Lösung des Dozenten, der sich trotz täglicher Lehrpraxis auch noch wundert, warum die Beteiligung wieder einmal so lächerlich gering ist und nicht über ein paar lieblose Textmarker-Farbkleckser auf dem unübersichtlich gestalteten Blatt hinausgeht.

Als mindestens genauso furchtbar und unnütz entpuppen sich die meisten Gruppen- und Stationsarbeiten, wobei daraus resultierend natürlich nichts Schlimmeres existiert als die Kombination beider Verfahrensweisen.

Eine bestimmte Methode scheint bei Lehrern besonders beliebt zu sein: Nachdem jeder eine Nummer von eins bis fünf erhalten hat, treffen sich alle Einser, Zweier, Dreier und so weiter, um sich als »Expertengruppe« besonders »diffiziles« Wissen anzueignen. Alsdann wird jener Verbund aufgelöst, sodass die Fachmänner und -frauen anschließend neue Ensembles des Schwachsinns bilden können, welche dann aber aus Leuten bestehen, die zuvor allesamt in unterschiedlichen Expertengremien gewesen sind.

Doch warum glauben Lehrer, gerade dieser unglaublich zeitaufwendige Prozess würde zu besserem Verständnis führen? Das weiß ich auch nicht – genauso wie ich jeden für naiv halte, der die natürlicherweise aufkommende Stammtischatmosphäre für intellektuell durchdrungenes Fachsimpeln hält.

Letztendlich geht man aus dieser ergebnislosen, aber immerhin unterhaltsamen Gruppen-Plapperei lediglich als Schein-Gelehrter hervor und muss sich noch dazu auf die Ergebnisse anderer Stümper verlassen, die ebenso wenig getan haben wie man selbst.

Eins steht fest: Es wäre ein Leichtes, den Unterricht durch effizientere Methoden auf die Hälfte der Zeit zu reduzieren. Wie wär's mit G4?

96. GRUND

SIE ORDNEN ENTSPANNUNGSÜBUNGEN AN

Über andauernd propagierte Entspannungstechniken habe ich mich im Laufe meiner ellenlangen Schullaufbahn nicht nur einmal despektierlich geäußert. Was bei buddhistischen Mönchen, spirituellen Grenzgängern und pseudoerfolgreichen Karrierist*innen funktioniert, lässt sich nicht unbedingt auf das schulische Umfeld übertragen, weil dort schon die Voraussetzungen gänzlich anders sind.

So gibt es in der Tat bessere Zeitpunkte für »autogenes Training« als unmittelbar nach der Ankündigung einer Schulaufgabe und zwei darauffolgenden Arbeitsaufträgen, die nicht mal Forrest Gump in der vorgegebenen Zeit hätte schaffen können. Von den schrillen Tönen der herummeckernden Matrone an der Tafel beschleunigt sich der Herzschlag aller Anwesenden unweigerlich, was logischerweise auch nicht besser wird, als die Trulla ihre CD in den Player legt und das Prozedere des anschließenden Hokuspokus umfassend erläutert.

Zur besseren Konzentration, so sagt sie, lasse sie nun die Jalousien herunter, was bei vielen die vielleicht nicht unberechtigte Angst auslöst, für immer in dieser hermetisch abgeriegelten Kammer des Schreckens eingesperrt zu bleiben. Ferner bittet die Dame um ernsthafte Beteiligung und stellt damit angesichts des nachfolgenden Humbugs eine quasi unmöglich zu erfüllende Forderung.

Ihr sitzt nun also in einem halb verdunkelten* Raum, in dem es aufgrund verschlossener Fenster so riecht, als könne man reines Testosteron problemlos aus der stinkenden Luft extrahieren. Auf den harten, wenig ergonomisch geformten Sperrmüllstühlen gilt es jetzt, »dem Geist freien Lauf zu lassen«, wobei man fast schon Sorge trägt, der solche könne sich beim anfangenden Hintergrundgedudel gänzlich verabschieden.

* Ganz gehen die Rollos aufgrund eines technischen Defekts leider nicht zu.

Im Folgenden setzt analog zur hinter dem Pult befindlichen Schlaftablette die monotonste Männerstimme aller Zeiten ein und befiehlt auf gleichermaßen einschläfernde wie provozierende Weise, welche Muskelgruppen man als Erste an- und dann wieder entspannen soll. Das einzige, was sich bei diesem Vorgang tatsächlich verkrampft, ist die Faust in deiner Manteltasche, weil du das seltsam knisternde Elektrogerät gewaltsam zum Schweigen bringen willst.

Mit beeindruckender Ausdauer setzt die digitale Schwafelbacke ihre pseudomeditativen Ausführungen zu entsetzlicher Porno-Musik und dem angeblich entspannenden Rauschen des Meeres fort, während sich der Klassenverband im Kollektiv wünscht, dass die Wellen alsbald zu einem gewaltigen Tsunami anschwellen und den minderbemittelten Erzähler dauerhaft hinfortschwemmen. Den Pausengong ignoriert Big Mama natürlich beflissentlich und zwingt alle Anwesenden, die Stuss-Veranstaltung bis zum bitteren Ende über sich ergehen zu lassen.

Kurz bevor der nervige Nonsens endlich endet, muss die gute Frau noch anmerken, dass sie derartige Aktivitäten auch gerne zu Hause durchführt, obwohl das absolut niemanden interessiert. Während andere Personen Yoga-Stellungen wie den »Herabschauenden Hund« oder die »Kobra« bevorzugen, sieht eure kugelrunde Lehrkraft so aus, als betreibe sie daheim vor allem die Übung »Dicke Kuh«, bei der es darum geht, so viel ungesundes Zeug zu essen, bis man wegen seiner Wampe kaum mehr gerade stehen kann.

Neben der Erkenntnis, dass jene Stunde aufgrund ihrer extremen Dämlichkeit auch das Einklagen von Schmerzensgeld rechtfertigen würde, fällt dir Folgendes auf: Schule und Entspannung ist wie Saufen und Autofahren: Es passt einfach nicht zusammen.

SIE VERZEHREN GYMNASIAL-HACKBRATEN

Nachdem ich mich der kulinarischen Angebote an Schulen bereits im Kapitel über gesunde Pausen angenommen habe, mag es dem geehrten Leser so erscheinen, als würde mir gegen Ende der Lektüre nichts mehr einfallen. Doch weit gefehlt!

Glaube mir – Kantinenfraß gehört zu den Themen, über die man sich auch noch ein weiteres Mal auslassen kann. Dementsprechend soll nun eine überdurchschnittlich lange Anekdote folgen, die sich im Gegensatz zu vielen erfundenen, lediglich von realen Gegebenheiten inspirierten Geschichten tatsächlich so ereignet hat.

Mein Kollege Carlo Willmann und ich sind im Verlauf des finalen Schuljahres eher zufällig an der Mensa des benachbarten Schulkomplexes vorbeigekommen, nur um so die Erkenntnis zu erlangen, dass die dort servierten Gerichte meist wenig einladend aussehen. Besonders der eklige Hackbraten hat es uns in humoristischer Weise angetan, wobei wir noch immer nicht wissen, ob es überhaupt ein solcher gewesen ist.

Da Carlo genauso wenig wie ich jemals irgendwas von dort gegessen hat, beruht unsere Einschätzung lediglich auf optischen Eindrücken und darf daher nicht als verifizierte These aufgefasst werden.

Immer wenn wir in den folgenden Monaten zufällig an jenem Speisesaal vorbeikamen, beugten wir uns über die Theke, begutachteten das Gekochte und gingen dann laut lachend weiter zu den abseits geparkten Autos, um den Heimweg anzutreten. Freilich könnte man es verstehen, wenn dieses absonderliche Verhalten verstörend auf alle Umstehenden gewirkt hat und uns den vielleicht nicht unberechtigten Ruf einbrachte, geistig nicht ganz auf der Höhe zu sein. Wie dem auch sei!

Als es im Deutschunterricht schließlich darum ging, eine Rede zu verfassen, entschieden wir uns ohne Umschweife dafür, gemeinsam ein rhetorisches Meisterstück mit dem Titel *Die große Schande* über die vermeintlich schlechte Mittagsverpflegung zu formulieren. Ob das wirklich gelungen ist, musst du entscheiden – ich für meinen Teil halte das Ergebnis nach wie vor für zu gut, um es der Öffentlichkeit vorzuenthalten.

Sehr geehrte Damen und Herren!
Das 21. Jahrhundert manifestiert sich vor unseren Augen als Epoche des Friedens und überschwänglichen Wohlstands. Nach einer Ära weltweiter Pandemien, blutiger Auseinandersetzungen und weitreichender politischer Veränderungen erscheint die Gegenwart wie eine sagenhafte Utopie paradiesischen Ausmaßes.

Der Schlüssel zur Behebung jener entbehrungsreichen Misere gelangte jedoch nicht mithilfe der Wall Street oder staatsmännischer Expertise in die Hand der Menschheit, sondern durch ein unablässiges Streben nach kollektivem Wissensgewinn.

Gerade das deutsche Bildungssystem hat zur Emanzipation von Unbildung und Barbarei beigetragen und den Ruf eines Volkes aus Dichtern und Denkern glanzvoll erneuert. Die Gymnasien stellen die akademische Speerspitze für den mitteleuropäischen Universitätsbetrieb und stechen aufgrund ihrer durchdringenden intellektuellen Kapazität immer wieder aufs Neue heraus.

Trotz der leistungsorientierten Ausrichtung unserer meritokratischen Gesellschaft wurde ein Aspekt der Versorgung unserer kognitiven Elite jedoch über Jahre sträflich vernachlässigt: die Aufrechterhaltung ihres Stoffwechsels durch Zuführung qualitativ hochwertiger Nahrungsmittel.

Nach anstrengender geistiger Akrobatik – sie verinnerlichten vergessene Vokabeln – macht sich die Zukunft Deutschlands auf, um ihren dadurch entstandenen Hunger in der Schulkantine zu stillen, die laut ernährungswissenschaftlichen Erkenntnissen für den kognitiven Anspruch des Klientels gerade gut genug ist.

Doch jenes Streben, sehr verehrte Zuhörer, entpuppt sich bald als gnadenlose und nicht gerade wohlschmeckende Farce: Schon bei Betreten des Mensabereichs zieht ein an Altenheime oder Friedhöfe erinnernder Gestank in die Nase des ausgemergelten Besuchers und verwandelt das zuvorige Hungergefühl sogleich in ein den Magen belastendes flaues Befinden. Auch wenn bereits der Geruch Erinnerungen an die Epoche des schwarzen Todes wachruft, ist der sich tatsächlich auftuende Anblick ein Kabinett nie dagewesener Abscheulichkeiten.

Der höchstwahrscheinlich nicht aus Hackfleisch bestehende Hackbraten, welcher aufgrund seiner Konsistenz nach Dämm-Material aus dem Baumarkt aussieht, ist nur eins von vielen Armutszeugnissen für die Ernährungsqualität an hiesigen Schulen. Im Vergleich dazu scheint die ebenso übel riechende Lasagne von einer undefinierbaren grünen Schicht ummantelt zu sein, die von den Verantwortlichen euphemistisch als »Gemüse« bezeichnet wird. Der Gipfel der Abartigkeit entfaltet sich jedoch in Form eines milchigen Liquids, das zu süßen Desserts scheinbar ebenso gereicht wird wie zu bayerischen Klößen.

Wie Sie sehen, meine sehr verehrten Damen und Herren, sind mit dem dauerhaften Genuss dieser infernalischen Verköstigung schwerwiegende gesundheitliche Risiken verbunden. Des schrecklichen Essens wegen lässt sich sowohl das körperliche wie auch geistig-seelische Wohlbefinden der umherlaufenden Schüler und Lehrkräfte bereits an deren Gesichtsausdruck ablesen.

Wir – da werden Sie zwangsläufig mit mir übereinstimmen müssen – haben die heilige Pflicht, diesem schändlichen Treiben in der Küche Einhalt zu gebieten und Schulter an Schulter mit dem Gesundheitsamt zu kämpfen, um den Lehrlingen durch gute Ernährung die Chance auf gute Bildung zu verschaffen. Lassen Sie uns streiten – für besseren Hackbraten und damit ein besseres Deutschland.

Herzlichen Dank für Ihre Aufmerksamkeit.

Tatsächlich haben wir für dieses Meisterwerk ganze 14 wohlverdiente Punkte ergattern können! Es ist schön, ab und an eine Lehrkraft zu haben, die sich auf solche Blödeleien einlässt und auch noch im Abiturjahr mitlacht. Vielen Dank, es war mir ein Vergnügen!

SIE UNTERRICHTEN CHEMIE (NICHT)

Ich hatte mir eine ganze Weile eingebildet, nach meinem Abitur Medizin studieren zu wollen – was hinsichtlich der Tatsache, dass gefühlt jeder zweite eine solche Phase durchmacht, kaum verwunderlich erscheint.

Meine Mutter führt an unserem Heimatort eine Allgemeinarztpraxis und lebte mir von klein auf vor, was es heißt, hart zu arbeiten und einen so verantwortungsvollen Beruf mit Stolz und großem Engagement auszuüben.

Ebenso wie mein Vater, den ich trotz vieler Gespräche mit kenntnisreichen Menschen für die gebildetste Person halte, die mir je über den Weg gelaufen ist, hat sie sich durch ein recht knackiges MINT-Fach gekämpft.

Es wäre vermutlich keine schlechte Idee gewesen, es ihr gleichzutun und jene Profession anzustreben, die gleichermaßen sicher, gut bezahlt und gesellschaftlich hoch angesehen ist. Doch dann fiel mir auf, dass ich nicht halb so viel Lust auf soziale Tätigkeiten habe wie sie und weder mein Interesse, noch mein Kenntnisstand in Physik und Chemie ausreichen würde, um auch nur in die Nähe des Physikums zu gelangen. Tja, so schnell kann's gehen!

Diese Abneigung gegenüber Chemiestunden rührt übrigens nicht daher, dass ich die Materie für unwichtig halte – das Gegenteil ist nämlich der Fall. Wie so oft drängte sich mir nur der Eindruck auf, dass die Fachschaft wirklich alles unternimmt, um ihre Lerninhalte so grauenerregend langweilig wie nur irgendwie möglich zu gestalten. Das liegt auch daran, dass man zumindest während meiner Schulzeit keinen einzigen coolen Versuch gezeigt hat.

Was soll man schon groß sagen, wenn die Lehrkraft beobachten lässt, ob Paraffin oder Heptan schneller aus einer bescheuerten Pipette herausströmt? Erwartet sie bei diesem schier unfassbar phänomenalen Experiment wirklich, dass ich vor lauter Staunen fasziniert-langgezogene »Oh!«- und »Ah!«-Laute von mir gebe?

Dass so mancher Versuch nicht nur einmal, sondern gefühlt dutzendfach durchgeführt wird, geht den meisten Schülern mit den Jahren ebenfalls extrem auf den Zeiger. Wenn man zum 50. Mal eine verfluchte Zwiebelhaut untersuchen soll, um dadurch den Umgang mit dem Mikroskop jährlich neu zu »erlernen«, kommt unweigerlich der Wunsch auf, sich mit Säure aus der Chemie-Sammlung zu übergießen – nur, um diesem wiederkehrenden Albtraum der Monotonie endlich zu entfliehen.

Witzig sind auch immer Untersuchungen, bei denen irgendwelche Flüssigkeiten zusammengekippt werden, die sich angeblich nicht ineinander lösen, aber annähernd über den gleichen Farbton verfügen. Dann muss irgendeine Dummbartel aus der ersten Reihe das milchige Reagenzglas begutachten und der Klasse sagen, dass zwei verschiedene Phasen darin vorkommen.

Der ganze Rest der Truppe bekommt vom bahnbrechenden Vorgehen so gut wie nichts mit und soll sich schließlich damit zufriedengeben, einen übertrieben langen Hefteintrag inklusive Versuchsbeschreibung anzufertigen, obwohl die Notiz »langweiliger Stoff A und langweiliger Stoff B reagieren gar nicht und dümpeln anschließend allenfalls im Erlenmeyerkolben herum« völlig ausgereicht hätte.

Die durchgeführten Experimente versagen praktisch immer bei ihrer Aufgabe, Lust auf die darauffolgende Theorie zu machen. Nicht mal während der Behandlung von Alkoholen werden die Hoffnungen auf eine zumindest feucht-fröhliche Praxis-Einheit erfüllt. Und da soll keine Verzweiflung aufkommen?

SIE MACHEN GRIMASSEN BEI MÜNDLICHEN PRÜFUNGEN

Die Gewichtung mündlicher Prüfungen erscheint im Vergleich zu normalen Leistungserhebungen häufig absurd. Obwohl sie meist deutlich kürzer und einfacher sind, fließen jene Tests nicht selten als ein Drittel oder gar die Hälfte in die Gesamtbewertung mit ein.

Dass bei solchen Aufgabengruppen auch der letzte Depp mit mehr oder minder verblödetem Geschwätz zu unberechtigten guten Noten kommen kann, mag zwar nicht für alle Fälle gelten, ist dem Konzept aber dennoch innewohnend.

Außerdem hat jeder, der ernsthaft glaubt, der gleiche Stoff, für dessen Wiedergabe normal zwei Stunden zur Verfügung stehen, könnte mündlich binnen fünf Minuten dargelegt werden, entweder sehr interessante Substanzen geraucht oder darf sich zur Gruppe ultra-befähigter Spitzenpädagogen zählen, die in Wirklichkeit aber nur dämlichen Müll von sich geben, anstatt tatsächlich guten Unterricht abzuhalten.

Am schlimmsten ist in diesem Kontext aber nicht das entsetzlich zurückgebliebene, zur Schadensbegrenzung möglichst hochgestochen formulierte Gesülze während der Klausur, sondern der Gesichtsausdruck der anwesenden Prüfer.

Auf der Suche nach dem richtigen Raum wirfst du einen Blick in das erstbeste Zimmer im entsprechenden Gebäudetrakt und verlässt dieses sogleich wieder, weil die Mimik der an der Frontseite sitzenden Personen alles andere als einladend wirkt. Erst nach einer knappen Minute fällt dir auf, dass die seltsam verzerrten Fratzen vielleicht vom intelligenzbefreiten Sermon zuvor angetretener Absolventen hervorgerufen wurden, was dich letztlich zu einem erneuten Anrücken bewegt. Leider wird es im Verlauf der Leistungserhebung nicht wirklich besser.

Schon bei anfänglichen Ausführungen irritiert dich die Miene des ersten Lehrers, der so ernst und böse dreinblickt, als müsste er nach Vollendung seiner Notizen zu deiner Leistung die Entscheidung über einen globalen Atomkrieg fällen.

Dass er allerhöchstens auswählen kann, welche eklige Semmel er sich in der Pause einverleibt, ist zwar eigentlich ein naheliegender Gedanke, kommt dir im Zuge der angespannten Grusel-Atmosphäre aber nicht in den Sinn. Stattdessen wirkt die Visage des Herrn so abschreckend, dass du ins Stottern gerätst und klingst wie der Versuch eines Fahranfängers, den Motor anzulassen.

Mindestens genauso verunsichernd wie der starrende Miesepeter ist sein Kollege, ein Religionslehrer, bei dem man sich nicht genau sicher sein kann, weshalb er euch überhaupt mit seiner Anwesenheit beehrt. Legenden besagen, er habe an der Uni neben dem Auftrag Gottes auch noch einen Abschluss im Fach Englisch erhalten, was allerdings nichts daran ändert, dass man ihn niemals beim Gebrauch fremder Vokabeln beobachtet.

Wie dem auch sei – weil sich der Typ im Sinne seines Chefs Jesus Christus als Menschenfreund versteht und offensichtlich als Gegenpol zum grimmigsten Prüfer aller Zeiten wahrgenommen werden will, grinst er dir die ganze Zeit entgegen. Doch anstatt die zuvor ausgelöste, vielleicht sogar berechtigte Beunruhigung auszugleichen, wirkt der Mann durch seine krankhaft nach oben gezogenen Mundwinkel wie ein geistesgestörter Axtmörder; wie ein knallharter Fall für die Psychiatrie.

Als letzte Beteiligte darf Frau E. genannt werden. Sie gehört in diesem verrückten Kuriositätenkabinett eigentlich zu den normaleren Bewohnern des Planeten Schule, doch heute verzieht sie bei keiner deiner Äußerungen eine Miene. Wie ein emotionsloser Zombie, dem man die Seele mittels satanistischer Rituale aus dem Körper gesaugt hat, blickt sie dich bei souveränen Antworten ebenso kalt an wie beim unerträglichen Herumgestottere zu Beginn der Prüfung, sodass man sich nicht sicher sein kann, ob einfach nur ihr gewaltiges Desinteresse überwiegt oder sie bemüht ist, das stählerne Gesicht für ein kommendes Poker-Turnier zu trainieren.

Sitzen ein jähzorniger Berserker, ein entflohener Klapsen-Patient und Robo-Face im selben Raum – so beginnt leider kein Witz, sondern im schlimmsten Fall deine mündliche Klausur.

SIE VERSTEHEN NICHTS VON POWERPOINT-PRÄSENTATIONEN

PowerPoint-Präsentationen haben nach 14 Jahren Schule ein tiefsitzendes Trauma hinterlassen, sodass ich manchmal mit Sehnsucht an die guten alten Zeiten zurückdenke, in deren Rahmen noch auf ausgedruckte Folien und Overhead-Projektoren zurückgegriffen werden musste.

Dieses Vorgehen – mag es einem auch noch so sehr als Anachronismus erscheinen – hatte überraschend viele Vorteile. Zum Beispiel war man gezwungen, sich die formulierte Grütze noch einmal anzusehen und sowohl Inhalt als auch Layout vor der entsprechenden »Aufführung« zu überprüfen. Die Kosten im Copyshop hätten sonst gewaltige Dimensionen angenommen!

Heutzutage sieht die Situation dezent anders aus, denn es erfordert kaum mehr Zeit und Mühen, ein paar lieblose digitale Folien mit schlecht aufgelösten Grafiken und fehlerhaften Texten zuzumüllen.

Dabei verhält sich das Design von PowerPoint-Erzeugnissen analog zu bestimmten modernen Kunstformen – denn es existieren durchaus kontroverse Meinungen darüber. Zu blöd, dass jeder Lehrer völlig andere Vorstellungen darüber hat, wie die perfekte Untermauerung eines Referats bei ihm aussehen muss. Das führt dazu, dass junge Menschen bereits verinnerlichte Gestaltungsvorgaben teils mehrfach wieder über den Haufen werfen sollen, um den Ansprüchen ihres neuen Dozenten gerecht zu werden.

Zur Verdeutlichung jenes Sachverhalts seien an dieser Stelle drei klassische PowerPoint-Stile beschrieben, die in ganz erheblichem Maße für das Auftreten von Augenkrebs verantwortlich sind.

Zum einen gibt es da den fröhlichen, ganz vorne sitzenden Typen, der bei der Benutzung von Farben und Effekten ein bisschen übertreibt. Das Titelblatt – wegen seiner neongrünen Hintergrundgestaltung schon beinahe stechend – taucht dementsprechend gemeinsam mit dem Microsoft-Office-Papierflieger-Übergang auf, was einem für die darzustellende Thematik »Lyrische Ausgestaltung des Todeswunsches in verschiedenen Epochen« verständlicherweise wenig passend vorkommt.

Ganz im Stile eines expressionistischen Gemäldes wechseln sich tropisch-knallige Farben mit dunkel-melancholischen, aber gleichsam ungünstig gewählten Kolorierungen hinter den kaum mehr sichtbaren Textfeldern ab, was aufgrund der ebenfalls ständig aufpoppenden Show-Animationen beinahe einen epileptischen Anfall auslöst.

Völlig anders, aber mindestens genauso unrühmlich geht Justus Polo von Gelfrisur an die gestellte Aufgabe heran, als er im Wirtschaftsunterricht den wissenschaftlichen Gegenstand des Snob-Effekts anhand des neuen 911er-Porsches erläutert.

Seine PowerPoint-Präsentation ist komplett schwarz, enthält keine Bilder und setzt auf markante Kontraste. Auch wenn der Spinner im Vorfeld mehrfach beteuert, mit dem professionellen Vortrag auch einen Investor überzeugen zu können, bleibt doch die blasse Vermutung bestehen, dass es mit diesem entsetzlichen Machwerk der Bekümmernis allerhöchstens möglich wäre, Gelder für die Neugründung eines Edel-Bestattungsinstituts zu erbetteln.

Auch Sofia, die ihr Thema allenfalls mittelmäßig vorbereitet hat, zeigt sich beim Präsentieren wieder einmal von ihrer Schokoladenseite. 1000 Zeilen über den Rand hinausgehenden Fließtexts bilden zusammen mit Grafiken, welche nach fehlerhaftem Einfliegen über dem Kleingedruckten hängen bleiben, eine wahre Komposition der versinnbildlichten Unfähigkeit.

Doch was haben jetzt deine Lehrer mit den drei bereits erwähnten Pappnasen zu tun? Nun ja, die Sache ist folgende: Viele von ihnen sind nicht dazu in der Lage, eine gute PowerPoint-Präsentation von einer schlechten zu unterscheiden, was vor allem immer dann deutlich wird, wenn zwischen perfekten thematischen Darlegungen und schrecklichem Gequatsche gerade mal zwei Punkte liegen. Kein Wunder, dass Referaten der Ruf anhaftet, Sechserbremsen für faule Säcke zu sein!

Darüber hinaus kommuniziert quasi niemand klar und deutlich, worauf es ihm bei Gestaltung und Aufbau des digitalen »Kunstwerks« ankommt. Das führt gelegentlich zu Frustmomenten – nicht zuletzt deshalb, weil es auch immer Lehrer gibt, die zwar ständig herummeckern, selbst aber jedes Mal darüber rätseln, wie man nun eigentlich den Vollbildmodus aktiviert.

WUT-STUFE XI

TERMINATOR

Mit diesem Wut-Niveau bewegst du dich auf die Zielgerade der Lektüre zu. Aus deinem grollenden Godzilla-Befinden ist durch weitere zehn Anekdoten stählerne Aggression geworden, die dem mechanischen Stunk des Terminators gleicht. Wie auch das von Schwarzenegger recht treffend verkörperte Konstrukt siehst du nur noch rot und fantasierst darüber, bescheuerte Zeitgenossen mit giftigem Mensaessen zu bombardieren. Um jene beinahe schon pathologische Laune wirksam zu bekämpfen, helfen nur noch schwere therapeutische Kaliber wie beispielsweise Methadon – oder auch einfach nur ein lazy Sunday mit leckeren Pancakes und guten Serien. Aber Achtung! Zunächst warten noch elf finale Kapitel auf dich.

SIE KLAUEN DIR DEINE ZEIT(UNG)

Weil schon Sokrates über die »Jugend von heute« geschimpft hat und wir neuerdings über autonom fahrende Autos sprechen, können Klagen über nachwachsende Generationen kaum so ernst zu nehmen sein, wie selbst ich es noch vor einigen Jahren getan habe.

Dennoch drängt sich einem nicht selten der Eindruck auf, dass selbst Schüler der Oberstufe vielfach die politische Bildung eines Faultiers besitzen und »NATO« noch eher für ein Bekleidungs-Start-up halten als für ein transatlantisches Verteidigungsbündnis.

Gut, dass ihr auch Lehrer habt, denen es ein aufrichtiges Anliegen zu sein scheint, jungen Menschen fundiertes Wissen sowie Interesse für das Tagesgeschehen mit auf den Weg zu geben. Zu diesem Zwecke ließ sich auf mysteriöse Weise bewerkstelligen, die *Süddeutsche Zeitung* gemeinsam mit der *ZEIT* an die Schule zu bekommen, um auch Schülern Zugang zu aussterbenden Printmedien zu verschaffen.

Jenes Angebot – und das meine ich ausnahmsweise einmal vollkommen ernst – gehört zum Besten, was deine Ausbildungsstätte jemals für dich getan hat. Leider scheinen manche Mitglieder des Kollegiums den Sinn und Zweck jener Bildungsinvestition nicht begreifen zu wollen, was du erst infolge mehrtägiger »Ermittlungen« aufdecken kannst.

Doch beginnen wir chronologisch: An einem schönen Donnerstagmorgen, der vor allem deshalb so schön anmutet, weil das Wochenende naht, marschierst du zum Tisch vor dem Lehrerzimmer, wo für gewöhnlich die Exemplare der frisch gelieferten *ZEIT* ausliegen. Doch was sehen deine müden Augen? Lediglich gähnende Leere und ein paar freundlich dreinblickende Schulkameraden aus der Flüchtlingsklasse, die es sich dort bequem gemacht haben. Um das mögliche Aufkommen irreführender Gedanken zu verhindern, sei vorweggenommen, dass die Jungs rein gar nichts mit dem Verschwinden der Zeitung zu tun haben.

Nachdem auch zwei Stunden später jegliche Spur vom am besten gelayouteten Druckerzeugnis des gesamten Gebäudes fehlt, ziehst du etwas frustriert von dannen und akzeptierst, dass dich das Lesen der neuesten Ausgabe diesmal doch 5,10 Euro kosten wird.

Wochen der donnerstäglichen Erwartungen vergehen, bis sich der gute Glaube irgendwann gänzlich verabschiedet und im Allgemeinen angenommen wird, das Angebot bestehe gar nicht mehr. Doch als du eines Tages die Dozentin deines Vertrauens mit einer druckfrischen Ausgabe herumlaufen siehst, wirst du misstrauisch. Will man da etwas vor euch verstecken? Was für eine blöde Frage – natürlich geht es wie so oft im Leben nicht mit rechten Dingen zu.

Ohne Umschweife und damit ohne den Verdacht auf eine Komplizenschaft mit den *ZEIT*(ungs)-Räubern aufkommen zu lassen, verkündet die Frau, dass im Lehrerzimmer stets Exemplare des Blattes herumlägen. Tatsächlich vermute sie, dass die plötzliche Zurückhaltung des Nachrichtenformats auf »Knausrigkeit« zurückzuführen sei. Ist das ein Witz? Nein!

Du weißt zwar nicht, wie der wöchentliche Stapel finanziert wird, vermutest aber, dass die Schule von *ZEIT*-Patenschaften profitiert und damit kostenlose Ausgaben erhält, weil wohlhabende Einzelpersonen und Unternehmen eine Menge Geld in die Bildung junger Leute stecken. Träfe dies zu, wäre das Abgreifen kompletter Chargen ein handfester Skandal, weil Dozenten im Gegensatz zu ihren Schülern Gehalt bekommen und daher nicht auf schmarotzerhaftes Verhalten zurückgreifen müssen, um in den Genuss guter Artikel zu kommen.

Zahlt die Bildungseinrichtung den Spaß selbst, macht das die Sache aufgrund veruntreuter Steuergelder nicht weniger erbärmlich.

Empört über diesen Zustand, wendest du dich an Lehrkräfte, von denen du denkst, sie könnten dir in dieser Causa auf kompetente

Weise weiterhelfen. Und tatsächlich: Noch in der gleichen Woche liegen die Zeitungen wieder dort, wo sie hingehören: *vor* dem Lehrerzimmer, nicht darin. Immerhin – so denkst du dir – gibt es in dieser Institution auch ein paar Leute, auf die man sich verlassen kann.

102. GRUND

SIE ZWINGEN DICH ZUM BULIMIE-LERNEN

Der Führerschein ist eine angenehme Sache, denn seit ich mit dem Auto herumfahren kann, hat sich mein Leben drastisch verbessert.

Frühmorgens daran zu denken, dass andere nun öffentliche Verkehrsmittel besteigen, von ihrem Sitznachbarn angerotzt werden und die Gangster-Mucke aus dem nächsten Abteil mit anhören müssen, erfüllt mich angesichts der langen Zeit, die ich selbst in S-Bahnen verbracht habe, durchaus mit einer gewissen Schadenfreude.

Der brandaktuelle Umstand überfüllter Busse und Züge kann allerdings nicht über den gelegentlich aufkommenden Eindruck hinwegtäuschen, dass noch deutlich mehr Leute darauf verzichten sollten, sich ans Steuer zu setzen.

Würden alle Dahinkriecher, Kolonnenspringer und Ampel-Verpenner ihre Theorieprüfung ein zweites Mal bestehen? Würden wir es tun? In Hinblick auf die zeitliche Distanz und die enorme Datenmenge – bestehend aus mehr als 1000 Fragen mit meist mehrfach richtigen Antwortmöglichkeiten – ist diese Ungewissheit wohl berechtigt.

Während aber hinsichtlich des Straßenverkehrs wortwörtlich kein Weg am Auswendiglernen der Regeln vorbeiführt und jene letztlich durch die Praxis immer wieder verdeutlicht und automatisch wiederholt werden, sollte an die Theorieprüfung erinnerndes

Bulimie-Lernen in der Schule allenfalls als Ausnahme in Erscheinung treten.

Obwohl ich die Vermittlung von Fachwissen als absolute Hauptaufgabe unserer Bildungseinrichtungen ansehe und relativ wenig vom Fokus auf schwammige, nur schwer abzuprüfende »Kompetenzen« halte, ist vom derzeit gerade in der Oberstufe angewandten Prinzip des Unterrichtens dringend abzurücken.

Viele verbinden mit der Begrifflichkeit des Bulimie-Lernens die Abneigung gegenüber detaillierten Fakten. Wer muss schon wissen, was ein Granathylakoid ist oder zu welcher Art Pronomen man das Wort »jemand« zählt?

Dabei geht es nicht im Geringsten um das Erlernen »unnützen Wissens«, denn hätte die Menschheit immer nur das getan und erforscht, was gerade ihrer triebgesteuerten Bedürfnislage entsprach, wäre sie heute nicht die dominierende Spezies auf dem Planeten. Bildung ist sowohl ihre schönste als auch bedeutendste Errungenschaft. Und dazu zählen – selbst wenn nicht jeden alles interessieren kann – auch Granathylakoiden und Pronomen.

Vielmehr sei meine Kritik auf die Art und Weise gerichtet, wie jene Fakten dargestellt und abgeprüft werden – denn es ist völlig unmöglich, über ein halbes Jahr oder länger sämtliche Daten aus allen Fächern im Kopf zu behalten.

Extreme Stoffdichte mit der Schwerpunktsetzung auf reine Reproduktion bringt keinen Deut an Wissensgewinn, was jedem auffallen müsste, der versucht, sich an irgendwelche Biologie-Themen aus der sechsten Klasse zu erinnern. Viele werden bei dieser »kognitiven Anstrengung« bemerken, dass ihnen nicht einmal mehr einfällt, was damals überhaupt behandelt worden ist.

Wenn wieder einmal zwei Klausuren und mehrere »kleine« Leistungsnachweise in derselben Woche anstehen, presst man sich das zu Lernende mit aller Gewalt in den Schädel, doch die Karteikarten wandern bereits fünf Minuten nach Abgabe der Prüfung in den Papierkorb.

Jene Herangehensweise, das Vertrauen darauf, etwas nur bis zur Prüfung und danach nie wieder wissen zu müssen, verfügt über gleich zwei ungute, vielleicht sogar gefährliche Facetten: Zum einen verliert das Lernen durch den ständigen Druck seine bezaubernde Leichtigkeit.

Wer ständig büffeln muss* und nicht mehr die Gelegenheit erhält, den Prozess des Studierens als etwas Schönes zu begreifen, wird früher oder später im Allgemeinen die Lust daran verlieren. Darüber hinaus gehört es zu den am meisten frustrierenden Gefühlen überhaupt, »reingestopfte« Daten schon wenig später wieder vergessen zu haben, weil man etwas Neues oberflächlich verschlingen muss, ehe der alte Stoff angemessen wiederholt und vertieft werden konnte.

Zum anderen gehen die Leute wegen des schulischen Bulimie-Lernens in dem Glauben an die Universität, auch dort wären Kenntnisse nur dazu da, um in anstehenden Prüfungen gute Noten zu erringen. Dabei wird oft übersehen, dass das Studium einen auf die zukünftige Berufstätigkeit vorbereiten soll und es nichts Fataleres geben kann, als gerade diese konkret-wichtigen Qualifikationen aus dem Gedächtnis zu löschen, sobald der entsprechende Test vorüber ist.

Wie ließe sich das Konzept also zum Positiven hin verändern? Eine schwierige Frage! Stoffkürzungen wären genauso wie eine weitere Verlängerung der Schulzeit gewiss nicht der richtige Weg. Es liegt an Lehrkräften, Politikern und Bildungsexperten, dieses seit Jahrzehnten bestehende Problem endlich zu beheben.

* Also die Schularbeit auch abseits von Klausuren-Phasen als Belastung wahrnimmt.

SIE UNTERRICHTEN INFORMATIK (NICHT)

Die Informatik kommt in unseren Zeiten einem Drahtseilakt gleich und ließe sich als dichotomisch wahrgenommene Gratwanderung zwischen sexy-kompetenten Hacker-Assen beziehungsweise super-coolen Cyber-Kriegern und pickeligen PC-Nerds beschreiben, die mit Videospiel-Shirts und einer eher suboptimalen Wahl des Deodorants ihre Jungfräulichkeit beschützen.

Nur wenige Personen wissen, dass jene stark mit Klischees aufgeladene Rollenverteilung nicht einmal im Ansatz zutrifft und zumindest die schulischen Computer-Stunden häufig den Tatbestand des Zu-Tode-Langweilens erfüllen.

Ich meine mich an eine *Hart aber fair*-Sendung aus den vergangenen Monaten zu erinnern, in der irgendein besessen wirkender IT-Typ gebetsmühlenartig wiederholte, dass es spätestens in einigen Jahrzehnten dringend notwendig wäre, dass wirklich jeder programmieren kann.

Mal ganz abgesehen von der grassierenden geistigen Umnachtung, die in Bezug auf digitale Medien besteht und eine solche Vorstellung utopisch anmuten lässt, hoffe ich doch darauf, nicht irgendwann den Wecker meines Smartphones programmieren zu müssen, anstatt einfach nach rechts zu wischen.

Genauso wie der verständliche und in meinen Augen überaus begrüßenswerte Trend, Endgeräte immer idiotensicherer und leichter bedienbar zu machen, steht derartigen Intentionen auch noch die schulische Ausbildung im Weg.

Das jedes Mal auftretende Trauerspiel beginnt bereits zu Anfang der Stunde, weil zwei Drittel der Schüler nicht mehr wissen, wie sie sich einloggen sollen.

»So wie immer! Ihr Nachname und die ersten vier Buchstaben des Vornamens sind der Benutzername, Ihr Geburtsdatum das

Passwort!«, stöhnt die Lehrkraft abgekämpft und greift sich zu Recht ans von PC-Strahlen erhitzte Gehirn.

Das wäre einfach, denkst du? Haha, weit gefehlt! Denn jetzt muss jeder herausfinden, ob die einzelnen Segmente des Geburtsdatums durch Striche, Punkte oder gar nicht getrennt sind und ob zum Beispiel 1999 auszuschreiben ist oder einfach nur »99« reicht. Beim Benutzernamen ergeben sich ähnliche Probleme: Muss »ö« als »oe« eingespeist werden, und wenn ja, gilt das dann als ein Buchstabe?

Während die Blitzbirnen des Klassenverbands an der Hürde des Log-Ins herumdoktern, kommt es zu weiteren Zwischenfällen an eigentlich bereits einsatzfähigen Computern. Einer davon gibt ständig das Windows-Herunterfahr-Geräusch von sich, obwohl der vor ihm sitzende Schüler lediglich Open Office starten will, um mit der Tabellen-Anwendung einen *Space Invaders*-Klon zu spielen*.

Andernorts rutscht der Bildschirm ohne Fremdeinwirkung mit einem Knallen in die niedrigste Position seiner höhenverstellbaren Verankerung zurück und gibt anschließend für immer den Geist auf.

Nachdem auch die nervlich extrem angegriffene Jessica endlich ihre Tastatur bedienen kann, darf der Spaß losgehen. Zumindest zehn Minuten lang, denn die Stunde neigt sich bereits wieder ihrem Ende zu.

So läuft das gefühlt jahrein, jahraus – wobei die Ergänzung gestattet sei, dass nur die kümmerliche Einstellung eines Roboters mit dem Programm *Robot Karol* ans Programmieren heranführt und ansonsten vorwiegend selbsterklärende Tätigkeiten wie die Benutzung einfachster Applikationen (z.B. PowerPoint) Inhalt des Unterrichts sind.

---

* *Wenn deine Schule Open Office Calc (Version 3.2 oder älter) verwendet, solltest du folgende Funktion in ein beliebiges Feld eintippen: "=GAME("StarWars")" →* *sieh und staune!*

Und wenn man sich dazugehörige Erzeugnisse kurz vor dem Abschluss stehender Schüler ansieht, wird deutlich, dass nicht einmal das geklappt hat. Hiermit verleihe ich – wohlgemerkt voller Stolz – den Orden der ratternden Festplatte an alle verantwortlichen Lehrkräfte. Tolle Arbeit!

104. GRUND

SIE NEIGEN ZU CHOLERISCHEM VERHALTEN

Wer kennt sie nicht, die schönen Erinnerungen aus der Kindheit, die mit einem Rasensprenkler zusammenhängen? Mit vier Jahren sind wir doch alle splitterfasernackt durch die Fontänen des wasserspeienden Geräts gehüpft und haben uns weder um die nahende Schule noch um den unbedeckten Lörres gesorgt. Welch wundervolle Zeit! Was das mit Lehrern zu tun hat, werde ich sogleich auflösen.

Wenig Nostalgie hängt nämlich mit dem Unterricht von Herrn L. zusammen. Dieser wird von einer eher unvorteilhaften Eigenschaft heimgesucht, denn er neigt dazu, schon bei Kleinigkeiten auszurasten und herumzuschreien, bis die Wände wackeln. Was Unterstufenschülern vor allem während der ersten Male ausgesprochen große Angst einjagt und nicht selten zu Heulkrämpfen bei kleinen Jungs und Mädchen führt, wird in höheren Jahrgangsstufen nur noch als ein Anlass für breites Grinsen angesehen.

»Aggroboy« soll sich mal wieder einkriegen, heißt es da, doch der entsetzlich ärgerlich-ätzende Mittfünfziger hat mittlerweile noch viele weitere Spitznamen sammeln können. »Krawallbürste« nennen ihn einige, »brüllendes Weidloch« andere.

Die These, er müsse seine überschüssige sexuelle Energie durch cholerisches Verhalten abbauen, erfreut sich vor allem innerhalb des Sozialzweigs größter Beliebtheit, weil dort unzählige Vollidioten herumlaufen, die meinen, andauernd psychologische Ferndiagnosen aufstellen zu können.

Zugleich glauben diese Deppen, über eine quasi gottgleiche Menschenkenntnis zu verfügen, obwohl sie sogar noch ihrem Schinkentoast attestieren würden, er leide an neurotischen Störungen und anderen Komplexen. Wäre Herr L. nur stinkig, wenn er aus Klassen käme, in denen überwiegend solche Unzurechnungsfähigen sitzen, ließe sich sein Frust über das Leben durchaus nachvollziehen, doch offenbar hängt seine üble Laune nicht mit dem Auftreten grenzdebiler Pädagogik/Psychologie-Heinis zusammen.

Stattdessen reichen schon Kleinigkeiten – und nun kommen wir auf den Rasensprenkler zurück –, dass er wutentbrannt zu schreien beginnt und seinen Speichel auf die vor ihm sitzende Reihe niederregnen lässt.

»Einmal! Ein einziges verfluchtes Mal will ich erleben, dass Sie Ihr beschissenes Buch dabeihaben!«, donnert der Spinner und gestikuliert dabei im Stile eines Homer Simpson, der jeden Moment dazu übergeht, seinen Sohn Bart zu würgen.

Jedes dieser Worte ist begleitet von einem bezaubernden Nieselregen, welcher durch die stürmischen Winde vorangegangener Brüller in Richtung des schusseligen Schülers getragen wird, bis dieser voll und ganz im tropisch-feuchten Niederschlag des Spuckteufels untergeht. Widerlich!

Als es wenig später im Verlauf eines eigentlich stillen Arbeitsauftrags zu laut wird, eskaliert der Wüterich noch mehr und drischt den zuvor durchgeblätterten Atlas mit schier grenzenloser Gewalt auf den Tisch, was aufgrund des Knallens im ersten Moment wie ein Gewehrschuss klingt. Glücklicherweise befindet sich das Büro der Schulleitung am anderen Ende der Bildungseinrichtung, denn die Chancen auf einen Amoklauf-Alarm mit dazugehörigem SEK-Einsatz stünden bei diesem entsetzlichen Gepolter tatsächlich nicht schlecht.

Jeder, der nun glaubt, ein gerissenes Trommelfell sei das Schlimmste, was ihm an diesem Tag widerfahren würde, hat nicht mit dem erneuten Anrücken des Hydranten gerechnet, der in der Zwischenzeit dazu übergangen ist, seine Wasserreserven mithilfe von Limonade wieder aufzufüllen.

Zeit also für weitere Ergüsse des ekligen Sprühnebels – dieses Mal jedoch mit einer Nuance von Zitrusfrüchten. Fantastisch, was man in der Schule alles erlebt!

105. GRUND

SIE UNTERRICHTEN BIOLOGIE (NICHT)

Charles Darwin wurde zu seiner Zeit für die bahnbrechende Idee, der Mensch stamme vom Affen ab, verlacht und für verrückt erklärt. Dabei hätten die werten Kritiker zugunsten besseren Verständnisses nur einmal den Biologieunterricht aufsuchen müssen, in dem die Umstände unserer Herkunft nicht zwingend aufgrund der vermittelten Fakten untermauert werden. Vielmehr erweckt so manche Unterrichtseinheit den Anschein, als wäre sie von einem dressierten Schimpansen konzipiert worden.

Schon am Anfang ist Enttäuschung vorprogrammiert, wenn man nach zwei Jahren »Natur und Technik«[*] endlich Biologie als eigenständiges Fach bekommt. Was sich zunächst wie eine Beförderung im begrenzten Schuluniversum anfühlt und den Gedanken aufkommen lässt, endlich zu den »Großen« zu gehören, entpuppt sich nämlich schon bald als eine Mischung aus schlechtem Anatomiekurs und eintönigem Lesen ellenlanger Schulbuchseiten.

[*] *Ein naturwissenschaftliches Kombinationsfach, das in Bayern zu Beginn der gymnasialen Unterstufe auf dem Stundenplan steht.*

Nachdem die obligatorisch zu erwerbende und tatsächlich wichtige Allgemeinbildung über das Skelett des Menschen und dessen Organe innerhalb weniger Wochen abgehakt wurde, geht eure Lehrerin dazu über, die Schülerschaft ins Reich der Tiere zu entführen. Genauer gesagt sind – und das relativ überraschend – Hühner der neue Gegenstand eures Unterrichtsinteresses. Wer jetzt meint, er würde endlich eine Antwort auf die Frage erhalten, ob nun eigentlich Henne oder Ei zuerst da war, irrt selbstverständlich gewaltig.

Aus völlig unbegreiflichen Gründen beginnt die Frau nach einer vergleichsweise kurzen Einführung, über die Fortpflanzung der gackernden Erdenbewohner zu referieren, und hört einfach nicht mehr damit auf. Sage und schreibe fünf Schulstunden geht es darum, wie der Hahn seine Gespielinnen beglückt, was innerhalb des Klassenverbandes für große Verwunderung sorgt und noch Jahre später die wohl verständliche Frage aufwirft, welche absonderlichen Fetische die Gute wohl noch gehabt hat.

Weil wir gerade schon dabei sind, will ich natürlich auch ein paar Worte zum Thema Sexualkundeunterricht ergänzen. Eltern stellen sich diese Stunden wohl so vor, dass wissbegierige junge Menschen mit weißen Kitteln im sauber geputzten Bio-Saal sitzen und ebenso würdevoll wie gefasst zur Kenntnis nehmen, dass sie nicht vom Storch gebracht wurden.

Stattdessen aber brechen die pubertierenden Tröten jedes Mal in brüllendes Gelächter aus, wenn der Lehrer »Penis« sagt oder Folien mit Darstellungen von Geschlechtsorganen auflegt. Schlimmer wird es nur noch, als Nora ein Kondom über massive, längliche Gegenstände wie überproportionierte Gurken ziehen muss, um die Dehnbarkeit des Verhütungsmittels unter Beweis zu stellen.

Das Mädchen selbst bleibt bei jener Tätigkeit – ebenso wie der lässige Ferdinand aus der letzten Reihe – relativ gelassen, weil es im Gegensatz zu den noch halb im Kindesalter verhafteten Klassenkameraden etwas frühreif ist und trotz des jungen Alters von fast 14 Jahren nicht mehr wirklich als frommes Lamm bezeichnet werden kann.

In einer Mischung aus Neid und Unverständnis gefangen, hält das den Rest des peinlichen Haufens nicht davon ab, sein infantiles Gekicher so anschwellen zu lassen wie einen dicken, harten … na ja, du weißt schon.

Im späteren Verlauf deiner Schulkarriere macht Biologie eher auf andere Art und Weise Schwierigkeiten, weil es vom einfachen Reproduktions-Fach zur knackigen Herausforderung mutiert. Seitenlange, mit unbekannten Termini gespickte Absätze über das Gehirn gehen einem wortwörtlich auf die Nerven, bis sich schließlich das Hochgefühl der Erleuchtung einen Weg durch die weit verzweigten neuronalen Netzwerke deines Oberstübchens bahnt.

Die Nobelpreis-verdächtige These eures trinkfesten Kumpels, der behauptet, beim Saufen würden nur die schwachen Neuronen absterben, damit sich die restlichen zu einer einzigen Mega-Zelle vereinigen können, wird im Zuge intensiver thematischer Auseinandersetzungen leider nicht bestätigt.

Was die Leistung der entsprechenden Lehrer betrifft, ist vor allem hinsichtlich des Biologieunterrichts auf ausgeprägte Unterschiede hinzuweisen: Manche vermitteln den Stoff super, während andere – wären sie nicht verbeamtet – kaum in freier Wildbahn (auch Wirtschaft genannt) überleben würden.

Mit den Worten Charles Darwins – um nochmals auf ihn zurückzukommen – könnte man dies als einen Weg des Vorbeischummelns an der natürlichen Selektion bezeichnen.

SIE LEGEN AUF ABSCHLUSSFAHRTEN EIN SELTSAMES VERHALTEN AN DEN TAG

Nicht zu Unrecht haftet Abschlussfahrten der zweifelhafte Ruf an, eine regelrechte Fabrik für niemals vergehende Erinnerungen zu sein. Ist dies nun gut oder schlecht? Das kommt natürlich ganz auf die Erinnerungen an.

Landet man mit einem einheimischen Mädchen und einer gut aussenden Klassenkameradin gleichzeitig im Bett, wird man davon in 50 Jahren noch eher erzählen als vom 1000. Museumsbesuch, auf den die lebenslänglich behandlungsbedürftigen Plattfüße zurückzuführen sind. Ohne eines von beidem jemals erlebt zu haben, kannst du davon ausgehen, dass Letzteres deutlich häufiger vorkommt.

Obwohl ich vier verschiedene Schulabschlüsse mein Eigen nenne, ging es für mich und meine Klassenkameraden nur ein einziges Mal auf Abschlussfahrt. Die damals unternommene Reise nach London hat großen Spaß gemacht – trotz der Tatsache, dass wir zu acht in einem zentral gelegenen Hostel auf nicht mehr als vielleicht 12 Quadratmetern untergebracht waren. Dank der wackligen Hochbetten stand uns gerade noch genug Platz zur Verfügung, um alle Koffer nebeneinander aufzureihen, ohne auch diese stapeln zu müssen.

Das hört sich deutlich schlimmer an, als es ist – ebenso wie der isolierte »Baderaum«, in dem Toilette, Waschbecken und Dusche nur durch je einen Vorhang voneinander getrennt wurden. Auch bezüglich der Begleitpersonen hatten wir großes Glück, sodass sich mit den wenigen Bekannten von damals, zu denen ich noch immer Kontakt pflege, nach wie vor lustige Gespräche über den fünftägigen Ausflug ergeben.

Andere Leute berichten meist weniger euphorisch von ihren Erfahrungen. So benehmen sich bei deiner finalen, einwöchigen Fahrt gleich beide Betreuer so daneben, dass der Eindruck aufkommt, sie selbst benötigten einen Aufpasser noch viel eher als die Schüler selbst. Warum ausgerechnet diese zwei Chaoten gemeinsam losgezogen sind, fragt sich die Gruppe angesichts der extremen charakterlichen Verschiedenheiten schon am ersten Tag.

Während Herr N., im Unterricht ein mehr oder minder lockerer Typ, von Anfang an in den Grantler-Modus schaltet und über alles jammert, nimmt die Entspannung von Frau I. schon beinahe groteske Züge an. Am Badetag im schönen Südfrankreich kreuzt sie in einem extravaganten, glitzernden Bikini auf, der viel zu knapp ist und gerade mal das Nötigste verdeckt.

Freudestrahlend stürzt sie kopfüber ins kalte Nass und jubelt anschließend so ohrenbetäubend, dass der End-Laut ihrer ekstatischen Kehlkopfproduktion bereits ins Kreischen übergeht. Selbstverständlich hat sie jedes Recht dazu – was allerdings nichts daran ändert, dass jener Anblick langjährige Schüler zu konsternierten Grimassen veranlasst.

Zur selben Zeit meckert Herr N. über allerlei Dinge, die ihm »den Aufenthalt zur Hölle machen«. Das Klima ist zu unangenehm, der Sand zu rau, das Meer zu frostig, die Bewohner zu unfreundlich und das Essen zu teuer. Im Kreuzfeuer dieser Gegensätze versteht es sich von selbst, dass die Schüler keine geringe Mühe damit haben, es den beiden Galionsfiguren der Ambivalenz recht zu machen.

Wenigstens am Abend kommen gewisse Analogien zum Vorschein, denn sowohl der Miesepeter als auch die Party-Queen wird sternhagelvoll in einer Bar unweit des Hotels aufgefunden. Man ahnt bereits, wer von ihnen auf absonderliche Weise mit zwei fremden Männern auf der Tanzfläche eskaliert, während der andere im Außenbereich grübelnd über seinem Bier sinniert und sich eine Kippe nach der anderen anzündet.

SIE VERSAUEN DIR
DEN LETZTEN SCHULTAG

Der letzte Schultag sollte eigentlich eine von Hochgefühlen beglei-
tete Zäsur im Leben eines jeden Schülers sein, ist in der Praxis jedoch häufig keinen Schuss Pulver wert. Wenn mich jemand danach
fragt, was ich nach meiner Abschlussprüfung getan habe, muss ich
stets zurückfragen: »Nach welcher? Nach meinem Hauptschul-,
Realschul-, Fachoberschulabschluss oder der allgemeinen Hochschulreife?«

Und dann fällt mir ein, dass nur an einem dieser Tage irgendetwas Außergewöhnliches vonstattenging, sofern man die Leistungserhebung an sich mal ganz grob außer Acht lässt.

Jener eher traurige Umstand lässt sich leichter erklären, als man
vielleicht meinen möchte, denn mangelnde Partystimmung geht
in der Regel auf Lehrkräfte zurück, die Spaß (zumindest auf dem
Schulgelände) mit aller Kraft zu unterbinden versuchen. Wie schei-
dende Diktatoren hängen die Herrschaften am Erhalt der allumfas-
senden Macht, sodass der Abschied aus ihrem Einflussbereich so
lang wie nur irgendwie möglich dauern und mit allerlei einseitigem
Trennungsschmerz verbunden sein soll.

Dennoch sind sie selbst gegen Ende des Jahres nur in geringem
Maße dazu bereit, irgendetwas zu arbeiten – oder gar zu erscheinen. Während engagierte Personen in der Früh zumindest für zwei
Sekunden antanzen würden, um den Nervenbündeln im Prüfungs-
raum Mut zuzusprechen und ihnen viel Erfolg für den anstehenden
Test zu wünschen, lässt sich dein Psychologielehrer überhaupt nicht
blicken.

Stattdessen hat er die Tafel kurz nach dem Öffnen der versiegel-
ten Unterlagen mit halb garem Motivations-Geleier vollgekritzelt,
das noch dazu vor dem Startschuss gänzlich entfernt werden muss,

weil es keinen Platz mehr für wichtige Informationen wie Abgabe-zeit oder Beschriftungsvorgaben lässt. Im selben Moment, in dem ihr zu schreiben beginnt, setzt sich Herr E. ins Auto und braust mangels sinnvoller Beschäftigungen nach Hause.

Leider führt fehlendes Einfühlungsvermögen nicht nur zu man-gelnder Unterstützung, sondern zieht teilweise auch aktiv-asoziales Verhalten nach sich: Obwohl die Aufsichtslehrerin dazu verpflichtet wäre, dich selbst beim dritten Mal noch ohne Murren aufs Klo zu lassen, meckert sie so lange rum, bis du ihr das Prüfungsblatt ein-fach hinklatschst und eigenmächtig den Raum verlässt.

Wer glaubt, nach Abgabe endlich Frieden zu finden, irrt natür-lich gewaltig. Als Reaktion auf entsetzliche Ausschreitungen im Vorjahr wurde vonseiten des Rektorats ein gänzliches Party-Verbot auf dem Schulgelände verhängt. Was ist damals nur vorgefallen? Sind die Leute komplett ausgerastet und haben Stühle aus dem Fenster geworfen, Bücher auf offener Straße verbrannt und nahe gelegene Schnapsläden geplündert?

Viel schlimmer! Sie beeinträchtigten mit ihrem »lauten Jubeln« den Unterricht niedrigerer Klassenstufen und – Gott bewahre! – tranken auf dem Nachhauseweg Bier, wobei es laut Insiderberichten dazu kam, dass jemand seine Flasche in ein noch der Schule zu-gehöriges Gebüsch pfefferte.

In der Absicht, derartige Kapitalverbrechen zukünftig zuverlässig zu verhindern, engagiert die verantwortliche Ordnungsfanatikerin einen Security-Service, der glückliche Schüler vom Feiern auf dem Areal der Bildungseinrichtung abhalten soll.

Selbst am letzten verfluchten Tag wirst du noch dazu gezwun-gen, deine Kippe auszumachen, um sie dann zehn Meter weiter im dafür vorgesehenen Bereich wieder anzustecken. Wer sich ernst-haft nostalgische Gedanken darüber gemacht hat, ob das Ende des schulischen Lebensabschnitts nun gut oder schlecht sei, erhält in diesem Moment eine eindeutige Antwort.

SIE SABOTIEREN DEN ABI-STREICH

Das Datum des Abi-Streichs ist ein Tag der Nemesis, der Vergeltung, der strafenden Gerechtigkeit. Nach zwölf, respektive 13 Jahren des Leidens erhalten Schüler endlich die Gelegenheit, vor der gesamten Schulgemeinschaft Rache für vergangene Qualen zu üben. So sagt es zumindest die Theorie.

Eigentlich sollte man infolge einer derart umfassenden Ausbildung nicht mehr an solche Utopien glauben. Bestünde bei Abi-Streichen nämlich tatsächlich die Möglichkeit, bescheuerte Kollegiumsmitglieder abzustrafen, hätte man sie längst verboten. Eher lassen sich jene netten Dreingaben zum Jahresende mit Wrestling-Kämpfen vergleichen, die höchstens spektakulär aussehen, tatsächlich aber nur den modernen Platz von »Brot und Spielen« einnehmen.

Folglich treten schon bei der Organisation des Theaters gewisse Schwierigkeiten auf. Die SMV muss beispielsweise erst fragen, ob dem Rektor das diesjährige Abi-Motto genehm ist, damit es auch während der letzten Momente eurer schulischen Laufbahn zu keinerlei Friktionen kommt.

CannABIs wird aufgrund des »drogenverherrlichenden« Charakters selbstverständlich untersagt; ebenso der »schrecklich sexistische« Spruch »ABIkini – knapp, aber passt schon«. Selbst »Abi 218 – Die Null steht vor dir!« kommt auf die schwarze Verbotsliste, weil dies der Außenwelt eine schlechte Ausbildungsqualität suggerieren könnte. Letzten Endes einigt man sich daher auf den spritzigen Kompromiss »Abiturjahrgang 2017/2018«.

Selbstverständlich nutzen die fleißigen Schülervertreter ihre Zeit im Direktorat vorbildlich und vereinbaren auch gleich noch eine feste Uhrzeit für die Sperrung des Lehrerparkplatzes, damit sich alle Dozenten bereits zwei Wochen vorher Gedanken darüber machen können, wo sie am Stichtag ihre Schrottkisten abstellen. Weitere Details sollen die speichelleckenden Pfeifen dann mit ihrem *Abi-Streich-Betreuungslehrer* ausmachen, denn heutzutage muss man schon froh sein, wenn Schüler ohne einen zur Überwachung abgestellten Vollheinz überhaupt zur unfallfreien Atmung in der Lage sind.

Als der heiß ersehnte Tag des Abi-Streiches dann tatsächlich anbricht, fehlt wenig überraschend die halbe Lehrerschaft. Viele behaupten in ihren Nicht-Abitur-Klassen wenige Tage später, von schrecklichen Erkältungssymptomen geplagt worden zu sein, doch insgeheim weiß natürlich jeder, was die Stunde geschlagen hat. Vor lauter Feigheit bleiben alle möglichen Kollegen zu Hause; selbstverständlich noch am ehesten solche, die sonst gerne flache Parolen à la »Sie müssen sich den Herausforderungen stellen!« von sich geben.

Am Ende sind es doch nur die coolen Lehrer, die aufkreuzen und »Strafen« wie Poledance oder Matschwaten über sich ergehen lassen. Weil sie sichtlich Spaß bei den Blödeleien haben und ihr ohnehin schon fantastisches Image durch jeden akzeptierten Schabernack weiter aufbessern, erfüllt einen beim Zuschauen nicht der geringste Hauch von Genugtuung. Einzig der Anblick eures alten Lateinlehrers im Waschbärenkostüm bleibt als unvergessliche Erinnerung im Gedächtnis, wobei dies in Anbetracht des gewaltigen Organisationsaufwandes als magere Ausbeute betrachtet werden muss.

Was letztlich zählt, sind die verbrachten Stunden mit guten Freunden und langjährigen Schulkameraden, aufgrund derer man nie allein im Regen stand. Obwohl Rachefantasien in Bezug auf den Abi-Streich zumeist Fantasien bleiben, sind allein die beim gemeinsamen Schmieden dunkler Pläne aufkommenden Lacher es wert, einen solchen zu organisieren.

SIE SIND FÜR DIE ZEUGNISSE VERANTWORTLICH

»Du sollst kein falsches Zeugnis geben über deinen Nächsten« heißt es schon in den Zehn Geboten, die JHWH[*] Mose und damit dem Volke Israels übergab. Von jenem Anspruch könnte sich auch der eine oder andere Lehrer eine Scheibe abschneiden, denn viele von ihnen betrachten die Zeugniserstellung mehr oder minder als Strafe des Allmächtigen.

Das biblische Klagen beginnt jedes Jahr zum Notenschluss, denn da zeichnet sich langsam ab, dass aufgrund der anzufertigenden Zertifikate kein sommerliches Eierschaukeln mehr möglich ist. Eigentlich sollte man sich präzisieren und lediglich von minimal zurückgehenden Faulenz-Möglichkeiten sprechen, denn kurz vor den großen Ferien haben nur Lehrer noch weniger Bock auf Unterricht als die ihnen anvertrauten Schüler. Sämtliche Tests – sogar die Abschlussprüfungen – wurden bereits korrigiert, und wer den Lehrplan noch immer nicht abgedeckt hat, ist aufgrund eklatanter Motivationseinbrüche ohnehin nicht mehr in der Lage dazu.

Aus diesen und unzähligen weiteren Gründen überrascht das vom Lehrerzimmer aus erklingende Wehklagen schon ein bisschen, obwohl es von den »bemitleidenswerten Knechten des Bildungssystems« jedes Jahr aufs Neue angestimmt wird.

»Immer muss ich mich mit meinen Kollegen herumschlagen und Zeit in langweilige Notenkonferenzen stecken!«, jammert Herr W. eindrucksvoll und erregt damit beinahe Mitleid. Dann fällt einem aber auf, dass die hochwichtige Zusammenkunft nicht nach dem Unterricht stattfindet, sondern bereits am Vormittag beginnt. Der

---

[*] *Bei diesem Wort handelt es sich nicht um eine Abkürzung für den neuesten West-Coast-Rapper.*

damit verbundene verfrühte Schulschluss dürfte für die nach Freizeit gierenden Jugendlichen kaum ein Schaden sein – entwertet aber gleichzeitig die schwache Argumentation von Herrn W., der jene Sitzung sogar unter diesen Bedingungen noch für zu anstrengend hält.

Weil solche Tagungen generell höchsten Geheimhaltungsstufen unterliegen, kann man über ihren Inhalt nur mutmaßen. Neben dem Genuss von fast schon pathologischen Mengen Kaffee sowie den teils abstrusen Notenberechnungen werden hier wohl auch die immer wieder überraschenden charakterlichen Bewertungen zusammengebastelt. Jene gehen in vielen Fällen so weit an der Realität vorbei, dass man am letzten Schultag meint, den falschen Lappen erhalten zu haben.

Abweichungen von der tatsächlichen Situation können sowohl positiv als auch negativ ausfallen: Dir bescheinigt man dieses Mal, ein Schüler gewesen zu sein, »der immer mustergültiges Verhalten zeigte und das Unterrichtsgespräch stets auf eloquente Weise bereicherte«. Jetzt wäre nur noch interessant, welche deiner beiden Meldungen im Jahresverlauf für diese außerordentlich gute Einschätzung verantwortlich war.

Zuletzt möchte ich nun noch auf die optisch wenig ansprechende Aufmachung des Zettels eingehen, der symbolisch für 100.000 vollgekritzelte Blätter steht und unzählige Mühen quittiert. Klar kann man an staatlichen Schulen keine goldgerahmte, handgemalte Kaligrafie erwarten – aber jeder Direktor, der Zeugnisse auf stinkende Fetzen mit 95% Recycling-Anteil drucken lässt, sollte umgehend von sämtlichen Aufgaben entbunden werden.

Erst wenn die Könige unserer Welt Geburtstagskronen von McDonald's als Insignien ihrer Macht erhalten, werde ich damit einverstanden sein, dass man mir für Monate der Plackerei solch einen feuchten Kehricht aushändigt. Schande über euer Haupt, ihr erbärmlichen Ästhetik-Banausen!

SIE RUINIEREN DEINE ABSCHLUSSFEIER°

Deine Abschlussfeier stellt für stümperhafte Lehrkräfte die letzte Gelegenheit dar, um dir noch einmal so richtig auf die Nerven zu gehen. Das mit dem finalen Tamtam zusammenhängende Desaster beginnt jedoch schon Wochen vorher, als man bekannt macht, dass jeder Schüler maximal drei Eintrittskarten zu einem Preis von je 20 Euro erstehen kann. Für ein paar lausige Snacks und noch lausigere Verabschiedungsworte verschiedener Trantüten kann man doch nicht auch noch ernsthaft Geld verlangen!

Leute, die auf den Klamauk keine Lust haben, dürfen nicht einmal ihr Zeugnis entgegennehmen, sondern sollen dann am nächsten Morgen erneut anrücken und es im Sekretariat abholen. Dass ich letztens in einem *Spiegel*-Artikel von sündhaft teuren Abi-Ball-Tickets gelesen habe, die mittlerweile häufig 80 Euro und mehr kosten, verringert meine Abneigung gegenüber solchen Möchtegern-Snobs kein bisschen. Im Gegenteil sogar: Es erfüllt mich mit einem Gefühl der Glückseligkeit, wenn ich nur daran denke, derartige Pfosten fürs Erste nicht mehr sehen zu müssen. Wie dem auch sei.

Selbstverständlich hat Frau P., die für Ablauf und Organisation des Abends verantwortliche Lehrerin, von Veranstaltungsmanagement so viel Ahnung wie ein Stinktier von Sagrotan-Reinigern. Obwohl schon seit mehreren Stunden dicke Wolken den Himmel verdecken, ordnet sie an, sämtliche Empfangstische außerhalb der Aula im Freien zu platzieren.

Die Vehemenz, mit der Kritik an einem solchen Vorhaben abgewiesen wird, lässt darauf schließen, dass sich die ansonsten völlig

---

* *Dieses Kapitel beruht auf fremden Erfahrungen. Ich persönlich hatte eine wirklich schöne Abschlussfeier.*

unwichtige Lehrkraft aufgrund ihrer temporären Weisungsbefugnis im Zustand vollkommenen Machtrausches befindet. Selbst als es dann wie erwartet zu regnen beginnt und die Begrüßungshäppchen auf dem Pausenhof davonschwimmen, will sie noch nichts von ihrer Inkompetenz wissen.

Als Nächstes darf dann eine *Activia*-Rede von Herrn A. folgen. »Activia« deswegen, weil das Gesülze aufs Übelste aufgebläht ist und schier kein Ende mehr nimmt. Mit salbungsvollen Worten pinselt der Schwätzer damit den Bauch beschränkter Eltern, die genauso wie manche Sprösslinge scheinbar davon ausgehen, noch am selben Abend ein Bundesverdienstkreuz zu erhalten.

Nachdem jedem sein Zeugnis überreicht wurde, stehen die einzelnen Familien noch ein bisschen herum, um Fotos zu machen und sich gegenseitig unter die Nase zu reiben, wer das bessere Kind gezeugt hat. Auch Lehrer laufen umher und verwickeln die armen Leute in Gespräche, von denen man zuvor hoffte, sie niemals führen zu müssen.

Dein ehemaliger Deutschlehrer leistet euch ebenfalls Gesellschaft und erzählt irgendetwas von dem »hervorragenden« Aufsatz, den du im Rahmen der Abschlussprüfung abgeliefert hast. »So etwas Gutes«, meint er pathetisch, sei ihm »selten untergekommen«. Anschließend lächelt die Schlange in deine Richtung und grinst über beide Ohren, weil sie genau weiß, dass für dich nicht mehr als 10 Punkte rausgesprungen sind. Obwohl du die Rübe dieser falschen Person am liebsten im Kartoffelsalat versenken würdest, gelingt es dir letztlich, die Kontrolle über deine Emotionen zu behalten.

Was er ist und was er war, das wird uns erst beim Abschied klar – ein mieser Arsch mit Ohren, dem du niemals auch nur eine Träne hinterherweinen wirst.

SIE VERFOLGEN DICH
EIN LEBEN LANG

Wir schreiben das Jahr 2046. Noch immer hält die Menschheit an ihren gröbsten Fehlern fest, weshalb auch der Unheil bringende Montag – welcher natürlich heute sein muss – weiterhin existiert.

Dein implantiertes Aufsteh-Device scheucht dich mit sanften Elektroschocks (die nicht unbedingt angenehmer sind als frühere Wecker-Modelle) sogleich aus dem Bett, damit du auch ja rechtzeitig das kalte Wasser der Dusche genießen und Fitnessparameter an die Krankenkasse senden kannst. Am gegenwärtigen Morgen steht nach 15 Jahren Projektleitung im niedrigen Management ein Vorstellungsgespräch bei der Konkurrenzfirma an, die bessere Konditionen und optimierte Aufstiegschancen verspricht. Selbstverständlich weiß im derzeitigen Betrieb niemand von diesem verräterischen Ansinnen.

Weil sich wichtige benötigte Informationen partout vor dir verstecken wollen, musst du im Anschluss wie ein Bekloppter zur S-Bahn sprinten, um den bescheuerten Zug noch rechtzeitig zu erreichen. Der kann mittlerweile übrigens fliegen, was seltsamerweise nichts daran ändert, dass »Weichenstörungen« noch immer als häufigster Grund für ständige Verspätungen angegeben werden. Mit öffentlichen Verkehrsmitteln verknüpfte, während der Schulzeit entstandene Traumata leben in deinem Gehirn kurzzeitig wieder auf. Gott sei Dank ist die heutige Qual eine absolute Ausnahme!

Ihren Tiefpunkt erreicht die ohnehin schon gedrückte Laune, als du vor dem Büro des Personalchefs Platz nimmst und neben dir ein bekanntes (Sack-)Gesicht erblickst. Irgendwo muss dir der Mistkerl mit der Gammel-Frisur schon mal begegnet sein. Ach, genau! Bei diesem Pferde-Antlitz handelt es sich um Fritz, der früher immer meinte, später mal Wallstreet-Broker zu werden. Leider erkennt dich der von zerbrochenen Träumen heimgesuchte Komplett-Loser sofort und labert die darauffolgenden 15 Minuten über irgendeinen uninteressanten Blödsinn.

Bedauerlicherweise verbessert sich die Situation nicht wirklich, als du endlich das nach Schwefel riechende Geschäftszimmer betreten darfst. Dort wartet Lateinlehrerin Frau C. auf dich, die sogleich ihre teuflischen Augen weit öffnet und in diabolischer Manier eine Voodoo-Puppe hervorholt. »Wo sind deine Hausaufgaben?!«, krächzt sie wiederholt in unglaublich schrecklichen Stimmlagen, während ihre Klauen den Schreibtisch verkratzen. »Wo sind sie, du Nichtsnutz? Wo?«, hallt es immer wieder.

Schweißgebadet wachst du aus diesem entsetzlichen Albtraum auf und findest dich in einer herrlichen Hängematte wieder, die im Garten zwischen zwei saftig grünen Bäumen sanft hin und her baumelt.

Ein Blick auf die Virtual-Reality-Brille offenbart, dass glücklicherweise auch schon Mittwoch ist und das besagte Vorstellungsgespräch erst kommende Woche stattfindet.

»Die blöden Lehrer können mich mal!«, murmelst du nicht ohne Selbstgefälligkeit in den wunderbaren, überraschend warmen Sommer-Sonnenuntergang, ehe dir das heutige WM-Spiel* wieder in den Sinn kommt.

Chips liegen griffbereit, und die Lautstärke ist voll aufgedreht, damit man die im Rollstuhl sitzenden Moderatoren Opdenhövel und Kahn trotz ihres altersbedingten Gemurmels noch ordentlich versteht. Eine Minute nach Anpfiff betritt schließlich auch dein Ehepartner/deine Ehepartnerin den Raum und erinnert dich da-

---

* Da sämtlichen Schurkenstaaten das Turnier bereits ausrichten durften, hat die FIFA extra einen eigenen gegründet: Die »Immoral Republic of Corruption«.

ran, warum du heute frei gehabt hast – du solltest auf die Kids aufpassen und anschließend den Elternsprechtag besuchen.

Damit ist es offiziell: Lehrer können dir auch Jahrzehnte nach deinem Abschluss noch einen eigentlich gelungenen Nachmittag versauen. Im Traum *und* in der Realität.

»BEFÖRDERUNG« ZUM WUT-GOTT (SEBASTIAN BÖHM-STUFE):

Herzlichen Glückwunsch! Du hast nun – nach 111 Kapiteln der grauenhaften Konfrontation mit Ausgeburten fleischgewordener Inkompetenz – die höchstmögliche aller Wutstufen erklommen. Ein derartiges Niveau erreicht man normalerweise nur, wenn man sich entweder täglich einen Stierhoden ins Müsli schnipselt oder wie ich 14 Jahre zur Schule gehen musste. Nach dieser Lektüre bist du immerhin auf alles Mephistophelische vorbereitet, was verschiedene Bildungseinrichtungen zu bieten haben. Chapeau!

ODER: EIN ABSCHIEDS-PLÄDOYER

Es dauerte eine Weile, bis ich mich nach meiner ersten Verlagsveröffentlichung im Jahr 2017 dazu durchgerungen hatte, auch die Idee für dieses Buch umzusetzen. 111 Gründe, warum Lehrer einem gehörig auf die Nerven gehen – so dachte ich zunächst – seien gewiss nur mit einiger Anstrengung zu finden. Ich wurde eines Besseren belehrt. Die Schule, welche ich schon im Teaser zu *How To Survive Schule* als »größtes Irrenhaus des Lebens« bezeichnete, war besonders in meinem Fall keine sonderlich angenehme Erfahrung. Dass ich deutlich länger gebraucht habe als manch andere Wegbegleiter, lässt sich gewiss auch auf persönliche Fehler, schlechte Entscheidungen und zwischenzeitliche Motivationseinbrüche zurückführen. Dennoch erlaube ich mir zu sagen, dass es eine schier unbeschreibliche Masse an inkompetentem Lehrpersonal gab, das weder fachliche noch charakterliche Fähigkeiten vorzuweisen hatte, ja teils sogar bösartiges Verhalten an den Tag legte.

Immer diese Lehrer nach dem allgemeinen Abitur zu veröffentlichen und meine schlechten Erfahrungen so zu Geld zu machen, erfüllt mich daher mit einer gewissen Genugtuung. Es mag vielleicht nicht edel sein, auf diese Weise einen Schlussstrich zu ziehen, ist aber dafür umso angenehmer. Abgesehen davon sollen die vorangegangenen Zeilen all jene aufmuntern, die noch in den verschiedenen Bildungsbunkern der Bundesrepublik festsitzen und sich mit Willkürakten und unbeschreiblicher Unfähigkeit herumschlagen müssen. Haltet durch, irgendwann ist es geschafft! Und egal, was passiert: Glaubt an euch und eure Fähigkeiten. Wenn schon ihr es nicht tut, wer soll es dann?

Doch es gibt, was Schule und das dahinterstehende System betrifft, definitiv noch mehr zu sagen. Ganz ohne Zweifel wären umfassende Reformen notwendig, um die deutsche Schullandschaft im Sinne von Gerechtigkeit und Wissensvermittlung zu modernisieren. Die Politik muss trotz bereits laufender Bemühungen mehr Geld für Schulgebäude und deren Ausstattung in die Hand nehmen sowie flächendeckend vergleichbare Prüfungen für sämtliche Schularten in sämtlichen Bundesländern einführen.

Eine Umkehrung der zunehmenden Proletarisierung von Abitur und Universitätsabschlüssen ist unumgänglich, wenn Deutschland weiterhin eine Gruppe leistungsstarker Akademiker hervorbringen will. Strengere schulische Auslesekriterien beseitigen letzten Endes nicht nur die Krise des Handwerks, welche durch den gesellschaftlichen Fokus auf Hochschulen entstanden ist, sondern sorgen auch dafür, dass tatsächliche Talente nicht mehr im mediokren Heer der Durchschnittsstudenten untergehen und eine Förderung erhalten, die ihnen aufgrund außergewöhnlicher Fähigkeiten zusteht. Dennoch sollte eine akademische Laufbahn allen offenstehen, die intellektuell und charakterlich dafür geeignet sind.

Um zu verhindern, dass die angestrebte Leistungselite zu einer Klüngel-Elite mutiert, die nur noch aus Kindern sozioökonomischer Spitzenkreise besteht, sind gleichzeitig auch berufliche Oberschulen umfangreich zu unterstützen. Parallel dazu muss die Noteninflation sowohl an den normalen Schulen als auch an den Universitäten gestoppt werden, damit eine 1 auch wirklich wieder »sehr gut« bedeutet. Staat, Wissenschaft und Wirtschaft sollen sich auf fundierte Bewertungen verlassen können, anstatt bei der Auswahl von Führungskräften auf die Konsultation fragwürdiger Netzwerke angewiesen zu sein.

Dennoch – trotz aller Fehler, die das Schulsystem mit sich bringt, müssen wir dem Wissen wieder einen höheren gesellschaftlichen Stellenwert verschaffen. Lernen ist mehr als die Summe von Einsen und vergebenen Credit-Points: Bildung stellt den Antrieb zu dauerhaftem Fortschritt dar und ermöglicht ihrem Träger ein würdevolles und bewusstes Dasein. Ohne sie kann es keine Hoffnung und keinen Frieden geben. Sie ist der Schlüssel für ein Leben in Wohlstand und Freiheit.

Insofern muss man die Schulpflicht als eine der größten Errungenschaften der Menschheit hochhalten und den Zeitgeist, diese Institution als reinen Automaten für formale Qualifikationen anzusehen, vehement ablehnen. Obwohl ich viele Stunden des Bankdrückens verabscheut habe und mir nicht selten wünschte, das Wissen anderweitig erwerben zu können, erfüllt mich doch eine tiefe Dankbarkeit für die Möglichkeiten, die mir in unserem Land zuteilwurden.

Im Echo der letzten Zeilen möchte ich dieses Buch – auch wenn es vielleicht ironisch anmutet – mit einem Aufruf zu wechselseitigem Respekt beschließen. Denn neben einer Vielzahl stümperhafter *Leerkörper* gibt es an allen Schulen auch wahre Helden, die es sich zur Lebensaufgabe gemacht haben, junge Menschen zum unermesslich wertvollen Schatz der Erkenntnis zu führen. Weil alle heranwachsenden Generationen die Zukunft repräsentieren und ihr Geist in erheblichem Maße durch die Art der durchlaufenen Ausbildung geprägt wird, gebührt allen, die sich im täglichen Wahnsinn für die hohe menschliche und fachliche Qualität der solchen einsetzen, nicht nur Dankbarkeit, sondern Hochachtung.

In diesem Sinne wünsche ich dem Leser alles Gute und viel Erfolg, an welcher Stelle der Bildungsfront er momentan auch immer stehen mag. Schulveteran Böhm meldet sich – mit einem lachenden und einem weinenden Auge – nach 14 Jahren (endlich) ab.

WEITERE TITEL AUS DEM VERLAGSPROGRAMM!

10 DINGE, DIE DU NACH DEM ABITUR
<u>NICHT</u> TUN SOLLTEST

**10 DINGE, DIE DU NACH DEM ABITUR
NICHT TUN SOLLTEST**
Von Carlo Reumont
232 Seiten, Taschenbuch
ISBN 978-3-86265-638-7 | Preis 9,99 €

*»Heutzutage gibt es keine klaren Karriere-
wege mehr. Es gibt nur den eigenen Weg.«
Das ist die These, die Autor Carlo Reumont in
»10 DINGE, DIE DU NACH DEM ABITUR NICHT
TUN SOLLTEST« aufstellt.*

*Und doch gibt es Orientierungspunkte.
Sollte ich studieren? Schon, aber nicht sofort.
Sollte ich arbeiten? Ja, aber nicht für Geld. Und
was ist mit meinem Lebenslauf? Schreibe ihn,
nachdem du gelebt hast, nicht andersrum.*

*Bei all den Möglichkeiten, die junge Er-
wachsene heute haben, ist es nicht nur wert-
voll zu wissen, was man tun sollte, sondern
auch, was man nicht tun sollte. Dieses Buch
umfasst eine Top-Ten-Liste der weitverbrei-
tetsten Fehler von Abiturienten zum Thema
Lebensgestaltung. Dabei greift der Autor auf
eigene Erfahrungen zurück. Persönliche und
humorvolle Tipps nicht nur für Schulabgän-
ger, sondern auch deren Eltern*

HOW TO SURVIVE SCHULE

HUMORVOLL UND IRONISCH: TIPPS, TRICKS UND ANEKDOTEN, UM DEN ALLTÄGLICHEN WAHNSINN NAMENS SCHULE ZU ÜBERLEBEN

HOW TO SURVIVE SCHULE
WIE MAN DEN ALLTÄGLICHEN WAHNSINN ÜBERSTEHT
UND TROTZDEM SEINEN ABSCHLUSS SCHAFFT
Von Sebastian Böhm
256 Seiten, Taschenbuch
ISBN 978-3-86265-643-1 | Preis 9,99 €

Es ist bedauerlich, dass der Buchtitel Odyssee bereits vergeben ist, denn er würde wohl sinnbildlich für die kuriose Schullaufbahn von Autor Sebastian Böhm stehen, die diesem Ratgeber zugrunde liegt. Aufgrund verschiedener Umwege ist Böhm jedoch umso mehr dafür prädestiniert, dem Leser bei der Bewältigung grotesker Facetten unserer Bildungslandschaft beizustehen. Viele Jahre der Erfahrung – mancher wird sagen: zu viele – haben gezeigt, dass niemand diesen irren Lebensabschnitt ohne kompetente Hilfe meistern kann. Begeben Sie sich also in die kompetenten Hände eines absoluten Schul-Profis, der Ihnen nicht nur sagen kann, wie Sie mit Bonzen-Kindern, verstrahlten Schulpsychologen und zugekifften Hampelmännern umgehen müssen, sondern der auch über tatsächlich hilfreiche Empfehlungen für Ihr weiteres (Schul-)Leben verfügt.

625 WICHTIGE DINGE FÜR JUNGS

**625 DINGE, DIE EIN JUNGE WISSEN MUSS UND GETAN
HABEN SOLLTE, BEVOR ER ZUM MANN WIRD**
Von Stephan Borchers
Mit Illustrationen von Jana Moskito
408 Seiten, Taschenbuch
ISBN 978-3-86265-436-9 | Preis 12,99 €

*Erwachsenwerden ist kein Kindergeburts-
tag. Für Jungs schon mal gar nicht. Ein wenig Orientierung kann daher nicht schaden.
In 625 DINGE, DIE EIN JUNGE WISSEN MUSS
UND GETAN HABEN SOLLTE, BEVOR ER ZUM
MANN WIRD finden Jungs 25 mal 25 überaus
aufschlussreiche und praxistaugliche Tipps
in angenehm kurzen Häppchen.*

*Alles über den Umgang mit Mädchen,
richtiges oder falsches Küssen, Dating,*
*durchgeknallte Mutproben, das Überleben
in der Schule, das korrekte Verhalten im Fall
der Zombieapokalypse und noch vieles andere mehr.*

*Mit Witz, nie von oben herab, ohne päd-
agogischen Zeigefinger. Immer am Puls des
jugendlich-männlichen Lesers. Ungeniert,
ungeschönt und unverschämt hilfreich: der
ultimative Ratgeber und ein Must-have für
Jungs mit Klasse!*

33 LEHRER, MIT DENEN IHR KIND RECHNEN MUSS

IHR KIND RECHNEN MUSS

BESSERVERDIENENDE HALBTAGSARBEITER, FERIENKÖNIGE ODER DOCH ENGAGIERTE PÄDAGOGEN? EINE SATIRISCHE LEHRER-COLLAGE

33 LEHRER, MIT DENEN IHR KIND RECHNEN MUSS
TYPEN, TIPPS & TÜCKEN –
DAS BUCH FÜR EINE GLÜCKLICHE SCHULZEIT
Von Ulrich Knoll. Mit Illustrationen von Jana Moskito
288 Seiten, Taschenbuch
ISBN 978-3-86265-493-2 | Preis 9,99 €

Die Lehrer in diesem Buch heißen Heinz Pols-ter, Lisa Steinwald oder Christine Doll. Sie scheinen an konkreten Schulen zu unterrich-ten. Doch sie könnten genauso gut Roland Beck, Annemarie Bäuerlein, Kai Kramer oder sonst wie heißen. Es gibt sie also so kon-kret nicht, sie sind frei erfunden – und doch unterrichten sie in ähnlicher Form landauf, landab, mit ihren jeweils charakteristischen Merkmalen und Eigenschaften, Verhaltens-weisen und Vorlieben, Vorzügen und Ma-cken. Sprich: Ein jeder kennt sie, ein jeder hasst sie – oder gibt es vielleicht doch den einen oder anderen Lehrer, zu dem sich auf-schauen lässt?

In 33 LEHRER, MIT DENEN IHR KIND RECH-NEN MUSS zeichnet Autor Ulrich Knoll witzige Porträts der hassens- und liebenswertesten Lehrertypen. Ein humorvolles und pointiertes Buch für alle, die mit Schule zu tun haben!

WWW.SCHWARZKOPF-SCHWARZKOPF.DE

111 GRÜNDE, LEHRER ZU SEIN

DAS GESCHENKBUCH FÜR ALLE LEHRER UND ALLE, DIE ES MAL WAREN ODER WERDEN WOLLEN

111 GRÜNDE, LEHRER ZU SEIN
EINE HOMMAGE AN DEN SCHÖNSTEN BERUF DER WELT
Von Dietrich von Horn
224 Seiten, Taschenbuch
ISBN 978-3-86265-310-2 | Preis 9,95 €

»In diesem Buch werden sie auf eine liebenswert humorvolle und bisweilen hintersinnig-süffisante Weise geschildert, die schönen und weniger angenehmen Facetten dieses Berufes, die aus Sicht des Autors dafür sprechen, Lehrer zu sein oder zu werden. Die Botschaft des Autors, der über eine 40-jährige Berufserfahrung als Hauptschullehrer verfügt, ist eindeutig: Man muss von der Liebe zu diesem Beruf durchdrungen sein, denn er ist einzigartig und für ihn einer der wichtigsten und zugleich schönsten auf der Welt. Dieses Buch ist eine ganz persönliche Liebeserklärung an einen oft zu Unrecht gescholtenen Beruf, der viel mehr ist als nur ein Job. Gleichermaßen empfehlenswert für engagierte, zweifelnde oder desillusionierte Lehrkräfte, aber auch für junge Menschen, die vorhaben, diesen Beruf zu ergreifen.«
Magazin Bildung+

WWW.SCHWARZKOPF-SCHWARZKOPF.DE

WEITERE 111 GRÜNDE, LEHRER ZU SEIN

DER 2. TEIL DES HEIMLICHEN BESTSELLERS 111 GRÜNDE, LEHRER ZU SEIN.
DAS IDEALE GESCHENKBUCH

WEITERE 111 GRÜNDE, LEHRER ZU SEIN
EINE HOMMAGE AN DEN ALLERSCHÖNSTEN BERUF DER WELT
Von Dietrich von Horn und Hein-Dirk Stünitz
264 Seiten | Taschenbuch
ISBN 978-3-86265-602-8 | Preis 9,99 €

Lehrer zu sein und an seinem Beruf zu zweifeln, ist nicht mehr, seit 111 GRÜNDE LEHRER ZU SEIN erschienen ist. Dem Leser wird vor Augen geführt, wie abwechslungsreich ein Leben als Pädagoge sein kann. Ihm wird geholfen, wahrzunehmen, wie unterhaltsam seine Aufgabe sein kann. Er wird angeregt, über schulische Entwicklungen nachzudenken, und kann sich in vielen Situationen wiederfinden. Am Ende steht dann die Erkenntnis: Der Job ist schwer, aber so befriedigend. Man muss sein Glück der eigenen Berufswahl nur erkennen. Gehen Sie mit auf eine abenteuerliche Reise durch das Lehrerdasein. Von Lehrern verfasst, die es nie bereut haben, diesen Beruf gewählt zu haben. Ein Buch für alle, die sich mit diesem wunderbaren Beruf auseinandersetzen: Für Väter und Mütter, Großeltern, Erzieher und natürlich Pädagogen, ob als Studenten, als aktive Lehrer oder als Lehrer im Ruhestand!

SEBASTIAN BÖHM, 1998 in München geboren, hat im Mai 2018 nach diversen schulischen Umwegen seine allgemeine Hochschulreife erworben und studiert ab dem Wintersemester 2018/19 Jura. Neben seinem großen Interesse für politische, ökonomische und gesellschaftliche Themen ist er Gründer und Chefredakteur des Online-Portals »Le Mérite«, www.lemerite.de.

Sebastian Böhm
IMMER DIESE LEHRER!
111 Gründe, warum sie uns in den Wahnsinn treiben

ISBN 978-3-86265-704-9

VERLAG
Schwarzkopf & Schwarzkopf Verlag GmbH
Kastanienallee 32, 10435 Berlin
Telefon: 030 – 44 33 63 00
Fax: 030 – 44 33 63 044

INTERNET | E-MAIL
www.schwarzkopf-schwarzkopf.de
www.facebook.com/schwarzkopfverlag
info@schwarzkopf-schwarzkopf.de